Terminología y fraseología jurídicas en el *Libro de buen amor*

STUDIEN ZUR ROMANISCHEN SPRACHWISSENSCHAFT UND INTERKULTURELLEN KOMMUNIKATION

Herausgegeben von
Gerd Wotjak, José Juan Batista Rodríguez und Dolores García-Padrón

BAND 182

PETER LANG

Encarnación Tabares Plasencia

Terminología y fraseología jurídicas en el *Libro de buen amor*

Bibliografische Information der Deutschen Nationalbibliothek
Die Deutsche Nationalbibliothek verzeichnet diese Publikation
in der Deutschen Nationalbibliografie; detaillierte bibliografische
Daten sind im Internet über http://dnb.d-nb.de abrufbar.

La edición de este volumen ha sido cofinanciada por el Vicerrectorado de
Investigación, Transferencia y Campus Santa Cruz y Sur y el Instituto
Universitario de Lingüística "Andrés Bello" (INULAB)
de la Universidad de La Laguna

ISSN 1436-1914
ISBN 978-3-631-88856-8 (Print)
E-ISBN 978-3-631-88879-7 (E-PDF)
E-ISBN 978-3-631-88880-3 (EPUB)
DOI 10.3726/b20142

© Peter Lang GmbH
Internationaler Verlag der Wissenschaften
Berlin 2023
Alle Rechte vorbehalten.

Peter Lang – Berlin · Bern · Bruxelles · New York · Oxford · Warszawa · Wien

www.peterlang.com

A Ana M., mi hija
A Ana L., mi madre

Tabla de contenido

Prólogo

Las del buen amor son raçones encubiertas, trabaja do
fallares las sus señales çiertas, si la raçón entiendes, o en el
seso açiertas, non dirás mal del libro, que agora refiertas.

(*Libro de buen amor, estr. 68*)

Presento este trabajo cuando se han cumplido veinte años desde que apareció mi primera publicación, que coincidió, además, con mi primera publicación sobre *Libro de buen amor* (Tabares Plasencia, 2002); en ella me encargaba de hacer un recorrido por las fuentes literarias de la fábula sobre el pleito entre el lobo y la raposa en la que el mono interviene como juez, así como de efectuar un análisis comparativo que mostraba que la originalidad del Arcipreste residía en la inserción de numerosos elementos jurídicos (referencias doctrinales, terminología, fraseología, etc.), ausentes en sus antecedentes tanto mediato como inmediato. Este estudio retomaba una cuestión que ya había apuntado unos años antes —hace ahora veinticinco— en un pequeño ensayo filológico-jurídico sobre dicha fábula con el que, ya filóloga, pero aún estudiante de Derecho, se me concedió el premio «Felipe González Vicén» de la Facultad de Derecho de la Universidad de La Laguna (España).

A presentar el mencionado ensayo al premio me animó el Dr. José Juan Batista Rodríguez, mi profesor de Filología Griega, a quien quiero agradecer expresamente el haberme abierto el camino a la investigación en clave jurídico-lingüística de la obra de Juan Ruiz. Luego, se ha sucedido una serie de contribuciones sobre el *Libro de buen amor* en las que me he centrado en algún nuevo aspecto que ha llamado mi atención, pues el libro del Arcipreste, obra cumbre de la literatura medieval en lengua castellana, es una fuente inagotable de interés científico. El común denominador de estas contribuciones ha sido el examen del componente jurídico, fundamentalmente, en relación con la fábula del lobo y la raposa, pero desde una perspectiva filológica y lingüística que atendiera a la literariedad de la obra, aunque también a su terminología y fraseología especializadas, disciplinas a las que he dedicado buena parte de mi labor investigadora a lo largo de todos estos años; concretamente, a las unidades terminológicas y fraseológicas de los textos jurídicos.

Por lo demás, tengo una deuda con el *Libro de buen amor*, pues este me ha servido de inspiración y de base para la compilación y elaboración de un corpus diacrónico de textos literarios españoles (CORLITES) para su aprovechamiento lingüístico, esto es, la extracción de términos y fraseologismos jurídicos. En

efecto, la obra de Juan Ruiz forma parte de este corpus y, por tanto, ya ha quedado integrado en una investigación más amplia que desarrollo en un marco
multidisciplinar que aúna los estudios de literatura, de derecho y los nuevos
enfoques de la disciplina terminológica, que abarcaría también la llamada fraseología terminológica y el análisis de corpus electrónicos.

El lector de este volumen va a encontrar el resultado de la actualización,
ampliación y profundización de las cuestiones que, a lo largo de estos veinte
años (veinticinco, si se considera mi primer acercamiento a la obra del Arcipreste desde una perspectiva interdisciplinar filológico-jurídica), han ocupado
una parte de mi tarea como investigadora; entre ellas, la estrecha relación del
autor del *Libro de buen amor* con el derecho, sus fuentes jurídicas y literarias;
así como la terminología y fraseología jurídicas contenidas en la obra desde un
punto de vista cuantitativo y cualitativo, y su inclusión en CORLITES, lo que
implica que el análisis del elemento jurídico en el Arcipreste de Hita no se ha
agotado con este trabajo.

No me gustaría concluir este prólogo sin expresar mi gratitud al Vicerrectorado de Investigación, Transferencia y Campus de Santa Cruz y Sur de la
Universidad de La Laguna, así como al Instituto Universitario de Lingüística
«Andrés Bello» (INULAB) de la misma universidad, por confiar en este proyecto y asumir su financiación; en especial, quiero dar las gracias a la directora
del INULAB, la Dra. Juana L. Herrera Santana, por su apoyo en la tramitación
de la ayuda financiera; a la Dra. Dolores García Padrón y a los Dres. Gerd Wotjak y José Juan Batista Rodríguez, directores de la serie «Studien zur roma-
nischen Sprachwissenschaft und interkulturellen Kommunikation», por haber
acogido este trabajo en su colección; al Dr. Kloss, de la editorial Peter Lang, por
su trato exquisito durante el proceso de edición; a mi hija, Ana Magdalena, y a
mi marido, Robert, por su aliento y paciencia constantes.

1 Introducción

1.1 El *Libro de buen amor* y su autoría

El *Libro de buen amor* (en adelante LBA) es una de las obras más importantes de literatura medieval castellana, como puede constatarse no solo por la abundantísima bibliografía existente sobre ella (véase, por ejemplo, Vetterling)[1], sino también por el interés que sigue despertando hasta la actualidad. Pueden destacarse, en este sentido, los congresos internacionales sobre Juan Ruiz, Arcipreste de Hita, y el, LBA Libro de buen amor, que, de manera periódica, se han desarrollado en los últimos veinticinco años y que han derivado en publicaciones en las que se han reunido afamados y jóvenes investigadores en torno a los temas (recurrentes o nuevos) que sigue suscitando el LBA.[2]

Entre las cuestiones más investigadas se halla su autoría y no porque no haya dato alguno del nombre de su autor, sino porque de la persona que se presenta como tal en la obra solo disponemos de información fragmentaria. Y menos se conocía hace algunas décadas. El LBA nos proporciona algunas referencias autobiográficas, pero una autobiografía literaria puede distar mucho de

---

1   Esta investigadora norteamericana (2022) ha dedicado, según sus propias palabras, medio siglo a la recopilación y clasificación bibliográficas sobre el LBA. Su bibliografía puede consultarse en <https://my-lba.com>. Hasta 2021 contaba con unas 4000 referencias y 350 ediciones de la obra. Debe mencionarse, asimismo, el Portal Arcipreste de Hita, en la Biblioteca Virtual Miguel de Cervantes, dirigido por Pérez Priego, que recoge los datos y algunas digitalizaciones de manuscritos, fragmentos, ediciones facsimilares y modernas, y compila numerosa literatura secundaria agrupada por temas y tipos de trabajos (monografías, artículos, etc.) (<https://www.cerva ntesvirtual.com/portales/arcipreste_de_hita/obra_bibliografia/>). Un buen repertorio de estudios anteriores a los años ochenta del siglo XX puede verse en Rico (1980).

2   El último de los congresos tuvo lugar en 2021 y culminó con una obra colectiva, *Mujer, saber y heterodoxia. "Libro de Buen Amor", "La Celestina" y "La Lozana Andaluza", VI Congreso Internacional sobre el "Libro de Buen Amor". 28 y 29 de mayo de 2021. Homenaje a Folke Gernert*, coordinada por F. Toro Ceballos (2022), por lo demás, editor o coeditor de los volúmenes derivados de los congresos anteriores (v. Toro Ceballos, 2015, 2017; Toro Ceballos y Rodríguez Molina, 1997; Toro Ceballos y Morros Mestre, 2004; Haywood y Toro Ceballos, 2008; Toro Ceballos y Godinas, 2011).

la realidad personal del escritor. En la decimonovena estrofa del LBA[3] se lee «E porque de todo bien es comienço e rraíz/ la Virgen Santa María, por ende yo, Joan Roíz,/ açipreste de Fita, della primero fiz/ cantar de los sus gozos siete, que ansí diz…». En la estrofa 575 (conservada únicamente en el manuscrito de Salamanca) vuelve a aparecer una nueva mención: «Yo Johan Ruiz, el sobre dicho açipreste de Hita…»

A lo largo de muchas décadas se ha intentado desentrañar quién era Juan Ruiz, pero, como era de esperar, se han encontrado muchos clérigos o personajes con este nombre en la época de composición del LBA. Tanto es así que algunos investigadores (cf. Criado de Val y Naylor, 1972 y Rico, 2004)[4], en un principio, pensaron en una denominación genérica. Sáez y Trenchs (1973) consideraron que nuestro Juan Ruiz habría sido Juan Ruiz de Cisneros, hijo ilegítimo de un noble de Palencia, y habría nacido en Alcalá la Real (Jaén)[5] entre 1295 y 1296.[6]

Esta hipótesis permeó en Criado de Val (1998), pero, diez años más tarde, el mismo autor (Criado de Val, 2008) señala que, a pesar de que el empleo de la toponimia —en ningún caso arbitraria en el LBA— favorecería la tesis de Sáez y Trenchs (1973), lo cierto es que «[c]rece la probabilidad de que el Johannes Roderici, que aparece en el Cartulario de la Catedral toledana y, como autor y corrector, en el Códice musical de Las Huelgas, sea la misma persona que el Juan Ruiz, Arcipreste de Hita, autor o protagonista del Buen amor». Y concluye, bajo el epígrafe de «Sigue oculto Juan Ruiz»:

> Se ha confirmado la existencia real en Juan Ruiz como Arcipreste de Hita atestiguada por su cita en el Cartulario de la Catedral de Toledo, aunque no se demuestre que sea

---

3   Las citas del LBA proceden de la edición de Gybbon-Monypenny (1990[1988]). Sin embargo, también se han cotejado las ediciones de Chiarini (1964), Corominas (1967), Criado del Val y Naylor (1972), Joset (1990) y Zahareas y Pereira Zazo (2009).
4   Rico (2004: 13): «En cuanto libro, ensarta en primera persona el relato de una docena de aventuras amorosas, serias, jocosas y tragicómicas, sólitas o insólitas, pero siempre fallidas, protagonizadas mayormente por un "Juan Ruiz, arcipreste de Hita", que no se deja confundir con el autor (acaso del mismo nombre) en el momento de la escritura, sino que más bien, a partir de un *flash-back*, se nos propone como una cómica prehistoria del autor, cuyas experiencias de otro tiempo han madurado en las enseñanzas que ahora nos endosa».
5   Cf. Morros Mestres (2015) en torno a la alusión de Alcalá la Real en el LBA.
6   Esta línea de investigación surge a partir de una idea sugerida por Criado de Val en una conferencia presentada en el *I Congreso Internacional sobre el Arcipreste de Hita* (Madrid, junio de 1972).

el autor del *Libro de buen amor* o un personaje de la obra. Siguen siendo válidas las vacilaciones sobre las fechas de composición y la alternativa de una o varias versiones o arquetipos del Libro.

El anuncio de una publicación complementaria a su hallazgo en el Cartulario toledano por Francisco J. Hernández no se ha confirmado al cabo de los años. Las muertes de Emilio Sáez y de José Trenchs han dejado inacabadas sus investigaciones a falta de una mayor evidencia sobre Juan Ruiz de Cisneros. Por desgracia o por fortuna, Juan Ruiz sigue ocultándose bajo un velo puesto por él intencionadamente (Criado de Val, 2008).

Deyermond (2004) estimó plausible esta teoría, aunque sin dotarla de certeza absoluta: «Es curioso que, a pesar de los contactos con la cultura islámica que se han notado en el Libro (véase, por ejemplo, López Baralt 1984 y 1987) y del nacimiento en la España islámica de su posible autor, Juan Ruiz de Cisneros (Juan Lovera y Toro Ceballos 1995), el único elemento del Libro que parece haber influido en una obra aljamiada sea inconfundiblemente católico».

Sin embargo, siguen defendiendo con insistencia la propuesta originaria de Sáez y Trensch (1973), entre otros, Juan Lovera (2004, 2008), Juan Lovera y Toro Ceballos (1995, 2004), Juan Lovera y Murcia Cano (2017) y Cáseda Teresa (2020, 2021a, 2021b, 2021c, 2021d, 2022). Cáseda Teresa ha querido identificar, incluso, a muchos personajes de la obra con figuras o personalidades de la época que habrían tenido relación con De Cisneros, saldando la cuestión de la autoría y la finalidad principal del LBA de la siguiente manera:

> El penúltimo verso transcrito («mas de juego et de burla es chico breviario») contiene un perfecto resumen de la intención de su autor: jugar con los dobles fondos y con las alusiones personales encubiertas y, a la vez, burlarse de personas a quienes conoció Juan Ruiz de Cisneros y con las que mantuvo una relación biográfica estrecha. La obra es, en este sentido, biográfica y autobiográfica, pues sus principales referentes son personas relacionadas con su biografía. No se trata, como se ha venido repitiendo tantas veces, de una «falsa autobiografía» al modo del *Collar de la paloma* de Ibn Hazm, sino de una venganza poética y literaria de personas con nombres y apellidos, formada por una suma episódica de «canticas de escarnio». (Cáseda Teresa, 2022)

A partir del estudio de la documentación acopiada por Sáez (cf. Linage Conde, 2008), los defensores de la figura de Juan Ruiz de Cisneros como creador del LBA han trazado un perfil biográfico muy detallado que incluye su carrera eclesiástica, pero hasta ahora no han logrado establecer una correspondencia documental directa entre aquel y el arciprestazgo de Hita. Precisamente, este constituyó uno de los argumentos de Kelly (1984, cap. II) y de Salvador (s.f.) para refutar la identificación de Juan Ruiz con Ruiz de Cisneros aducida por Sáez y Trenchs. En concreto, Salvador se pronuncia así sobre la cuestión:

Mas las investigaciones de los profesores Sáez y Trenchs, a las que nada nuevo añade
el folleto de Juan Lovera y Toro Ceballos (1995), no iluminan los posibles lazos entre
ese Juan Ruiz de Cisneros y la villa de Hita, ni llenan el vacío que interesa de manera
especial, ya que no aportan ninguna noticia entre 1327 y 1330, por una parte, y entre
esa fecha y 1343, por otra; además, tampoco facilitan un hilo que vincule a tal persona
con el *Libro de buen amor*, si bien el contacto de ese Juan Ruiz con Gil de Albornoz es
digno de interés. (Salvador, s.f.)

En 1984, Hernández, por su parte, publicó una sentencia[7] dada en Alcalá de
Henares por «el maestro Lorenzo», canónigo de Segovia y juez eclesiástico,
resolviendo una larga disputa entre el Arzobispado de Toledo y la cofradía de
los curas párrocos de la Villa de Madrid. En este documento, fechado en 1330,
aparecen ocho testigos, entre los cuales figura el venerable «Johanne Roderici
archipresbitero de Fita». Este hallazgo, desarrollado parcialmente más tarde
por el mismo investigador (Hernández, 1987), adquirió una importancia excep-
cional, pues era, hasta entonces, la única información que relacionaba a un Juan
Ruiz con la dignidad eclesiástica de arcipreste y con Hita. Y, en principio, aunque ningún otro dato unía a este Juan Ruiz, arcipreste de Hita, con el LBA,
parecía bastante poco probable que su autor utilizara como personaje de la obra
a un contemporáneo suyo. Por lo demás, la extraordinaria demostración de
conocimientos que hace este a lo largo de la obra habría justificado su acceso a
un cargo de cierto prestigio, como era el de arcipreste.

El historiador Gonzálvez Ruiz (2004), a la sazón archivero bibliotecario de la
catedral de Toledo, empleaba justamente estos razonamientos que se acaban de
exponer para revalorizar el descubrimiento de Hernández (1984) y apuntalar
los criterios que debían primar en la investigación de la persona de Juan Ruiz.
Así —y a pesar de que, como ya se destacaba en la cita de Criado de Val (2008)
supra, las indagaciones de Hernández no se desarrollaron más allá de los dos
trabajos mencionados y siguió sin poder fijarse documentalmente la conexión
entre el Juan Ruiz de la resolución judicial mencionada y el LBA—, afirma (se
reproducen *in extenso* sus palabras por la meridiana claridad con que trata el
asunto):

No son pocas las personas que han tropezado en el escollo de no saber diferenciar
la realidad de la ficción, como lo demuestra la casi infinita variedad de opiniones (y
de disparates) que se han emitido a propósito de la personalidad de Juan Ruiz y sus
andanzas […]. [H]ay que adoptar desde el principio, como postura metodológica

---

7   Hay que señalar que el manuscrito donde se nos ha conservado la sentencia es una
     copia realizada cien años más tarde de la resolución originaria (cf. a este respecto,
     Bertolucci, Alvar y Asperti (1999: 290–292).

negativa, la desconfianza en los propios análisis [...]. El segundo paso, ya en un sentido positivo, será buscar un punto en que la historia y la literatura coincidan, es decir, un punto en que el documento histórico y el testimonio del *Libro de buen amor* se respalden mutuamente.

Este punto áureo de encuentro se halla, en mi opinión, en el sintagma «Juan Ruiz, arcipreste de Hita», donde se asocian el nombre completo del autor y el cargo eclesiástico que ostentaba. Estos datos conjuntados, procedentes de dos fuentes independientes y de distinta naturaleza, a saber, uno del cartulario de Toledo, de naturaleza documental, y otro de la obra del Arcipreste, de naturaleza literaria, han establecido por fin como segura su verdadera personalidad. La concurrencia de ambos constituye un testimonio histórico plenamente fiable. La única posibilidad de que esto no hubiera sido así se basaría en la hipótesis de que hubiera habido dos Juan Ruiz, ambos arciprestes de Hita, ambos de la primera mitad del siglo XIV, pero tal suposición es altamente inverosímil y puede ser desechada como sumamente improbable.

La autenticidad del hallazgo de Francisco J. Hernández de una noticia sobre Juan Ruiz, arcipreste de Hita, está fuera de toda duda. Un historiador que haya examinado la sentencia arbitral copiada en el cartulario de Toledo, en la que aparece su nombre, no puede abrigar dudas razonables de que el personaje que actúa como testigo en dicho documento histórico es el mismo que el autor del *Libro de buen amor*.

Una vez sentadas estas bases, Gonzálvez Ruiz (2004) ofrece unas pinceladas históricas de la persona que debió de ser Juan Ruiz. Fundamentalmente, lo sitúa en la órbita de la iglesia de Toledo y del régimen reformista instaurado en ella desde finales del siglo XIII y durante el siglo XIV por el arzobispo Gonzalo Pétrez (Gonzalo Pérez Gudiel) y sus sucesores. Estos impulsaron numerosas medidas renovadoras que afectaron al clero secular, sobre todo, en relación con su formación: una de ellas fue la fundación del Estudio General de Alcalá de Henares, que, sin embargo, con el tiempo, no llegaría, presuntamente, a ponerse en marcha. Asimismo, introdujeron mejoras en las redes de las escuelas catedralicia, privadas y parroquiales, así como en las clericales, donde se ofrecía formación en teología, derecho, liturgia y música, saberes estos que se simultaneaban con la práctica de las horas canónicas. De acuerdo con Gonzálvez Ruiz, Juan Ruiz debió de acudir con provecho a una de las escuelas clericales de la diócesis y, en definitiva, se convirtió en un «ejemplo de clérigo toledano de clase media y con un currículum académico brillante» (Gonzálvez Ruiz, 2004). Duda, eso sí, que sus extensos conocimientos procedieran del ámbito universitario, pues estima que, si hubiera alcanzado algún grado como bachiller o doctor, lo habría antepuesto a su nombre en la sentencia encontrada por Hernández

(1984). Esto último, sin embargo, no se compadece con la idea que planteó Kelly (1984, cap. IV) de que el autor del LBA era un jurista ni del propio Hernández (1995) que atribuyó cierto funcionamiento, siquiera precario, al Estudio General de Alcalá (cf. Casado Arboniés, 2018 para más detalles sobre esta cuestión) y estableció una posible relación de nuestro arcipreste con esta institución. De acuerdo con Hernández (1995: 82):

> No obstante, hay ciertos indicios de que el estudio [de Alcalá] siguió funcionando, más o menos precariamente, durante el siglo siguiente [s. XIV].
>
> Por ejemplo, en 1330 se pronuncia una sentencia judicial en Alcalá sobre un largo litigio que enfrentaba a la clerecía de Madrid y al arzobispo de Toledo. El juez es magíster Lorenzo, quien emite su sentencia desde la residencia que, a pesar de ser canónigo de Segovia, tenía en Alcalá. Parece lógico que, si este canónigo segoviano vivía en Alcalá, era porque daba clases sobre la profesión que practicaba. También debe notarse, como hice por primera vez hace diez años, que uno de los testigos de esta misma sentencia fue Juan Ruiz, arcipreste de la cercana villa de Hita. Lo cual nos lleva hacia otro aspecto de la vida académica alcalaína, ya que en la obra literaria de Juan Ruiz se destacan importantes elementos procedentes de textos eminentemente universitarios (como el *Pamphilus de amore*, fuente del gran episodio sobre don Melón y doña Endrina) o parauniversitarios (como la poesía goliardesca). Hasta ahora se ha especulado no poco sobre dónde pudo adquirir el arcipreste estos saberes. Pues no hay que ir muy lejos. Juan Ruiz, a quien Trotaconventos describe como «uno que es de Alcalá» (LBA, 1510a), pudo adquirir su nada desdeñable pericia legal (parodiaba magistralmente en el juicio de don Ximio) y su considerable conocimiento de la poesía latina universitaria en el centro universitario de la misma Alcalá, donde pudo asistir a las clases que, presumiblemente, daban maestros como magíster Lorenzo de Segovia.

Otro aspecto de la biografía de Juan Ruiz del que se ha discutido mucho es la prisión que pudo sufrir y de la que se hace mención en la obra. No hay certeza de que, en el momento de la composición del LBA, este se hallase en la cárcel, a pesar de que los defensores de la autoría de Juan Ruiz de Cisneros consideren que queda más que demostrado: «Los argumentos que prueban la prisión real del Arcipreste, contenidos en la c. 1–10 y 1688–1689, son tan evidentes que resulta bastante difícil comprender a los que lo niegan» (Juan Lovera y Murcia Cano, 2017).[8] Es cierto que el LBA comienza con una invocación a Dios en el

---

8   Para las autoras resulta claro, toda vez que conectan las alusiones literarias con el periodo en el que Juan Ruiz de Cisneros debió de pasar en la cárcel por orden del arzobispo de Zaragoza.

siguiente tono: «Señor Dios, que a los jodíos, pueblo de perdiçión,/ sacaste del cabtivo, del poder de Faraón,/ a Daniel sacaste del poço de Babilón,/ saca a mí coitado desta mala presión.». Pero el *topos* de la prisión, entendida como 'destierro psíquico' o 'estado de pecado' estaba muy extendido en la Edad Media. Spitzer (1968: 113–115) señaló, en su momento, «que se siga creyendo todavía en la realidad de la prisión del Arcipreste [...] me parece punto menos que increíble. [...] Deberíase haber prestado atención a la indicación de Appel de que la expresión "en la prisión" significa "en la prisión terrena" (por contraposición al "cielo") y que la noticia del final del códice de Salamanca corre a cuenta del copista».

Por lo demás, Walsh (1979–1980: 62–86) compara la invocación inicial con la estrofa 106 del *Poema de Fernán González*, donde, a modo de plegaria, puede leerse: «Sennor, tú que libreste a Davyt del león,/ matest al Filisteo un soberuio barón,/ quitest a los judíos del rrey de Babilón,/ saca nos e libra nos de tan cruel pressyón».

Asimismo, el *topos* de la prisión como 'pecado' está muy bien estudiado ya desde la primera literatura cristiana que glosa el Salmo 136, *Super flumina Babylonis*, y, especialmente en la literatura carolingia, por Godman (1995, 339: 373), donde se desmiente la supuesta prisión de Godescalco, en su muy conocido *Ut quibes, pusiole*.

Con respecto a la formación intelectual de Juan Ruiz, como ya se ha apuntado *supra*, esta se evidencia desde el inicio de su obra: el prólogo, en prosa, con su treintena de citas latinas no deja lugar a dudas. Lo que da la medida de la preparación del autor no es solo el conocimiento de textos latinos, más o menos breves, que pudieran recogerse en centones o antologías, sino las ideas expresadas y las estrategias retóricas empleadas en la *dispositio*. Desde los estudios de Lecoy (1974[1938]), nadie duda de las abundantes lecturas no solo latinas,[9] sino vulgares y de sus amplios conocimientos de derecho.

De su dominio de la tradición literaria solo se apuntarán unas breves notas, puesto que el estudio de las fuentes literarias del LBA ha ocupado a numerosos autores; entre ellos, a Morros Mestres (2004) que desglosa, de acuerdo con los temas o episodios de la obra, sus antecedentes mediatos e inmediatos.

---

9   No a todas sus fuentes las menciona. A San Agustín, por ejemplo, no lo cita directamente, pero su pensamiento parece estar presente en el LBA: los conceptos de *entendimiento, memoria y voluntad*, y de *buen amor*, así como algunas claves interpretativas de la obra derivarían de san Agustín (Cf. Gerli 1981- 1982, 2002, 2005; Hamilton, 2006) aunque, más modernamente, Accorsi (2012) ha matizado la importancia del filósofo de Hipona en Juan Ruiz.

Juan Ruiz, para apoyar sus argumentos, recurre frecuentemente a citas de
la Biblia (principalmente, del Antiguo Testamento: Salmos, el Libro de Job, el
Libro de Daniel y del Apocalipsis), de autores cristianos (Santiago, san Pablo,
san Gregorio) y paganos reconocidos como autoridades por la Iglesia (Aristóteles, Platón, los *Disticha Catonis*). Como puede verse, algo muy alejado de la
imagen de poeta ajuglarado o, incluso, juglar cazurro que ha defendido Menéndez Pidal (1991: 268–283; esp. 270).

El autor se imbrica inextricablemente con la estructura del LBA, estructura
tan peculiar que fue culpable de su relativamente reducida difusión en los siglos
posteriores, con algunas excepciones (cf. Deyermond, 2004, que sigue los avatares de la obra desde la fecha de su probable finalización; Linage Conde, 2011,
por lo que respecta al tratamiento del Arcipreste en la historia de la literatura
en los dos últimos siglos). Se ha definido, en ocasiones, la obra como una novela
autobiográfica en la que se insertan treintaidós fábulas[10], digresiones morales,
ascéticas y satíricas, una glosa del *Ars Amandi* de Ovidio y otra del *Pamphilus*, episodios alegóricos y composiciones líricas. La «novela central» que sirve
de soporte a todo el LBA ofrece ya una amplia gama de posibilidades de lectura debido a la aparición de la primera persona: el narrador-autor irrumpe
en la obra literaturizando su vida. Pero el *yo* que garantiza la unidad de la obra
esconde personajes diversos: el Juan Ruiz real, el arcipreste de Hita literario
que narra sus andanzas, don Melón de la Huerta, los personajes que hablan en
primera persona en los diálogos y, en fin, el libro mismo nos habla en la estrofa
70 (cf. Molho, 1986 y Bubnova, 2017, entre otros). Esta complejidad estructural
no es, sin embargo, resultado de una tradición textual accidentada: las referencias y los reenvíos en el interior del LBA manifiestan la voluntad compositiva
de su autor. Y el prólogo confirma propósitos múltiples. De este se extrae que la
obra se compone, por una parte, de un tratado amoroso con intención didáctica, que puede deducirse, a nuestro juicio, de la lógica con que está expuesta
toda la obra. Como clave interpretativa me parece fundamental la «actitud

---

10   Las fábulas contenidas en el LBA y sus fuentes directas e indirectas han merecido
     mucha atención por parte de la crítica literaria, sobre todo a partir de Lecoy (1974
     [1938]). Destacan los trabajos de Rodríguez Adrados (1986), Joset (1988: 91–102),
     Godinas (1996), Lacarra (1998), Morreale (2002), Morros Mestres (2002) y Cuesta
     Torres (2008, 2011, 2012, 2015, entre otros), que ha estudiado de manera particu-
     larizada algunas fábulas de tradición esópica en el LBA. Sobre la fábula del lobo y
     la raposa, que se tratará más adelante, véase Tabares Plasencia (2002 y 2005). En
     torno al concepto de *fabla* y su relación con otros términos afines, véase el reciente
     trabajo de Miaja de la Peña (2022).

confirmativa» que se espera del receptor u oyente.[11] Por otra parte, nos encontramos con un cancionero enmarcado en una estructura narrativa de tipo biográfico. Por ello, se ha relacionado el libro con autobiografías literarias del tipo la *Vita Nuova* de Dante, *Le Voir Dit* de Machaut (Deyermond, 1991: 179) o, incluso, con las *Confesiones* de san Agustín (cf. Accorsi, 2012). Esto se produjo cuando se asentaron entre los estudiosos las ideas de Curtius (1989) y Auerbach (1998) sobre la dependencia de la literatura europea de la Edad Media latina. Con anterioridad, se lo relacionaba con las literaturas árabe y hebrea; en concreto, con el género de las *maqamat* y con las figuras de Ibn Hazm y Yosef ben Me'ir ibn Sabarra.

Igualmente, se ha insistido en la influencia del *amor cortés*, parodiado, por ejemplo, en las *serranillas*, que tanto recuerdan a las *pastourelles*. Pero, en cuanto al tratamiento concreto del amor, hay que aludir a la literatura ovidiana, desarrollada en la Edad Media, en los diversos *Ovide moralisé*, uno de cuyos exponentes más conocidos fueron las comedias elegíacas *Pamphilus* y *De Vetula* (cf. Morros Mestres, 2004). Un ejemplo de esta influencia lo hallamos en la estrofa 429 del LBA: «Si leyeras Ovidio, el que fue mi criado / en él fallarás fablas que lo ove yo mostrado: / muchas buenas maneras para enamorado; / Pánfilo y Nasón yo los ove castigado».

Además, podrían encontrarse ecos del *roman* francés de los siglos XIII y XIV (*Roman de la Rose, Roman du Chastealain de Couci*). Como ya se ha avanzado avanzado en la nota 10, la inserción de fábulas y anécdotas de corte moralizante nos acerca, por un lado, a la tradición clásica (Esopo y su continuador romano Fedro) y, por otro, a la cuentística oriental, en concreto, al *Panchatantra*, traducido a partir de una versión árabe de mediados del siglo XIII: nuestro *Calila e Dimna*.

En cuanto a los conocimientos jurídicos del Arcipreste, que no desmerecen en absoluto a los literarios hablaremos en el apartado 3 de esta monografía. Seguidamente se señalarán algunos aspectos relativos a la obra.

1.2 El *Libro de buen amor*: algunos elementos descriptivos

El LBA —llamado así bajo los auspicios de Menéndez Pidal, pues nos ha llegado anepígrafa— ha recibido diferentes denominaciones a lo largo del tiempo. Como señala Kirby (2011) (cf. también García Única, 2011), el proceso del

---

11   Recuérdense, por ejemplo, el episodio de las leyes que los romanos pidieron a los griegos (basado, al parecer en una glosa de Accursio) o el de Pitas Payas (con concomitancias con los *fabliaux*).

hallazgo de su título definitivo ha pasado por diferentes fases relacionadas con su recepción u otras circunstancias externas al momento de su creación.

Las primeras menciones procederían del primer cuarto del siglo XV, en concreto, de la copia realizada por Alfonso de Paradinas en la que aparece bajo la denominación de «libro del arçipreste de hita». Casi simultáneamente, en un texto que, probablemente, se emplearía como apuntes para sermones (Deyermond, 2004: 131) se le llama solo «el libro del arçipreste». Con posterioridad, se hallan menciones en las que se pone de relieve al autor (*Arçipreste de Fita* en el Arcipreste de Talavera y *acipreste de fyta* o *acipreste de fita*, en dos inventarios bibliográficos, uno portugués y otro salmantino). Ya hacia la segunda mitad del siglo XV, el marqués de Santillana lo recoge como «Libro del Arçipreste de Hita». A principios del siglo XVI, empieza a conocerse como «Coplas del Arcipreste de Hita», siendo que, a finales del mismo siglo, Argote de Molina se refiere a él como «Cancionero del Arcipreste». Durante esta etapa (siglos XV-XVII), de acuerdo con Kirby (2011), no parece haber un interés específico en intitular, sino en hacer una descripción o identificación de la obra.

Durante el siglo XVIII y primera mitad del XIX, volvemos a encontrar «Libro del Arcipreste de Hita», pero, también, «Obra del Arcipreste de Hita», «Poema del Arcipreste de Hita», «Poesías del Arcipreste de Hita» y «didaktischen Poesien» (en la *Darstellung der spanischen Literatur im Mittelalter*, de Ludwig Clarus, 1846). En esta etapa, lo coincidente en los tratadistas son las denominaciones de *libro*, *poesía* o *poema* y la procedencia de su autor. Sigue sin haber, en cualquier caso, una intención clara de poner un título al LBA.

La situación cambia a partir de la segunda mitad del siglo XIX, cuando la crítica toma verdadera conciencia de que la obra no posee realmente un título y se pregunta cuál habría sido la elección de su autor. En concreto, en 1859, Ferdinand Wolf considera que el Arcipreste la habría titulado «Libro de buen amor». Por su parte, Menéndez Pelayo, en 1892, en su *Antología de poetas líricos castellanos*, recoge todas las denominaciones que se han empleado para el LBA, incluyendo la de Wolf, aunque esta no es su primera preferencia, sino la del marqués de Santillana. No obstante, a finales del siglo XIX, la opción de Wolf prende con fuerza en España y Menéndez Pidal le da carta de naturaleza en un trabajo de 1898. De forma prácticamente inmediata, Ducamin (1901), en su edición paleográfica del poema, acepta y emplea este título. A partir de ese momento, se convierte en la denominación corriente (Cejador y Frauca la usa en su edición de 1913). Si bien este es el título que, hasta la actualidad, ha corrido mejor suerte, lo cierto es que no ha dejado de producirse debate en torno a esta cuestión, como apunta Kirby (2011) y al que se remite para una explicación detallada.

El LBA se ha conservado en tres manuscritos y en varios fragmentos (uno de ellos en traducción portuguesa de poco más de un folio conservado en Oporto). Estos tres códices principales son conocidos con las siglas de T (que proviene del Archivo de la catedral de Toledo y que presenta la datación más antigua), S (considerado el *codex Optimus* y perteneciente a la Universidad de Salamanca) y G (el más tardío e incompleto, con una inicial que responde al apellido de su primer propietario, Benito Martínez Gayoso). Los fragmentos proceden casi siempre de citas indirectas de otros escritores como el arcipreste de Talavera o Lope García de Salazar y también otros más tardíos. Un pasaje del LBA se encuentra copiado en un manuscrito de la *Estoria de España*, otro constituye una apostilla marginal a un texto del siglo XV. Por último, tenemos la traducción portuguesa (véanse Alborg, 1975: 245 y siguientes; Bertolucci, Alvar y Asperti, 1999: 289 y siguientes).

El LBA es un extenso poema de 1709 estrofas, en el manuscrito S, el más completo, de carácter misceláneo. La datación del poema ha presentado siempre un gran problema, aunque se suele dar 1343 como el año más probable de su finalización. En la propia obra aparece la fecha en la estrofa 1634. Pero, desgraciadamente, los manuscritos T y S no concuerdan. En el primero leemos: «Era de mill e tresyentos e sesenta e ocho años / fue acabado este libro por muchos males e daños». Mientras que el manuscrito salmantino adelanta la fecha en trece años: «Era de mill e trezientos e ochenta e un años / fue conpuesto el rromançe por muchos males e daños».

Por supuesto, en un trabajo como este no parece oportuno el replanteamiento de problemas de crítica textual bastante complejos y ya tratados por grandes investigadores. Además, no me considero en condiciones de discutir las sesudas conclusiones de Chiarini, Corominas y Joset en sus ediciones críticas del LBA, y de Blecua, tanto en su edición del poema (1995) como en su *Manual de crítica textual* (1983) —donde la mayoría de los ejemplos se refieren al LBA—.[12] Todos ellos han rechazado la idea de una doble redacción, defendida por Menéndez Pidal, Corominas y otros estudiosos. Esta doble redacción, que intentaba explicar la divergencia en las fechas de los manuscritos T y S, la considera, por ejemplo, Blecua muy improbable, ya que el análisis textual y codicológico indica que el manuscrito S no supone una versión ampliada, sino que los otros dos manuscritos presentan supresiones de parte del texto a cargo de los copistas. Se considera, pues, en general, que las variantes se deben,

---

12   Cf. De Looze (2008) e Hidalgo Brinquis (2017) para un tratamiento más actual de las cuestiones de crítica textual del LBA.

sobre todo, a la labor de los copistas y que los manuscritos T y G derivan de un mismo subarquetipo, mientras que S implicaría otra rama de la tradición, con un *stemma codicum* como el que se mostrará a continuación, donde las letras griegas representarían el arquetipo (original) y los subarquetipos perdidos y las iniciales latinas los manuscritos conservados agrupados en dos familias (este esquema es el usual en los «árboles lachmanianos»):

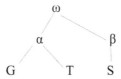

Figura 1: *Stemma codicum* del LBA

Repito que aquí no puedo entrar en cuestiones de tanta importancia y profundidad como las relaciones entre los manuscritos o, incluso, la literatura oral que supone el Medievo y que tan alejada está de nuestros actuales paradigmas literarios (cf. Zumthor, 1972). Pero no nos parece mal, sino todo lo contrario, la postura de Gybbon-Monypenny cuya edición se sigue mayoritariamente en este trabajo. Frente a las ediciones de Chiarini, Corominas y Joset y las propuestas de Blecua, que siguen el método neolachmanniano, Gybbon opta por el método «más realista» de Bédier. Lachmann, el fundador de la moderna crítica textual, seguía, en sus reconstrucciones de Homero, Lucrecio o el *Nibelungenlied*, las lecciones apoyadas por el mayor número de manuscritos. Bédier, en cambio, obedeciendo a su máxima de *voir et toucher*, prefería partir de un manuscrito concreto y, luego, hacer las mínimas correcciones, cuando el *codex optimus* se hallara manifiestamente corrupto y los otros códices tuvieran lecciones mejores. Así, por lo menos, se partía de un texto real, no de la creación de un filólogo que editaba el texto. Por ello, sin insistir más que en la presentación del grave problema textual que ofrece el LBA, se tratarán también como sobre ascuas de otros aspectos fundamentales que no se pueden sino bosquejar, como la métrica, el contenido o los niveles de significación de la obra.

El LBA consta de 1709 estrofas, en su mayoría tetrástrofos monorrimos, la cuaderna vía característica del mester de clerecía y, antes, de la poesía goliardesca latina, aunque también hay otros metros (cf. Pla Colomer, 2015). Se ha mostrado (Corominas, 1967) que existe una relación entre momentos narrativos y momentos líricos y los distintos tipos de metros: recordemos, por ejemplo, las *serranillas*. Además, dentro de los tetrástrofos monorrimos, los encontramos de 14 y 16 sílabas, al parecer con diferencias que responden a una intención determinada del Arcipreste.

El contenido se distingue por la riqueza de los temas que toca Juan Ruiz. En muchas ocasiones, resulta difícil seguir el hilo narrativo por la cantidad de excursos, digresiones, *exempla*, símiles y recursos retóricos de todo tipo (especialmente, la *amplificatio*), que complican la lógica de la narración.

Siguiendo a la mayoría de los estudiosos, puede decirse que la obra se estructura en torno a las vicisitudes del protagonista en su búsqueda del «buen amor», como el mismo autor confiesa en la estrofa 71, que ha originado múltiples comentarios: «Como dize Aristóteles, cosa es verdadera / el mundo por dos cosas trabaja: la primera / por aver mantenencia; la otra cosa / por aver juntamiento con fembra placentera».

La obra comienza con la oración que transcribimos *supra*, a la que sigue un prólogo donde se mezclan prosa y verso. Continúan unos gozos a la Virgen y se inserta el primer ejemplo, el de los griegos y romanos. Luego viene la estrofa que acabamos de reproducir, en la que se defiende el naturalismo amoroso, partiendo —al parecer— de una libre adaptación del libro II del *De anima* aristotélico (probablemente, a partir de los comentarios de Averroes). Como conclusión, aparece el primer episodio amoroso del Arcipreste. La segunda aventura, la de «Cruz cruzada, panadera», termina con que el mensajero le roba la amada al protagonista. La astrología está representada por el episodio del rey Alcaraz. Sigue un nuevo fracaso amoroso e, inmediatamente, la disputa con don Amor, basada en la tradición alegórica del *somnium* medieval[13] y construida sobre el esquema de las *disputationes*. Increpa el Arcipreste a don Amor, disgustado por sus fracasos, acusándolo de ser el causante de muchos males, y, justamente aquí, aparece uno de los textos más importantes para este trabajo, dentro del tratamiento de los pecados capitales y, concretamente, de la *acidia*, que se corresponde, con algunas matizaciones, a la actual *pereza*; el texto se remata con la parodia de las horas canónicas, bien estudiada, entre otros, por Green (1969), Kirby (1978) y, más modernamente, por Simonatti (2008). Estos pecados capitales vienen ilustrados por numerosos *exempla*. Más tarde, se defiende don Amor (aconseja cómo haber dueña garrida) y cuenta el episodio

---

13   La tradición alegórica del *somnium* medieval tiene una gran importancia. Los principales tratados son los de Calcidio y Macrobio, con su clasificación de los sueños que remonta a modelos griegos más antiguos. Los sueños están presentes, desde Homero, en la literatura occidental. A menudo, se ponen en relación con el Más Allá. Una obra que nos ilustra de todo ello es la debida a Amat (1985).

de Pitas Payas, que acaba con el famoso elogio al dinero. También interviene
doña Venus, que instruye al protagonista. Sucede después la parte en que intervienen don Melón (trasunto del *yo* narrativo) y doña Endrina. A continuación
se encuentran las serranillas y la batalla de don Carnal y doña Cuaresma. Los
episodios de la monja Garoza y de la mora, de diverso signo preceden a las
maldiciones a la muerte y al famoso epitafio por el fallecimiento de Trotaconventos (el *planctus* del poema). Desde ese momento y hasta el final se acumulan
una serie de estrofas poco ligadas temáticamente: alegoría de los pecados y las
virtudes; el elogio de las propiedades de las dueñas chicas; gozos de la Virgen,
Cántica de los clérigos de Talavera (que parece reelaborar la *Consultatio Sacer-
dotum*, atribuida a Walter Map). El LBA termina con dos romances de ciego.

2 Situación jurídico-cultural en torno al LBA

2.1 El derecho común

Para que se puedan entender cabalmente las referencias a la terminología y fraseología jurídicas en el LBA se ofrecerá un breve panorama del mundo jurídico que rodeaba a Juan Ruiz en el tiempo en que se compuso la obra.

Se ha señalado como la fecha más probable de terminación del LBA el año 1343, es decir, durante el reinado de Alfonso XI en Castilla, del arzobispado de Gil Albornoz en Toledo y cinco años antes de la promulgación del Ordenamiento de Alcalá, en 1348, donde se establece el orden de prelación de fuentes del derecho castellano. En dicha norma (1983 [1774]: título XVIII, ley 1.ª) puede leerse: «[P]or las quales leyes deste nuestro libro mandamos que se libren primeramente todos los pleitos civiles y criminales; e los pleitos que no se podieren librar (por las leyes deste nuestro libro e por los dichos fueros) mandamos que se libren por las leyes contenidas en las Siete Partidas». Es decir, se reconoce el derecho común contenido en las Partidas como supletorio, en defecto del derecho real y los fueros municipales. Este dato es de gran importancia porque las Partidas están detrás de uno de los fragmentos —la fábula del lobo y la raposa— jurídicamente más interesantes del LBA (Tabares Plasencia, 2005) y que, más tarde, retomaremos.

Debe precisarse que la aplicación y la vigencia de las Partidas no coincidió en el tiempo, pues, a pesar de que estas leyes de Alfonso X no cobran vigencia hasta la fecha de promulgación del Ordenamiento de Alcalá, lo cierto es que ya con anterioridad fueron aplicadas por los tribunales. En este sentido, Tomás y Valiente (1990: 142) da cuenta de la protesta de las Cortes de Segovia, en 1347, ante el empleo en la práctica judicial del mencionado cuerpo legal, que se consideraba contrario al derecho tradicional castellano contenido en los fueros. Esto se debió al enorme prestigio que habían adquirido las Partidas desde que se dieron a conocer. El *Libro de las Siete Partidas* fue terminado entre 1263 y 1265. No obstante, García Gallo (1951–1952: 345–351) propuso una tesis contraria a esta datación y a la autoría del rey sabio. Para este, las Partidas eran obra de un grupo de juristas anónimos de finales del siglo XIII y principios del XIV. Este posicionamiento fue muy criticado, lo cual obligó a su autor a revisarlo veinticinco años más tarde (García Gallo, 1976), si bien siguió manteniendo que la obra jurídica era posterior a la muerte de Alfonso X.

Sea como fuere, esta obra, cuyo título original según aparece en algunos manuscritos era *Libro de las Leyes*, es considerada la cumbre del quehacer jurídico de Alfonso X y su influencia se mantuvo durante largos siglos en el derecho español.[14] Sin embargo, lo que en ellas se contenía era derecho común. El derecho común se entiende como el producto de la integración de tres sistemas jurídicos distintos: el derecho romano, el derecho de la Iglesia o derecho canónico (basado, en buena medida, en el derecho romano), y, aunque en menor medida, el derecho feudal (de ascendencia germánica, si bien con influencias del derecho romano). Martínez Martínez (2016: 377–378), quien reformula la definición de Bussi (1935: 55), considera:

> [e]l Derecho Común como el conjunto de principios, construcciones jurídicas y reso-
> luciones prácticas, respectivamente formuladas, creadas o pensadas por la doctrina,
> complejo de nuevas teorías creadas por los jurisprudentes, sea sobre la base de princi-
> pios racionales, sea sobre la base del Derecho germánico, romano, canónico, consue-
> tudinario, etc., para hacer frente a las nuevas necesidades, poniendo el acento en la
> labor de los juristas, en sus capacidades y en sus reflexiones. Introduce una muy acer-
> tada separación entre la obra de los juristas (el resultado de su actividad intelectual),
> la materia sobre la que trabajan (los varios Derechos citados) y la calidad de artífices
> que tales juristas acaban reclamando para sí en tanto en cuanto que realizadores de
> la construcción, título que con toda Justicia de ellos se debe predicar. Los juristas,
> seguirá afirmando más adelante Bussi, aparecen como auténticos *conditores legum* y
> la *generalis opinio* irrumpe, en consecuencia, como fuente de producción normativa,
> de suerte tal que se erige en esos siglos centrales del Medievo un Derecho plenamente
> científico, un Derecho de cátedra, procedente de las aulas y extendido fuera de las
> mismas, tomando al asalto los palacios y las cortes de Justicia: un Derecho de juristas
> en su formación que acaba siendo Derecho universal en su propagación.

La fusión de estos derechos fue cristalizando a partir de la segunda mitad del siglo XI en Italia, cuando se descubrieron manuscritos olvidados que contenían lo que se conservaba de la gran compilación jurídica justinianea, conocida desde el Renacimiento con el nombre de *Corpus iuris civilis*. Justiniano (527–565) mandó reunir, en Bizancio y en los años treinta del siglo VI, las leyes y opiniones de los jurisconsultos del antiguo derecho romano. Esta compilación se hallaba integrada por las *Institutiones* (especie de manual sencillo, destinado a la enseñanza del derecho), el *Codex* (conjunto de las constituciones o leyes

---

14   Recordemos únicamente que las Partidas estuvieron vigentes en España hasta bien
      entrado el siglo XIX y dejaron sentir su huella en la labor codificadora de la que
      nacieron nuestros modernos «libros de leyes»: el Código civil, el Código penal, el
      Código de Comercio, la Ley de Enjuiciamiento civil y la Ley de Enjuiciamiento
      criminal. Su vigencia, por lo demás, no se sitúa solo en España, sino en todo el
      imperio español. Durante los siglos XIX y XX se aplicaron en los territorios de EE.
      UU. que habían formado parte de España.

imperiales promulgadas desde Adriano hasta Teodosio), las *Novellae* (constituciones posteriores hasta llegar a la época de Justiniano) y, quizás la obra más conocida, el *Digestum* (la magna colección de jurisprudencia clásica). Esta sistematización nos recuerda otra también importante, sobre todo para los filólogos, que fue la que llevó a cabo Prisciano en el mismo ambiente.

La obra de Justiniano corrió, en el Occidente medieval, la misma suerte que el humanismo griego y cayó en el olvido hasta el siglo XI[15] por diversos motivos. Entre estos cabe destacar el hecho de que, durante esos siglos, Europa se ruralizó y que el derecho no se consideraba una disciplina separada del resto de los saberes, sino que se estudiaba en las escuelas dentro de las denominadas «artes liberales» como una parte más de la retórica. Evidentemente, un derecho escrito, culto y propio de una sociedad urbana no podía encajar en una sociedad mayoritariamente campesina, donde la costumbre se impuso como medio de solución normal de los conflictos jurídicos.

Pero la situación siempre fue, en cierta medida, diferente en Italia, donde el mundo romano antiguo nunca dejó de estar presente y, precisamente allí, se redescubrieron manuscritos del *Código*, del *Digesto* y un ejemplar de las *Novelas*. La moderna *École des Annales* ha puesto de manifiesto la importancia de este siglo XI en la consolidación de la moderna Europa. En torno al año mil cristalizaría en Europa una serie de condiciones que acabarían por liquidar el mundo antiguo y prefigurarían el moderno. El imperio, el papado, las florecientes ciudades del norte de Italia tenían necesidad de un corpus jurídico que apoyara sus pretensiones. De ahí que el redescubierto derecho justinianeo obtuviera un gran impulso y se estimulara —sobre todo en un primer momento, en Italia— la enseñanza independiente del derecho. Así, la Escuela de Artes de Bolonia se transformó pronto en un centro de estudios importantísimo en el continente, adonde acudían estudiantes de derecho de muy distinta procedencia. Un hito fundamental lo constituyó la Escuela de los Glosadores (cf. Holtz, 1995 tomo III, 59–111 y, especialmente, 83–86 por lo que respecta al fenómeno general de la glosa, pero también, en particular, de la glosa literaria y jurídica), cuyos iniciadores fueron el monje Irnerio, maestro de artes liberales en Bolonia entre mediados del siglo XI y principios del siglo XII y sus discípulos (Jacobo, Búlgaro, Martino y Hugo). La labor de Irnerio secundaba el plan de la Iglesia

---

15 Está claro que deben exceptuarse los enclaves occidentales que pertenecieron a los bizantinos y donde la compilación justinianea se aplicó. Así ocurrió, en efecto, en el sureste peninsular (554–629) y los exarcados de Rávena (539–752) y de Sicilia (535–878).

de regir toda la *Respublica christiana*. Y, para ello, había que dotarla de un solo
derecho, y este no podía ser otro que el derecho romano. No hacía falta crear
instituciones nuevas, sino adaptar las antiguas a la realidad de la Iglesia. De esta
manera, el derecho canónico[16], que constaba hasta entonces solo de las reglas
emanadas de los padres y de los concilios y sínodos, se acomodó lo más posible
al derecho romano. Además, como destaca Santiago-Otero (1997: 617–618), es
a partir de los siglos XI y XII cuando se produce el análisis sistemático de este
ordenamiento jurídico eclesiástico, lo que, progresivamente, termina por constituir una disciplina independiente.

Esta renovación se plasmó en el *Decreto* (o *Concordia discordantium cano-
num*, en el título con el que fue conocido originariamente, 1140), obra del monje
camaldulense Graciano, profesor de Teología —y no por casualidad— en el
estudio universitario de Bolonia. Precisamente, esta obra es la contribución
más importante al desarrollo del estudio del derecho canónico como ámbito
autónomo. En este monumento jurídico se resume todo el derecho canónico de
los once primeros siglos del cristianismo. Es decir, «en él los textos patrísticos,
conciliares, de los sumos pontífices, aparecen dispuestos metodológicamente,
y solucionadas las dificultades que plantean» (Santiago-Otero, 1997: 617). Además — y este es un apunte muy revelador relacionado con la formación jurídica
del Arcipreste—, el *Decreto* fue el manual para la enseñanza del derecho canónico en época medieval[17], puesto que, con anterioridad a Graciano, el derecho
canónico era más bien una teología, mientras que, con posterioridad, el foco se
puso en lo jurídico, consiguiéndose un sistema que «logró la concordia jurídica
interna en la Iglesia a través de una ley única». (Santiago-Otero, 1997: 618).

Un siglo después, seguía esta adaptación del derecho canónico al romano
con las recopilaciones de decretales. Las decretales eran las contestaciones,
a modo de dictámenes jurídicos, que emitía el papa con respecto a consultas
particulares que se le elevaban. Como el papa era la máxima autoridad eclesiástica, esas respuestas «sentaban precedente» y tenían fuerza para resolver
no solo el caso particular, sino todos aquellos que se plantearan en el futuro y
que mantuvieran identidad de razón con el primero. Suponían, pues, un tipo

---

16   Santiago-Otero (1997: 617) nos ofrece una interesante definición de derecho canó-
     nico: «Este derecho eclesiástico o derecho canónico podría ser definido como el con-
     junto de leyes propuestas, establecidas y aprobadas por las autoridades eclesiásticas
     competentes con vistas a garantizar el bien común de la sociedad eclesiástica».
17   La manera en como se promulgaban los textos normativos canónicos consistía en
     su envío junto con una bula papal al Estudio General de Bolonia y a otros estudios
     generales para el uso de maestros y especialistas.

de jurisprudencia vinculante y fuente de derecho canónico. De estas, las más relevantes fueron las Decretales de Gregorio IX (las llamadas Extravagantes de Gregorio IX o *Extra Decretum vagantes*), encargadas a Raimundo de Peñafort y promulgadas por el propio Gregorio IX el 5 de septiembre de 1234, mediante la bula *Rex Pacificus*; y las decretales de Bonifacio VIII, quien ordenó la recopilación de las decretales posteriores a 1234 (y que llegaban hasta 1298), también llamadas *Liber Sextus Decretalium* porque suponían la continuación de los cinco libros de que constaban las Decretales de Gregorio IX. Ya en el siglo XIV apareció otra colección de decretales posteriores a 1298, que se conoce con el nombre de Clementinas, en honor a su autor, Clemente V. Así, todo este corpus, unido a su inevitable exégesis fue denominado por la crítica posterior derecho canónico clásico. Por lo que se refiere a las colecciones canónicas hispanas cabe señalar que las Extravagantes tenían carácter universal y tuvieron un gran éxito en territorio peninsular por el hecho de ser obra de Raimundo de Peñafort. Igualmente, las Partidas de Alfonso X, sobre todo la Partida I, que se configura como un compendio del derecho canónico de la Edad Media, fueron utilizadas por los canonistas hispanos a partir del siglo XII (cf. Santiago-Otero, 1997: 619–624 para detalles de la situación del derecho canónico en la península ibérica).

Así pues, el derecho canónico junto con el derecho justinianeo y las interpretaciones que ofrecieron los glosadores y comentaristas constituyeron la mayor parte del derecho común. Sin embargo, resta al menos mencionar un tercer componente de este derecho común: el derecho feudal, de procedencia germánica y ajeno, en general, a la tradición romanista. Su presentación y difusión, al lado de ciertas fuentes del derecho romano, se hizo necesaria porque era un derecho vigente que regulaba, por ejemplo, un aspecto de la vida medieval tan importante como las relaciones entre los señores feudales y sus vasallos, las ordalías, la llamada «tregua de Dios», etc. Constaba, muy resumidamente, de un conjunto de costumbres y resoluciones judiciales relativas a esta materia.

2.2 Las Partidas y otros textos jurídicos como fuentes del LBA

Después del breve resumen sobre la evolución de derecho medieval hasta la composición del LBA, se aclarará qué finalidad perseguía Alfonso X cuando mandó redactar las Partidas, una de las obras jurídicas a las que atribuí un importante protagonismo como fuente de uno de los pasajes más relevantes desde el punto de vista jurídico en el LBA (cf. Tabares Plasencia, 2005).

Su propósito era el mismo que el de su padre, Fernando III, una vez que logró, en 1230, la unión definitiva de Castilla y León: la superación del localismo jurídico.

Antes de esto, cada señorío, condado o ciudad, que formaban parte del territorio de la corona, se regía jurídicamente por su fuero específico, surgido normalmente de las llamadas cartas de repoblación o cartas-puebla. Estas cartas-puebla constituyeron el primer escalón dentro de las fuentes de los derechos locales, ya que estaban relacionadas con pequeños núcleos agrarios carentes de toda organización municipal. Eran documentos otorgados por los reyes para atraer pobladores a las tierras recién conquistadas a los musulmanes. En estas cartas de repoblación se contenían las condiciones jurídicas del nuevo asentamiento, así como franquicias y privilegios, entre los que figuraba, por ejemplo, el de la autonomía jurisdiccional. De estas *chartae-populationis* se evolucionó a los fueros breves, donde se recogía y verificaba una incipiente ordenación municipal. A partir de los siglos XII y XIII, se documentan ya los fueros extensos, donde se constata un ordenamiento municipal bastante desarrollado.

Fernando III, como ocurre siempre que se pretende regir un gran imperio, intentó superar esta atomización del derecho mediante la creación de un derecho real uniforme y aplicable a todo el territorio de la corona. Un primer ensayo del monarca castellano fue la promulgación del Fuero Juzgo, la versión castellana del famoso *Liber iudiciorum*, la obra más importante del derecho visigodo. Este fue decretado por Recesvinto en el año 654, en el VIII Concilio de Toledo. Constaba de una recopilación de leyes procedentes de reyes godos anteriores a Recesvinto. Como en todo el derecho germánico, podemos encontrar una notable influencia del derecho romano, pero también se nos conservan numerosas instituciones del derecho tradicional visigodo. El *Liber* fue revisado posteriormente varias veces para incluir la actividad legislativa de los siguientes reyes godos, como Wamba, Ervigio, etc. Resulta curioso el hecho de que, a finales del siglo VII, fue objeto de manipulaciones e interpolaciones por parte de juristas anónimos, lo cual dio lugar a una versión extraoficial del texto, una suerte de vulgata (cf. García Gallo, 1941; 1974, que trató exhaustivamente el ámbito personal y espacial de la aplicación del *Liber*).

Su hijo, Alfonso X, se estrenó con dos obras jurídicas antes de las Partidas, a saber, el Fuero Real y el Espéculo, en su intento de imponer el derecho real, pero no lo consiguió. La resistencia de las Cortes de Castilla y de los concejos municipales se hizo sentir pronto: ambas instituciones no estaban dispuestas a que se les privara de los privilegios que se contenían en su derecho tradicional, en sus fueros. El Fuero Real y el Espéculo suponían la penetración y aplicación del derecho común en Castilla. Ambas obras preconizaban la existencia de un poder fuerte y único, encarnado en la figura del rey o del emperador, en la esfera humana, y del papa, en la divina. Ambas rechazaban cualquier tipo de particularismo jurídico y motivaron, consiguientemente, el recelo de los castellanos hacia un derecho extraño y contrario a su tradición. Se ha dicho que el fracaso del Fuero Real y del Espéculo pudiera haber motivado la no promulgación de las Partidas en vida de Alfonso X, y aún después, ya que estas eran el vehículo más perfecto de introducción de los derechos romano, canónico y feudal, del derecho común, en suma. No obstante, algunos historiadores de nuestro derecho no están de acuerdo y han apuntado que las Partidas no fueron concebidas para su efectiva aplicación judicial en los territorios de la Corona de Castilla (cf. Tomás y Valiente, 1990: 240). Serían el resultado de la constante preocupación culturalista del rey sabio: las Partidas serían una gran enciclopedia jurídica destinada al estudio y a la consulta. Sin embargo, un examen detallado de las mismas hace pensar en todo lo contrario. Así, de algunos pasajes parece inferirse que su objeto era la aplicación efectiva de sus leyes: «[Q]ue los pleitos que vinieren ante ellos, que los libren bien e lealmente, lo más ayna e mejor que supieren: e por las leyes deste libro e non por otras» (Partida III, título IV, ley 6.ª).

Por ello, estoy más de acuerdo con la tesis que conecta su elaboración con el proyecto, ambicioso y de carácter universal, que se deduce de las pretensiones, por otra parte legítimas, de Alfonso X de convertirse en emperador (cf., por ejemplo, Pérez Martín, 1999: 51). El rey sabio era hijo de Beatriz de Suabia y, como sucesor de los derechos de esta casa real, aspiraba al imperio, cosa que, poco más de dos siglos después, logró Carlos V. De hecho, contó con el beneplácito de los electores de Pisa. Sin emba. o, la falta de apoyo de Gregorio X y el desánimo con que acogieron esta idea las Cortes castellanas hicieron que, en 1273, renunciara a la corona imperial. En este sentido, las Partidas estaban llamadas a convertirse en el único derecho no solo de Castilla, sino de todo el imperio. Por ello, parece discutible que, desde un principio, se considerara solo una obra doctrinal, culta y sin finalidad práctica alguna.

Con respecto a sus fuentes concretas, se ha afirmado que, en su elaboración, se utilizaron el *Corpus iuris civilis*, las Decretales y los *Libri feudorum*; en otras palabras, derecho común. Pero, además de estos grandes corpus, se tuvieron en cuenta también los trabajos de jurisconsultos tan importantes como Azzo de Bolonia, Raimundo de Peñafort, el Ostiense, etc. (cf. Santiago Otero y Soto Rábanos, 1995). Por lo demás, y en consonancia con el carácter misceláneo de tantos libros medievales, podemos constatar la influencia de otras obras y autores como la Biblia, Aristóteles, Cicerón, Boecio, Vegecio, el *Poridad de Poridades*, etc. Como posibles autores que participaron en su redacción se suele mencionar a dos juristas: Jacobo de las Leyes y Fernando Martínez de Zamora (Pérez Martín, 1999: 55).

Otra de las fuentes jurídicas del LBA parecen ser el *Speculum iudiciale* (o *Speculum iuris*) de Guillermo Durando o Durante (1975[1574]), debido a la trascendencia del *Speculum* dentro de la literatura procesal y al hecho de que Durando fue uno de los autores que mayor influencia ejerció en Castilla en la época medieval. Dentro de la «penitençia quel flaire dio a don Carnal» (estr. 1128—1172) el propio Arcipreste alude al derecho canónico tratando (en el sentido medieval)—e la penitencia: «Porque la penitençia es cosa tan preçiada, / non devedes, amigos, dexarla olvidada; / fablar en ella mucho es cosa muy loada; / quanto más la seguiéremos, mayor es la soldada. / Es me cosa muy grave en tan grand fecho fablar: / es piélago muy fondo, más que todo el mar; / só rudo e sin çiençia, non me oso aventurar, / salvo un poquillo que oí disputar». Y, en la estr. 1152 nos da nombres de autores y obras; el primero, Guillermo Durando y sus dos obras, el *Speculum* y el *Repertorium sive Breviarium aureum super corpus iuris canonici* (Durando, 1474): Lea en el Espéculo e en el su Repertorio, / los libros del Ostiense, / que son grand parlatorio, / el Inoçençio Quarto, un sotil consistorio, / el Rosario de Guido, Novela e Directorio.

En este punto cabe decir que otros autores han señalado que otras fuentes que estarían detrás del LBA serían el *Ordo iudiciarius* (cf. Pérez Martín, 1999), que no supone otra cosa que la castellanización del *ius commune*. Gámez Montalvo (1997: 209) menciona la *Margarita de los pleitos* como otra posible fuente del pleito de la fábula del lobo y la raposa, por lo menos, en lo que a la demanda se refiere. Curiosamente, tanto el *Ordo iudiciarius* como la *Margarita de los pleitos* son obras del jurista Fernando Martínez de Zamora (años veinte o treinta del siglo XIII- 1275), a quien, además, se le atribuye una decisiva participación en la elaboración de las Partidas y la autoría del Fuero Real y el Espéculo de Alfonso X (cf. Pérez Martín, 1987 y 1999).

Por su parte, Santiago-Otero (1997: 625–629), aparte de mencionar a los aludidos *Speculum iudiciale y Repertorium* de Durando, señala otras posibles influencias jurídicas canónicas en el LBA. En concreto, el *Decreto* de Graciano del que también se ha hablado, el *Directorium iuris in foro conscientiae (poenitentiali) et iudiciali* de Petrus Quesvel, entre otras.

3 Literatura y derecho / Derecho y literatura en el LBA

3.1 Estudios de derecho y literatura

Con gran acierto eligió Marí (1998: 251) una cita de Rudolf Carnap (1992) en la que el filósofo hablaba de las dificultades con las que tropieza alguien que desea tender puentes entre disciplinas que, a primera vista, no parecen afines: «Si uno está interesado en las relaciones entre campos que a tenor de las divisiones académicas al uso pertenecen a departamentos diferentes, no se le acogerá como "constructor de puentes" como podría esperar sino que ambas partes tenderán a considerarlo un extraño y un intruso intelectual».

Si bien Carnap se refería a los problemas que tuvo que sortear en su intento de conciliar la filosofía con la física, los mismos pueden extrapolarse, en parte, a las relaciones entre el derecho y la literatura, que algunos han catalogado de imposibles. Así, si atendemos a las ideas del propio Carnap, entre la literatura (o cualquier otra forma de manifestación estética) y el derecho no podría tenderse ningún puente, puesto que no son disciplinas basadas en lo racional, esto es, en lo empírico y lógico-metodológico (Marí, 1998: 254).

Desde la perspectiva de otros autores, como Gadamer (2010) la conexión entre el derecho y la literatura sería más que evidente y vendría de la mano de la interpretación, dado que la hermenéutica jurídica no es diferente de la hermenéutica filológica o teológica, es decir, la unidad de la hermenéutica permitiría establecer un vínculo entre la literatura y el derecho (cf. Dworkin (2001[1985]) en este mismo sentido).

Posner (1988), por su parte, reconoce que existen puntos de conflicto en el diferente empleo de la ficción y la analogía en el derecho y en la literatura, pero señala también importantes concomitancias. Así pues, afirma que la ficción legal serviría para que el legislador y otros operadores jurídicos puedan subsumir situaciones nuevas que se presentan en la realidad en el sistema normativo vigente, mientras que la ficción constituiría en la literatura una herramienta para embaucar a los que se acercan a ella. Igualmente, la analogía se emplearía en el derecho para tranquilizar al ciudadano, en tanto que en la literatura se emplearía para sacudir su conciencia. En cuanto a los nexos, Posner (1988) refiere:

a) tanto la literatura como el derecho tratan situaciones de la vida como la muerte, la venganza, la religión o la familia;

b) la literatura da cuenta en muchas ocasiones de la actividad tribunalicia;

c) tanto la enseñanza del derecho como de la literatura se vinculan estrecha-
mente con el significado de los textos;

d) muchos textos jurídicos se parecen desde el punto de vista retórico a los
textos literarios;

e) la literatura es materia de protección legal (derechos de autor, propiedad
intelectual, etc.). Precisamente, han sido estos aspectos los que, en buena
medida, se han explotado a la hora de relacionar estas dos disciplinas y que
han dado lugar, como veremos en los párrafos siguientes, a corrientes como
la del *derecho y literatura*.

A mitad de los años noventa, Carreras (1996: 33) anunciaba que, dentro de los
estudios jurídicos, el enfoque interdisciplinar del derecho y literatura (*Law
and Literature Studies*) se estaba desarrollando de manera notable en el ámbito
anglosajón junto a los campos de la teoría crítica del derecho (*Critical Legal
Studies*) y de la jurisprudencia feminista (*Feminist Jurisprudence*). Arsuaga
(2009: 3), por su parte, destacaba que es este un movimiento surgido en el seno
de las universidades norteamericanas que empieza a consolidarse en los años
ochenta del siglo xx. Carreras (1996: 33) menciona el hecho de que, desde 1984
hasta el momento de publicación de su artículo —apenas doce años—, habían
salido a la luz, por lo menos, cinco manuales sobre esta materia. En efecto, la
autora alude a los manuales de Ferguson (1984), White (1984 y 1985), Weisberg
(1984) y Brook (1987). A estos trabajos citados por Carreras habría que añadir
la monografía de Nussbaum (1995).

Posner (2000: 4), aunque coincide con Arsuaga en que este movimiento no
comienza a desarrollarse hasta los años ochenta del siglo XX, indica que ya
adquiere conciencia de tal a partir de los años setenta del siglo pasado.

Otro de los rasgos que apunta a la consolidación de este movimiento ha
sido la implantación en los programas de estudios universitarios de asignatu-
ras sobre derecho y literatura (Arsuaga, 2009: 3) y de publicaciones dedicadas
específicamente a esta cuestión como, dentro del mundo hispánico, la *Revista
Peruana de Derecho y Literatura* (a partir de 2006)[18] o, en el ámbito lusófono, de
Anamorphosis: Revista Internacional de Direito e Literatura (a partir de 2015),
sin unas líneas teóricas definidas (cf. Seaton, 1999) y que supone un conjunto
de contribuciones individuales que buscan dar un nuevo giro al derecho apro-
ximándolo a lo literario (cf. Suárez Llanos, 2017).

---

18 Ténganse en cuenta, además, por lo que a la literatura española se refiere, los antecedentes de Costa (1884), García-Gallo (1955 y 2000), entre otros.

En cuanto a la historia de estos estudios, Carreras (1996: 34–36), Arsuaga (2009) y Botero Bernal (2008: 29–31) establecen sus antecedentes más inmediatos en los escritos de algunos juristas del siglo XIX en torno a las obras de Dickens y Shakespeare (remito a la lista de autores citados por Carreras que tratan esta cuestión)[19]. Pero el que une los dos conceptos es Benjamin Cardozo en su obra *Law and Literature* (1931), donde analiza la retórica literaria de las resoluciones judiciales. No obstante, ya con anterioridad, los hermanos Grimm (1816) se habían pronunciado al respecto indicando que derecho y poesía dormían en la misma cuna y vivían en la misma casa.

Carreras (1996: 36–39) y Arsuaga (2009) se refieren también a dos de las líneas fundamentales de investigación que se han ido desarrollando a lo largo del tiempo:

a) La de la literatura en el derecho, centrada en la retórica en las resoluciones judiciales y en la idea de que el derecho actúa, fundamentalmente como la literatura, con ficciones (Contreras Guala, 2013: 96);[20] pero también en la aplicación de los métodos interpretativos de las ciencias literarias al derecho (véase Trindade y Gubert, 2009, como representantes en el ámbito iberoamericano de esta tendencia).

En España, ya desde mediados de los años noventa, viene trabajando en esta misma línea Calvo González (1996). La dimensión interpretativa, a decir de Pérez (2006: 141–143), ha sido la más desarrollada, sobre todo, por el eco que han tenido las técnicas hermenéuticas de la crítica literaria en los pensadores juristas. El problema se centraría en la búsqueda de la interpretación más autorizada de un texto. Otra corriente dentro de esta tendencia establece que la lectura de textos literarios puede ayudar a los operadores jurídicos a desarrollar mejor su trabajo, dado el carácter moral de este tipo de textos. Posner (2000: 160) considera, sin embargo, que esta cuestión es estéril. Calvo González (2007: 319 y ss.) se refiere a esta dimensión como la intersección estructural en las relaciones entre el derecho y la literatura. Este mismo autor (Calvo González,

---

19 Para un tratamiento amplio y sistemático del desarrollo histórico de las relaciones entre derecho y literatura, véase Sansone (2001). También Marí (1998: 259) menciona numerosos casos de la historia de la literatura donde el derecho es un elemento temático de cierta importancia: Homero, Esquilo, Eurípides, Sófocles, Marlowe, Shakespeare, Goethe, Kleist, Dickens, Dostoievski, Melville, Zola, Twain, Kafka y Camus.

20 Cf. la postura de Posner (1988) en torno a la diferente función de la *ficción* en la literatura y en el derecho de la que se ha dado cuenta *supra*.

2013) se queja de la falta de repercusión que han tenido las ciencias literarias en la formación de juristas en el Espacio Europeo de Enseñanza Superior (EEES) y del poco alcance académico que ha tenido el movimiento de derecho y literatura, a pesar de que en el plano científico ha tenido un importante desarrollo. Calvo González (2007: 309–310) prefiere denominar *derecho como literatura* a esta dimensión.

b) La del derecho en la literatura, en la que destacarían trabajos donde se extraerían de forma más o menos detallada los elementos jurídicos de la obra literaria. Se puede hablar de la dimensión artística o literaria, que se muestra en el interés que han tenido los autores literarios por el derecho y la justicia porque la ley es un fenómeno humano tan inmutable y permanente como la muerte y el amor (Posner, 2000: 19).

Calvo González (2007: 309–310) formula este enfoque como la recreación literaria de las formas de organización jurídica (tribunales, la profesión jurídica, etc.) o de determinados valores jurídicos (ley, equidad, justicia, entre otros). Para este autor (2007: 313 y ss.), por lo demás, el *derecho en la literatura* supondría una intersección de carácter instrumental, esto es, el derecho se plantea como recurso literario y la literatura como recurso jurídico. El derecho en cuanto recurso literario, en el marco de la ficción literaria, serviría para la formación académica de juristas mediante el entendimiento sociofilosófico de las concepciones de justicia y del derecho. La literatura en tanto que recurso jurídico implicaría, por un lado, «el empleo de mecanismos y dispositivos poéticos llevado a cabo por legisladores y jurisconsultos» (Calvo González, 2007: 314); por otro, la educación ética y estética del jurista mediante textos literarios (cf. Calvo González, 2008 para una teoría literaria del derecho.)

Por su parte, Posner (2000), Ost (2006) y Calvo González (2007) (cf. también Botero Bernal, 2008: 30; 2009: 41) destacan una tercera orientación:

c) La del derecho de la literatura, es decir, fundamentalmente, la reglamentación legal de la literatura (por ejemplo, los derechos de autor[21]). Respecto a esta última, Calvo González (2007: 311) añade, sin embargo, que no se producen los «efectos de interdisciplinariedad», presentes en la del *derecho como literatura* y en la de la *literatura en el derecho*. Se habla, marginalmente, incluso de una cuarta dirección, propugnada por Ramos Núñez

---

21 Véase, por su interés, un trabajo reciente de Padilla Herrera (2013), que desarrolla la vertiente de la propiedad intelectual y sus relaciones con el movimiento de derecho y literatura.

(2008) (citado por Botero Bernal, 2009: 38 y 41), que analizaría los procedimientos judiciales en los que se han visto incursos los autores literarios y
sus obras.

Carreras (1996), crítica con la segunda (b) corriente investigadora, precisa que
estos estudios no dejan de ser anecdóticos, dado que la obra literaria podría
entenderse globalmente sin necesidad de una exégesis de su componente jurídico. De esta misma opinión es Pérez (2006: 140), al tratar la dimensión artística o literaria.

Por contra, Martínez Martínez (2005a: 133–135) destaca la necesidad de
estudiar esos aspectos para comprender en su plenitud una cultura. Además,
según este autor, las obras literarias constituirían importantes fuentes para
la historia del derecho; sobre todo, para el conocimiento de la recepción en
el ámbito popular de determinadas normas o instituciones jurídicas.[22] Por lo
demás, los elementos jurídicos en algunas obras o en partes importantes de las
mismas se configuran como pilares fundamentales para su intelección cabal e
incluso como indicios para el mejor conocimiento del autor de una obra literaria, como es el caso de nuestro Arcipreste de Hita. En este sentido se había
expresado Bermejo Cabrero (1980: 97), al hablar de los aspectos jurídicos de *La
Celestina*, en un trabajo donde se realiza un excelente análisis de los elementos
jurídicos y políticos de obras y autores de la literatura española, desde Berceo
hasta Lope de Vega:

> Las palabras que figuran al frente de *La Celestina* sobre la profesión del autor y su
> forma rápida de escribir parecen haberse dejado sentir con fuerza a la hora de inter-
> pretar la obra. Una obra que escribiera un jurista en un descanso de su trabajo, en plan
> distracción, olvidado por unos días del Derecho. La profesión del autor, de la que se
> siente orgulloso, poco tendría que ver con la composición de la obra.
>
> Ya se comprende que no se haya intentado hacer un estudio sobre la formación jurí-
> dica del autor en relación con su proyección literaria, como no sea de pasada y en
> forma un tanto marginal [...]. Y es una pena que esto haya sido así, porque con solo
> leer la obra, sin necesidad de sutiles métodos de interpretación, se puede observar lo
> relevantes que son los aspectos jurídicos, sin los cuales se perdería el hilo interpreta-
> tivo de la obra. (Bermejo Cabrero, 1980: 97)

Cabe decir también que no solo la literatura con componente jurídico puede
mostrarnos la recepción de instituciones o normas jurídicas, sino que también

---

22   Véase, en este mismo sentido, Bruner (2003) y el propio Martínez Martínez
      (2010b: 17–18).

constituye una importante fuente para el estudio de la evolución lingüística (morfosintáctica, léxico-semántica y pragmática) de la terminología y fraseología jurídicas.

Además, hay obras como *Verbrechen* (2009) y *Schuld* (2010) —por mencionar ejemplos de las últimas décadas—, del jurista-escritor alemán Ferdinand von Schirach, donde cada relato es un intento por parte del autor de literaturizar el derecho; pero no tanto ofrecerlo como parte de una trama narrativa sino como protagonista indiscutible de la misma (cf. Tabares Plasencia, González Suárez y Batista Rodríguez, 2012).

Hasta el momento, la presencia del derecho en la literatura española ha sido objeto de numerosos estudios. En la nota 18 de este trabajo se menciona a Joaquín Costa y al gran historiador del derecho García-Gallo. Por su carácter abarcador y relativo al período histórico que nos compete, la literatura medieval, debe citarse a Celemín Santos (1996). Específicamente para el Arcipreste, me remito al siguiente apartado con el fin de profundizar en las relaciones del LBA con el derecho.

3.2 El derecho en la literatura española

Las relaciones entre el derecho y la literatura española han sido puestas de manifiesto por muchos autores. Como antecedentes, pueden citarse las obras de Costa (1884) sobre el pensamiento jurídico y político en la literatura española; de Coromina y Montaña (1900), en torno a las ideas jurídicas del *Cantar de Mío Cid* y García-Gallo (1955, 2000), sobre las reminiscencias del derecho germánico en la literatura épica castellana y a los aspectos jurídicos en la literatura popular.

Más modernamente, en cuanto a la literatura medieval, es de referencia, con carácter general, la obra de Celemín Santos (1996), sin obviar las calas que lleva a cabo el aludido en el apartado anterior, Bermejo Cabrero (1980). Específicamente, sobre la ideología política, el matrimonio y otros aspectos legales en el *Cantar de Mío Cid* deben citarse, entre otros, los trabajos de López Estrada (1991) y de Lacarra Lanz (1980, 2002 y 2018).

Por su parte, Bermejo Cabrero (1973) ya se había ocupado de los conocimientos jurídicos del Arcipreste de Hita, como Gómez Iglesias (2004) y Tabares Plasencia (2005). Juan Ruiz, por lo demás, ha recibido bastante atención por la amplitud y profundidad de las cuestiones legales del *Libro de buen amor*. Así, la importancia del derecho común en la obra ha sido destacada por Kelly (1984) y Pérez Martín (1997, 1999). En especial, sobre el componente del derecho canónico en el LBA debe mencionarse a Cherchi (1993, 1998) y a Santiago-Otero

(1997). En este sentido, también hay que resaltar la alusión a juristas y obras famosas del derecho común.

De igual manera, la influencia de este sistema legal en otras obras literarias, algo que es también habitual en el *Corbacho* del Arcipreste de Talavera, el *Rimado de Palacio* de Juan López de Ayala y en el *Cancionero de Baena*, se ha estudiado en Bermejo Cabrero, (1980: 63) y Martínez Martínez (2010a: 27-28; 41-56). De interés en este punto son, asimismo, otros trabajos anteriores de Martínez Martínez (2005a y b), puesto que también tratan la presencia del derecho común en la literatura algunos siglos más tarde de que se hubiera escrito el LBA; concretamente, en uno de los dramaturgos más importantes de las letras hispánicas de todos los tiempos, Lope de Vega (Martínez Martínez 2005a y b) y del gran escritor francés Rabelais. Martínez Martínez (2005a: 118) indica que su finalidad es sacar a la luz la recepción que, por parte de la literatura, se hizo del derecho común en Europa. Como destaca el estudioso, el derecho común tuvo una rápida difusión desde que se estableció doctrinalmente sobre los siglos XII y XIII. Igualmente, Marí (1998: 256-257) recoge el testimonio de Goetz von Berlichinger, de Goethe, donde incluso se citan autores como Bártolo de Sassoferrato, mencionado asimismo por el Arcipreste.

La relevancia del derecho procesal en el Arcipreste queda fuera de duda si tomamos en consideración los trabajos desde los años cuarenta del siglo XX de Eizaga y Gondra (1942) y, posteriormente, de Pérez Martín (1997), Gámez Montalvo (1997) y Tabares Plasencia (2005). Sobre la actividad de los operadores jurídicos (abogados, jueces, etc.) en el LBA realizó Murillo Rubiera (1973) una pequeña contribución. El derecho mercantil ha sido tratado igualmente por Garrido Arredondo (2004). El lenguaje jurídico y la terminología y fraseología del *Libro de buen amor* han sido estudiados por Eugenio y Díaz (1973), Godinas (1996) y Tabares Plasencia (2005, 2018). Aunque colateralmente, resultan también muy interesantes los ensayos de García Lizana (2004), García Lizana y Aguilar Gómez (2008, 2011, 2015, 2022) y Aguilar Gómez y García Lizana (2017) relacionados con cuestiones económicas en el LBA. Remito a Cortés Martínez (2020) para un estudio detallado y una bibliografía muy completa y actualizada sobre el elemento jurídico en la literatura medieval.

El derecho en la literatura española preclásica ya fue objeto de investigación —siquiera somera— en Batlle Vázquez (1977). Con posterioridad, otra de las obras que forman parte del canon de nuestra literatura, *La Celestina*, se ha convertido en el foco de ensayos, sobre todo a la luz del derecho penal y procesal penal históricos (cf. Russell, 1982, entre otros) que, fundamentalmente, ponen el acento en la figura de los alcahuetes como ejemplo del delito de proxenetismo (cf. Illades Aguiar, 2013; Torremocha Hernández, 2015).

Las relaciones entre la literatura y el derecho en el *Lazarillo* también han ocupado las páginas de las contribuciones de Torrico (2006) y Darrell (2014) en torno a la presencia del derecho canónico y civil, y a los conceptos de justicia y poder respectivamente en la obra.

No es casualidad que una de las cumbres literarias hispánicas, el *Quijote*, haya despertado gran interés desde el punto de vista forense. La novela de Cervantes ha sido analizada con relación a casi todas las parcelas jurídicas e, incluso, al derecho como recurso literario (Barreiro González, 2005). Aquí mencionaré solo algunas, pues son muchas las referencias existentes. Desde un punto de vista general, y modernamente, pueden citarse las contribuciones de Aguilera Barchet (2006), Botero Bernal (2009), González Echevarría (2008), Delgado Cintrón (2010) o Contreras y Miranda Montecinos (2018). El derecho público en el *Quijote* se ha examinado en diversos trabajos como los de García Costa (2005) y Añoveros Trías de Bes (2015). Tanto el derecho marítimo (Arroyo Martínez, 2006) como el derecho matrimonial (Peláez Fernández, 2015) también han recibido atención.

En relación con este último ámbito del derecho civil, hay que señalar que existen estudios como el de Castán Vázquez (1993) que, aunque no se ciñen exclusivamente a la literatura española, sí que recogen muchas muestras de nuestras bellas letras (*Cantar de Mío Cid*, Tirso de Molina, Lope de Vega, etc.).

Con carácter general, y por lo que al Siglo de Oro se refiere, las relaciones entre el poder real, la justicia y el derecho reflejadas en la literatura han sido tratadas desde finales de los años setenta del siglo XX por Acedo Castilla (1979), que se dedica *in extenso* a los cuestionamientos jurídicos que se plantean, entre otros, en Tirso de Molina y Lope de Vega.

Si seguimos con el teatro del Siglo de Oro —ya se han comentado algunos de los aspectos jurídicos recogidos en Tirso de Molina y Lope de Vega—, Calderón de la Barca ha interesado tanto como para ser el tema de dos tesis doctorales dedicadas al ámbito procesal en *El alcalde de Zalamea* (Quintana Jiménez, 2000) y al mundo jurídico del autor y su sentido de la justicia humana (Valdés Pozueco, 2016).

En esta misma y fructífera etapa de la literatura española, destaca la figura y la obra de Quevedo, que incluye elementos jurídicos relacionados con la visión de la justicia del autor (Riquelme Jiménez, 1995), con la administración de justicia de su época; en particular, con la figura del abogado (Schwartz, 1986), sobre todo en sus escritos satíricos (Gacto Fernández, 1982; Riquelme Jiménez, 2003). En este punto hay que señalar que el letrado es un personaje recurrente en la literatura española y que ha sido estudiado, entre otros por Bermejo Cabrero (2015).

La visión satírica de la justicia en Torres Villarroel ha sido objeto de análisis por parte de Martínez Mata (1989). Y para terminar este repaso, sin ánimo de exhaustividad, por los aspectos jurídicos que pueden encontrarse en la literatura española y que han atraído a muchos investigadores, haré mención de la importancia del derecho en la obra de Pérez Galdós, lo que ha propiciado la publicación de trabajos como el de Roca Roca (2007), de Miranda Boto (2009) y Rodríguez Caballer (2014).

3.3 El derecho en el LBA

3.3.1 Los conocimientos jurídicos del Arcipreste de Hita

Luego centraré mi atención en el fragmento del *Libro de buen amor* donde se habla del «pleito quel lobo e la rraposa que ovieron ante don Ximio, alcalde de Bugía». En este se literaturiza un verdadero proceso judicial con base en las fuentes del derecho común, del que ya hablamos en el apartado 2 de este libro. Pero no solamente este fragmento muestra los abundantes conocimientos jurídicos del Arcipreste.

Resulta curioso que insignes filólogos que se han ocupado de la fábula del lobo y la raposa y otras referencias del LBA con componente jurídico despacharan estos como mera parodia de los procedimientos legales o notas jocosas de su autor (cf. Zahareas, 1965; Green, 1969: 74–82; Deyermond, 1970: 53–78; Gariano, 1974; Alborg, 1975: 222–279 y Joset, 1988: 91–102, entre otros).

No obstante, no es menos cierto que ha habido también otros renombrados lingüistas y críticos literarios que le han reconocido ciertos saberes en el campo del derecho al Arcipreste. Así, por ejemplo, Cejador y Frauca (1931: XVII) le concede cierta erudición jurídica, entre otras competencias: «Fue persona leída y entendida en Sagrada Escritura, Derecho civil y canónico, en la erudición latino-eclesiástica de su siglo y en los libros de Don Juan Manuel y demás obras que hasta entonces se habían escrito en lengua vulgar».

Criado de Val (1972: 94) apunta: «No se puede jugar tan hábilmente con las horas canónicas sin una diaria familiaridad con la vida clerical, ni se llega a esa gran parodia del procedimiento jurídico sin un directo trato con Fueros y Partidas». Sin embargo, resalta implícitamente, como otros autores, el carácter paródico de esta fábula, aspecto con el que no estoy de acuerdo, pues creo que el sentido de estos pasajes o referencias jurídicas trascienden la intención meramente paródica y de lo que se trata es de ser vehículo, correa de transmisión en forma de texto literario, del derecho común, ese derecho de raíz romana, ajeno entonces a la tradición jurídica castellana (cf. Tabares Plasencia, 2005: 45). Por su parte, Blecua (1995: XXXV, XXXIX y IXL, respectivamente) sí se refiere al autor de la obra como «este licenciado en ambos Derechos», «buen jurista» y «experto jurista».

Y es, por ello, que en relación con el derecho no solo puede ponerse el texto de la fábula del lobo y la raposa, sino otros episodios y alusiones en el LBA como la llamada «parodia de las horas canónicas» que se encuentra inmediatamente después del fragmento de la fábula en el que luego centraré mi atención (estr. 372–387); o los sentidos en la obra de *ley, fuero* y *derecho*. En algunos contextos parecen sinónimos, pero, en otros, podría estar haciéndose una distinción entre *fuero*, entendido como 'las normas propias de raíz consuetudinaria' y *derecho*, como el 'derecho romano'. Esta cuestión resulta destacable, precisamente, en el último verso de la estrofa 320, que antecede a la fábula del lobo y la zorra, donde sobresale la expresión *abogado de fuero*, al que el autor del texto propone que escuche la lección de derecho común que le va a presentar, cuando indica: «Abogado de fuero, ¡oye fabla provechosa¡» (cf. Pérez Martín, Pérez Martín, 1997, nota 4 al pie; Tabares Plasencia, 2005: 45).

Otro texto de interés en el LBA es el relato en tono burlesco de cómo reciben los romanos las leyes de manos de los griegos (estr. 46–63), motivo que podría recordar el episodio de la famosa embajada romana enviada a Atenas recogido en las narraciones de Tito Livio, Dionisio de Halicarnaso, Pomponio y Accursio acerca del origen de *Ley de las XII Tablas*.

La justificación sobre la potestad normativa del rey, una idea muy acorde con el derecho común y los monarcas castellanos, puede encontrarse en las estr. 142 y 371b. Precisamente, sobre esta idea incide Pérez Martín (1997: 274–275) al indicar que «[u]na de las principales aportaciones que trajo el *ius commune* fue, precisamente, la del rey legislador, al equiparar las facultades del rey con las del emperador de acuerdo con el principio *rex superiorem non recognoscens in reino suo est imperator*».

Como destaca Pérez Martín (1997: 275), la *plenitudo potestatis* del papa estaba fuera de discusión jurídicamente. Mayores problemas generaba la relación entre el papa y el emperador o rey. Los canonistas abogaban naturalmente por la preeminencia del papa, en tanto que los civilistas consideraban que el poder del emperador o rey no debía estar sujeto a autoridad espiritual alguna, aunque, en ese momento, acaba imponiéndose la idea de que el poder terrenal debía estar sujeto a quien ostentaba el poder espiritual de la *Respublica christiana*.

En relación con esto último puede conectarse la explicación acerca del poder papal y la dispensa, uno de los institutos más importantes del derecho canónico (estr. 145–147).

Igualmente interesantes son las menciones de algunos autores y monumentos del derecho común, sobre todo, en lo que al derecho canónico se refiere: el *Decreto de Graciano* (estr. 1136), las *Clementinas* (Prólogo), Enrique de Susa, el Ostiense, uno de los miembros más importantes de la Escuela de los Glosadores canonistas del siglo XIII (estr. 1152 c), junto con Sinibaldo de Fieschi, Inocencio IV, a quien también se refiere en la misma estrofa. Además, en 1152 d aparecen el *Rosarium Decreti* de Guido de Baisio y, a decir de Kelly (1984: 23 y ss.), la *Novella in Decretales Gregorii IX* de Juan Andrés. Kelly identificó esta obra, que apareció en Bolonia en 1338 (cf. también Santiago-Otero, 1997: 628). Y, precisamente, este hecho lo lleva a afirmar que la fecha de composición del LBA que nos refleja el manuscrito T, la de 1330, es obviamente, imposible, siendo que la de 1343 de S sería igualmente harto improbable porque dejaría muy poco margen de difusión a la obra de Juan Andrés. Por ello sitúa la fecha de composición después de esta última fecha y poco antes de la 1389, fecha del manuscrito G. Considero, como, en general, la crítica, un poco aventurado retrasar el momento de composición del LBA, pues, como el mismo Kelly señala, la obra de Juan Andrés era conocida antes de su publicación, ya que circulaban varias secciones de esta por toda Europa.

Pero, con anterioridad, en 1152 a, se alude a una obra fundamental y que estimé, en su momento, que podría haber sido una de las fuentes del proceso en la fábula del lobo y la raposa, por lo que a la terminología jurídica se refiere, el *Speculum iudiciale*, de Guillermo Durando[23] (Tabares Plasencia, 2005: 20; también Santiago-Otero, 1997).[24]

---

23 Pérez Martín (1997: 227 y nota 30) tiene sus reparos en afirmar que el *Espéculo* mencionado por el autor del LBA sea efectivamente el *Speculum* de Durando, de la segunda mitad del siglo XIII, puesto que esta obra no está dedicada a los casos reservados y, de esta manera, sería raro pensar que el Arcipreste citara una obra que no tuviera que ver con esa materia. Por ello, concluye el investigador que *Espéculo* debe de ser un nombre genérico que alude a alguna de las muchas obras morales que circulaban en esa época y que sí versarían sobre ese tema. No estoy de acuerdo (tampoco Santiago-Otero, 1997: 627) con este aserto de Pérez Martín por cuanto no tendría sentido, a mi modo de ver, unir en la misma estrofa obras tan claramente identificables e identificadas con una genérica. Además, junto a esta obra aparece citado un *Repertorio*, que, por la forma en que se menciona, debe ser del mismo autor del *Espéculo* («Lea en el *Espéculo* e en el su *Repertorio*», 1152 a). Y, precisamente, aparte del *Speculum iudiciale*, Durando fue el autor del *Repertorium sive Breviarium aureum super corpus iuris canonici* (cf. Tabares Plasencia, 2005: 34).

24 Como destaca Martínez Martínez (2010a: 4), en el derecho común, uno de los tres pilares de la argumentación jurídica es el principio de autoridad (las opiniones expresadas por otros autores), además de la ley (interpretada en el sentido literal

Y no podemos olvidar, por último, las referencias al derecho mercantil y al derecho económico que han sido estudiadas también por algunos autores (remito a los trabajos mencionados en el apartado anterior).

3.3.2 La fábula del lobo y la raposa

Si hay un fragmento en el LBA en el que se despliegue de una manera más clara el caudal de conocimientos jurídicos de Juan y que nos haya ofrecido más material terminológico y fraseológico en este ámbito especializado, ese es donde «se fabla del pleito qu'el lobo e la raposa que ovieron ante don Ximio, alcalde de Bugía» y que se reproducirá *infra* por la edición de Gybbon-Monypenny (1990 [1988]). Esta fábula ocupa cincuenta y una estrofas (de la 321 a la 371 en el manuscrito de Salamanca)[25], es decir, doscientos cuatro versos en los que el Arcipreste nos describe un verdadero proceso judicial extraído de las fuentes del derecho común que ya hemos mencionado a lo largo de este libro.

Creo, no obstante, que es necesario conocer el contexto y los antecedentes tanto mediatos como inmediatos de este fragmento textual para que quede patente la maestría jurídica del Arcipreste y se pueda entender su originalidad. Así pues, se situará el fragmento en el lugar que le corresponde dentro de la obra para poder integrarlo dentro del conjunto en el que se encuentra y se ofrecerán algunos aspectos destacados sobre las fuentes que inspiraron su composición (cf. Tabares Plasencia 2002, para un tratamiento más detallado de las fuentes de esta fábula del LBA).

Cuando el Arcipreste, después de sus dos primeros fracasos amorosos, denuesta a don Amor introduce un tratado acerca de los pecados capitales con el que quiere (de)mostrar los efectos negativos del amor sobre el alma. El mismo esquema expositivo se repite en el tratamiento de cada uno de los siete pecados capitales: una disquisición teórica, ilustrada con ejemplos tomados tanto de la historia sagrada y profana como de las fábulas. En este caso, se trata de una «fabla» que ejemplifica el pecado de la *açidia*. Este es un vocablo frecuente en español hasta el Siglo de Oro, aunque, actualmente, su uso es muy poco habitual. Sin embargo, explicar qué significa *acidia* no resulta fácil en este contexto, puesto que, en el LBA, cobra un sentido un tanto diferente al que tenía

---

de cada palabra y en el uso normal del derecho) y la razón (argumentos de conveniencia, de oportunidad y justicia).

25 Así pues, T es muy fragmentario, pues solo se nos ha conservado menos de la décima parte del pasaje; G se muestra más completo, pues solo faltan los treinta y siete primeros versos.

en su origen y conserva en la actualidad. La voz procede etimológicamente del griego ἀκηδία, que significaba 'despreocupación, negligencia', sobre todo, en lo atinente a los deberes más personales, como las obligaciones familiares. No en vano sus equivalentes en latín podrían ser *negligentia* o *incuria*. Los padres de la Iglesia y los teólogos medievales se encargaron de dar a este término el sentido que tiene para Juan Ruiz. Algunos autores como Juan Clímaco, Evagrio Póntico, Juan Casiano, Alcuino, Isidoro de Sevilla y Gregorio Magno efectuaron sus clasificaciones y descripciones de los pecados capitales. Pero, de entre todas, la más famosa fue la de Gregorio Magno (*Moralia in Job*), que es la que sigue Tomás de Aquino en sus *Quaestiones disputatae de Malo*. Según este teólogo bajomedieval (*Quaestio disputata* 11.2), la acidia engendraba vicios como la malicia, el rencor, la pusilanimidad, la indolencia en lo tocante a los mandamientos, la divagación de la mente por lo ilícito y sentimientos como la desesperación.

Para nuestro Juan Ruiz es la acidia un pecado capital del que devienen otros pecados o vicios: es una tristeza de ánimo, una *anti-joie de vivre* no exenta de mala intención y envidia hacia los espíritus activos. Igualmente, se relaciona con la hipocresía: el que comete el pecado de acidia critica en los otros conductas y actos que a él le hubiera gustado o gustaría llevar a cabo, pero que no ha realizado o realiza por su pusilanimidad.

Pero ¿cuál es el modelo que emplea como base para la redacción de este pasaje textual? Como ya se ha indicado, estamos en presencia de una fábula y, concretamente de una fábula esópica, lo que no significa que el Arcipreste accediera de manera directa al autor griego, sino que este acceso está mediado por la tradición fabulística romana.

Precisamente, los pilares de esta tradición romana eran Fedro y Aviano. Aviano y su colección de cuarenta y dos fábulas en dísticos elegíacos gozaron de gran fama durante toda la Edad Media. Ya Curtius (1989: 80–81) indicaba que el nombre de Aviano —a veces, Avieno u otras variantes— aparecía en los más importantes catálogos de autores leídos en las escuelas medievales, como el de Conrado de Hirsau (primera mitad del siglo XII) o el que Eberardo el Alemán (siglo XIII) incluía en su poema didáctico *Laborintus*. Y su obra dio lugar a una interesante tradición derivada, en verso, en prosa, en latín y, a partir del siglo XIII, en las distintas lenguas vernáculas. Algunos ejemplos son la versión en prosa denominada por Hervieux (1970: III, 172–180) *Apologi Aviani*, la colección en verso de Alejandro Neckam, *Novus Avianus* y la traducción al francés de dieciocho de sus cuarenta y dos fábulas, conocida como *l'Avionnet*.

La situación de Fedro entraña una mayor complejidad. Como apuntó Rodríguez Adrados (1985: 573–575), si bien Fedro está en la base de una de las recopilaciones de fábulas más famosas a lo largo de este período, el *Romulus*, lo cierto es que, al contrario que Aviano, apenas se conocía directamente. Se piensa que el texto original de Fedro circuló hasta la época carolingia, pero este debió perderse, porque no volvemos a saber de él, hasta que, en 1596, Pierre Pithou lo edita a partir de un manuscrito que se hallaba en posesión del marqués de Rosanbo. El conocimiento directo de Fedro era, por tanto, paupérrimo. Sin embargo, la pervivencia de sus fábulas —no ya de su nombre o su obra original— quedó asegurada a través de una rica y variada tradición indirecta que surge ya en la Antigüedad y se va perfeccionando y acrecentando a lo largo de la Edad Media.

En los inicios de esta tradición, nos encontramos con colecciones de *Fabulae antiquae*, que constituyen más la alteración que la imitación de las composiciones de Fedro. Esta alteración consistía, en la mayor parte de los casos, en su prosificación y en su adaptación al modelo de pensamiento de la época. De estos corpus surgirá el verdadero centro de la fábula en el Occidente medieval: el *Romulus*, llamado así porque fue atribuido falsamente a un cierto Rómulo, que, según un prólogo añadido tardíamente al manuscrito, había traducido del griego al latín las fábulas para su hijo Tiberino. Los manuscritos más antiguos de esta obra son del siglo X, pero, realmente, su origen hay que retrotraerlo a los primeros siglos del Medievo, a otra obra que no se nos ha conservado, llamada *Aesopus ad Rufum* y que constituiría su núcleo primitivo. Así lo establece Hervieux (1970: I, 267):

> M. Lucien Müller, dans son opuscule intitulé De Phaedri et Aviani fabullis, a exprimé cette opinion: qu'aux premiers siècles du moyen âge, toutes les fables latines connues avaient eté mises en prose et réunies en une sorte de Corpus, qui avait été intitulé *Aesopus* et dedié à un certain Rufus, d'où étaient directement ou indirectement issues les collections ultérieures et qui lui-même n'avait pas tardé à disparaître. Si l'on considère cette hypothèse comme fondée, je crois qu'il ne faut l'admettre [...] qu'il n'existe que deux collections qui soient la copie ou plutôt l'imitation directe des fables de ce Corpus, celle du fameux manuscrit de Wissembourg et la plus ancienne de celles auxquelles a été donné le nom Romulus.

La versión más antigua del *Romulus* —del siglo X, como se dijo *supra*— es la que Hervieux llama *Romulus ordinarius* (1970: I, 330): «[...] En effet, d'une part, le Romulus primitif directement tiré de l'Aesopus ad Rufum, ne nous a été conservé par aucun manuscrit, et d'autre part, celui qu'on trouve aussi bien dans les plus anciens manuscrits que dans les plus anciennes éditions, c'est le Romulus ordinaire, qu'on devait être dès lors induit à juger le plus ancien de tous». Para él, este *Romulus* es, por decirlo de alguna manera, el «verdadero *Romulus*». Por eso, lo utiliza como punto de partida para establecer las relaciones entre las distintas recensiones y para la determinación de toda la tradición fabulística medieval de carácter romúleo y, en última instancia, fedriana; una tradición, además, más relevante que la de Aviano, por cuanto sirvió de base no solo a posteriores recreaciones, sino a fábulas nuevas.

En esta ocasión el foco son las colecciones derivadas del *Romulus*. Existen, igual que en el caso de Aviano, colecciones en prosa como la que Vicente de Beauvais (siglo XIII) recoge en sus *Speculum Historiale* y *Speculum Doctrinale*, la del *Romulus* de Nilant y de Berna; y, también, en verso, como la de Alejandro Neckam, en dísticos elegíacos, la misma forma métrica que ya utilizara en su adaptación de las fábulas de Aviano, a la que se aludió antes. Pero, entre las colecciones en verso, la que más nos interesa es la del *Romulus* de Nevelet, una recopilación anónima del siglo XII, publicada por Nevelet en 1610.[26] Hervieux (1970: I, 472 y ss.) la atribuyó a Gualterio Panormitano, más conocido como Walter el Inglés, capellán de Enrique II de Inglaterra. Este repertorio tuvo una enorme difusión a partir del siglo XII y supuso, durante los siglos siguientes, el más importante medio de transmisión de la fábula procedente del *Romulus*. Es, por ello, que Lecoy (1974: 129 y ss.) y Rodríguez Adrados (1985: 584) consideran que es la fuente inmediata de las fábulas romúleas del Arcipreste.

La colección contiene sesenta y cuatro fábulas en dísticos elegíacos: cuatro de ellas no tienen un origen claro, pero las otras cincuenta y ocho proceden del *Romulus ordinarius*. En este grupo se halla la versión del *Lupus et vulpes iudice simio*, que aparece bajo el título *De lupo et vulpe*. A modo de resumen, puede decirse que el conocimiento que tiene el Arcipreste de esta fábula de Fedro pasa por las recopilaciones de *Fabulae Antiquae*, reunidas, al principio de la Edad Media, en el *Aesopus ad Rufum*, que, tras sucesivas ampliaciones, dio lugar al *Romulus*, objeto de distintas recensiones y fuente principal de numerosas colecciones como la de Walter, que es su antecedente inmediato.

En este punto, creo que merece la pena presentar el texto de partida fedriano y otras recreaciones insertas en la tradición romúlea y compararlos con el texto final del Arcipreste para que, como se indicaba con anterioridad, puedan verse las novedades introducidas por Juan Ruiz y cómo el derecho se convierte en el protagonista absoluto del fragmento, por delante, desde mi punto de vista, de la

---

26 Los textos íntegros de estas colecciones se pueden encontrar en el tomo II de la obra de Hervieux (1970): pp. 234 y ss. para el repertorio de Vicente de Beauvais; pp. 758 y ss. para el *Romulus* de Berna; pp. 513 y ss. para el *Romulus* de Nilant; pp. 392 y ss. para Alejandro Neckam y, finalmente, pp. 316 y ss. para las fábulas de Walter el Inglés (*Romulus* de Nevelet).

enseñanza moral. Veamos primero la fábula de Fedro para luego establecer las oportunas comparaciones:

> Quicumque turpi fraude semel innotuit,
> etiam si verum dicit ammitit fidem.
> Hoc adtestaretur brevis Aesopi fabula.
> Lupus arguebat vulpem furti crimine;
> negabat illa se esse noxiam.
>
> Tunc iudex inter partis sedit simius.
> Uterque causam cum perorasset suam,
> dixisse fertur simius sententiam:
> 'tu non videris perdidisse id quod petis;
> te credo subripuisse quod pulcre negas'.[27]

En segundo lugar, se reproduce la de Ademaro de Chabannes (988–1034). Apuntemos ya que en su manuscrito se contienen 67 fábulas en prosa. Una parte suele situarse dentro de la tradición romúlea, otra proviene de una paráfrasis bastante ajustada al texto de Fedro, el *Phaedrus solutus* e, incluso, algunas otras fábulas, a las que no se ha encontrado antecedente, podrían ser del propio Ademaro. Veamos cómo su versión del «Lupus et vulpes iudice simio» es casi un calco de la composición original de Fedro:

> Lupus arguebat Vulpem iratus furti crimine. Haec neg[a]b[at] se esse ream. Iudex sedet simius ut verum diceret. Causam dicunt. R[es]p [ondet] Si[mius]. Tu non videris perdidisse quod quaeris: te credo surripuit [sic] quod pulcre negas. Qui turpi fraude semel innotuit, etiamsi verum dicat, fidem amittit, et qui fraude inclaravit, semper turpiter vivit.[28]

En tercer lugar, tenemos la interesante versión del llamado *Romulus florentinus*. Este *Romulus* no es una colección, como otros casos a los que me he referido con el nombre de *Romulus* (recuérdense el *Romulus* de Berna, el de Nilant y el mismo florilegio de Walter, el *Romulus* de Nevelet). Constituye una recensión del *Romulus* que se halla en un manuscrito del siglo XIII. A pesar de su proximidad con el *Romulus ordinarius*, ciertas variantes muy significativas han hecho pensar a Hervieux (1970: I, 699–703) que no es un derivado de este pariente suyo, que es el más antiguo conservado, sino del *Romulus primitivus*, esto es, el que debió ser el primer derivado directo del *Aesopus ad Rufum*.

---

27 El texto de la fábula se transcribe de la edición de Brenot (1969).
28 Reproducimos la fábula de la edición de Hervieux (1970: II, 141). En esta edición, aparece con el número 28 de las *Fabulae Antiquae expositae ab Ademaro Cabannensi*, bajo el título de «Lupus et Vulpis, Simio iudice».

Dejando a un lado estas cuestiones de crítica textual, por lo demás, ya discutidas, se deben destacar, por un lado, las similitudes evidentes de esta composición con el texto fedriano; por otro, los nuevos matices que se introducen: aparece la didascalia al inicio, pero con rasgos más propios de la moral cristiana. Al final, se añade una advertencia al lector, que no encontramos en Fedro. Además, se nos da una caracterización del juez mono que no está en la composición clásica, en la que al juez no se le aplica ningún tipo de calificativo. E incluso, se intuye un mayor desarrollo del proceso y de la actividad judicial, pues no se nos dice, como en Fedro, que el juez pronunció la sentencia, sino que la leyó del documento donde la tenía escrita, como era habitual en el derecho romano. Por último, en la sentencia propicia la avenencia de las partes, pues ambas son de la misma condición. Baste, por ahora, esta descripción general. Ya se profundizará en todos sus elementos, una vez que se hayan presentado todas las versiones. Este es el texto:

> Qui semel fraude inclaruit, semper turpiter vivit, et si verum dicat, non illi creditur. Lupus arguebat vulpem iratus furti crimine. Illa negabat se esse ream. Tunc iudex sedit simius equissimus et verax, qui inter presentes reum agnosceret. Contra illi causas dicunt, nudant fraudes suas, et vera sibi dicunt mutuo crimina. Tunc iustus et verax iudex iudicavit inter partes eorum, et de libello sententiam legit. Tu, inquit, queris quod non perdidisti, et te tamen credo aliquid surripuisse, quod bene negas in iudicio. Talis fit abolitio vestra, et pares exite concordes. Scitote omnes quia qui fraudem assuetus est, pessime vivet.[29]

En cuarto lugar, se transcribe la fábula de Walter el Inglés, la que, a decir de la crítica, es la fuente inmediata del Arcipreste.

> Respondere lupo de furti labe tenetur
> Vulpes; causa vocat: hic petit, ille negat.
> Simius est iudex; docti non errat acumen
> Iudicis: archanum mentis in ore legit.
> Iudicium figit: Poscis quod poscere fraus est
> Visque fidem de re quam negat ipsa fides.
> Tu bene furta negas: te vite purior usus
> Liberat. Hanc litem pax domet: ira cadit
> Simplicitas veri, fraus estque puerpera falsi:
> Esse solent vite dissona verba sue.

---

29 La fábula se corresponde, en la edición de Hervieux (1970: II, 491), con la número 19 del Libro II de los *Romuli Florentini Fabularum Libri Tres*. Su título no presenta ninguna variación con respecto al de la composición original.

> Sordibus inbuti nequeunt dimittere sordes.
> Fallere qui didicit, fallere semper amat.[30]

Esta versión parece la menos ajustada al texto de Fedro, a pesar de que conserva los elementos esenciales de la fábula fedriana, esto es, la acusación del lobo a la zorra, el juicio con el mono de juez, al que también, como en el *Romulus florentinus*, se le atribuyen ciertas cualidades, que retomará Juan Ruiz en su texto. Pero, lo más destacable es la conclusión moral a la que llega su autor: en la parte final, correspondiente a la didascalia, que es de mayor extensión que en el resto de los poemas vistos, se incide en la idea de que no pueden renunciar al pecado aquellos que están acostumbrados a él, que viven en él.

Veamos, por último, el texto del Arcipreste:

> (321) Furtava la rraposa a su vezina el gallo;
> veía lo el lobo, mandáva le dexallo;
> dezía que non devía lo ageno furtallo;
> él non veía la ora que estoviese en tragallo.
> (322) Lo que él más fazía, a otros lo acusava;
> a otros rretraía lo quél en sí loava;
> lo que él más amava, aquello denostava;
> dezié que non feziesen lo que él más usava.
> (323) Enplazó la por fuero el lobo a la comadre
> fueron ver su juicio ante un sabidor grande,
> don Ximio avía por nonbre, de Buxía alcalde;
> era sotil e sabio, nunca seía de balde.
> (324) Fizo el lobo demanda en muy buena manera
> acta e bien formada, clara e bien çertera.
> Tenié buen abogado, ligero e sotil era:
> galgo, que de la rraposa es grand abarredera.
> (325) 'Ante vós, el mucho honrrado e de grand sabidoría
> don Ximio, ordinario alcalde de Bugía
> yo el lobo me querello de la comadre mía:
> en juizio propongo contra su malfetría'.
> (326) 'E digo que agora en el mes que pasó de febrero
> era de mill e trezientos, en el año primero
> rregnante nuestro señor el león mazillero
> que vino a nuestra çibdat por nombre de monedero'.
> (327) 'En casa de don Cabrón, mi vasallo e mi quintero
> entró a furtar de noche por çima del fumero;
> sacó furtando el gallo, el nuestro pregonero'.

30   Fábula 38 de las *Gualteri Anglici Fabulae* («De Lupo et Vulpe»), extraída, también, de la edición de Hervieux (1970: II, 334).

(328) 'De aquesto la acuso ante vós, el buen varón,
pido que la condenedes, por sentencia e por ál non,
que sea enforcada e muerta como ladrón.
Esto me ofresco provar so pena de talión'.
(329) Seyendo la demanda en juizio leída
fue sabia la gulpeja y bien aperçebida
'Señor', diz 'yo só sienpre de poco mal sabida
dat me un abogado que fable por mi vida
(330) Respondió el alcalde: 'Yo vengo nueva mente
a esta vuestra çibdat, non conosco la gente;
pero yo de dó de plazo que fasta días veinte
ayas tú abogado; luego al plazo ven te'.
(331) Levantó se el alcalde esa ora de judgar.
Las partes cada una pensaron de buscar
quál dineros, quál prendas para al abogado dar
ya sabía la rraposa quién le avía de ayudar
(332) El día era venido del plazo asignado
vino doña Marfusa con un grand abogado
un mastín ovejero, de carranças çercado;
el lobo quando lo vio fue luego espantado.
(333) Este grand abogado propuso por su parte
'Alcalde señor don Ximio, quanto el lobo departe,
quanto demanda e pide, todo lo faz con arte,
que él es fino ladrón, e non falla quel farte.'
(334) 'E por ende yo propongo contra él exeuçión
legítima y buena, por qué su petiçión
non deve ser oída, nin tal acusaçión
él fazer non la puede, ca es fino ladrón'.
(335) 'A mí acaesçió con él muchas noches e días
que levava furtadas de las ovejas mías;
vi que las degollava en aquellas erías
ante que las comiese, yo ge las tomé frías
(336) Muchas vezes de furto es de juez condenado
por sentençia, e así por derecho es enfamado,
por ende non deve ser dél ninguno acusado,
nin en vuestra abdiençia oído nin escuchado.'
(337) 'Otrosí le opongo que es descomulgado
de mayor descomunión por costitución de legado
por que tiene barragana pública, e es casado
con su muger dona Loba, que mora en Vilforado
(338) Su mançeba es la mastina, que guarda las ovejas;
por ende los sus dichos non valen dos arvejas
nin le deven dar rrespuesta a sus malas conssejas;
asolved a mi comadre: vaya se de las callejas.'

(339) El galgo e el lobo estavan encogidos:
otorgaron lo todo con miedo e amidos,
Diz luego la marfusa: 'Señor, sean tenidos
en rreconvençión pido que mueran, e non oídos.'
(340) Ençerraron rraçones de toda su porfía:
pidieron al alcalde que les asignase día
en que diese sentençia, qual él por bien tenía;
e asignó les plazo después de la Epifanía.
(341) Don Ximio fue a su casa, con él mucha conpaña
con él fueron las partes, conçejo de cucaña;
aí van los abogados de la mala picaña,
por bolver al alcalde; ninguno non lo engaña.
(342) Las partes cada una a su abogado escucha:
presentan al alcalde, qual salmón e qual trucha,
qual copa e qual taza, en poridat aducha;
arman se çancadilla en esta falsa lucha.
(343) Venido es el día para dar la sentençia:
ante el juez las partes estavan en presençia;
dixo el buen alcalde: 'Aved buena abenençia
ante que yo pronunçie e vos dé la sentençia.'
(344) Pugnan los avogados e fazen su poder,
por saber del alcalde lo que quiere fazer;
qué sentençia daría, o quál podría ser;
mas non podieron dél cosa saber nin entender.
(345) De lexos le fablavan por le fazer dezir
algo de la sentençia, su coraçón descobrir;
él mostrava los dientes, mas non era rreír
coidavan que jugaba, e todo era rreñir.
(346) Dixieron le las partes e los sus abogados
que non podrían ser en una acordados,
nin querían abenençia, para ser despechados;
piden que por sentençia fuesen de allí librados.
(347) El alcalde letrado e de buena çiençia
usó bien de su oficio e guardó su conçiençia
estando assentado en la su abdiençia,
rrezó él, por sí mesmo escripta, tal sentençia:
(348) 'En el nonbre de Dios' el judgador dezía,
'yo don Ximio, ordinario alcalde de Bugía',
vista la demanda que el lobo fazía,
en que a la marfusa furto le aponía,
(349) 'E vistas las escusas e las defensiones
que propuso la gulharra en su exeuçiones
e vista la rrespuesta e las rreplicaçiones
que propuso el lobo en todas su rrazones

(350) E visto lo que pide en su rreconvençión
la comadre contra el lobo, çerca la conclusión,
visto todo el proceso e quantas rrazones son,
e las partes que piden sentençia e al non,
(351) Por mi examinado todo el proçeso fecho
avido mi conssejo, que me fizo provecho,
con omnes sabidores en fuero e en derecho
Dios ante los mis ojos e non rruego nin pecho
(352) Fallo que la demanda del lobo es bien çierta,
bien acta e bien formada, bien clara e abierta;
fallo que la rraposa en parte bien açierta
en sus deffenssiones e escusa e rrefierta:
(353) La exeuçión primera es en sí perentoria;
mas la descomunión es aquí dilatoria;
diré un poco della, que es de grand estoria;
¡abogado de rromançe, esto ten en memoria!
(354) La exeuçión primera muy bien fue alegada;
mas la descomunión fue un poco errada,
que la costituçión deviera ser nonbrada,
e fasta nueve días deviera ser provada.
(355) Por cartas o por testigos, o por buen instrumente
de público notario deviera sin fallimiente
si se pon perentorio esto es otra mente.
(356) Quando la descomunión por dilatoria se pone,
nueve días a de plazo para el que se opone;
por perentoria más; esto, guarda non te encone,
que a muchos abogados se olvida e se pospone.
(357) Es toda perentoria la descomunión atal,
si se pon contra testigos en pleito prinçipal,
o contra juez publicado, que su proçeso non val
quien de otra guisa lo pone yerra lo e faze mal.
(358) Fallo que la gulpeja pide más que non deve pedir
que de egual en criminal, non puede rreconvenir;
por exeuçión non puedo yo condepnar nin punir,
nin deve el abogado tal petiçión comedir.
(359) Maguer contra la parte, o contra el mal testigo
sea exeuçión provada, nol farán otro castigo
desecharán su demanda, su dicho no val un figo
la pena ordinaria non avrá, yo vos lo digo.
(360) Si non fuere testigo falso, o si lo vieren variar,
ca entonçe el alcalde puede lo atormentar;
non por la exeuçión, mas por que lo puede far
en los pleitos criminales; su ofiçio ha grant lugar.
(361) Por exeuçión se puede la demanda desechar

e pueden se los testigos tachar e rretachar
por exeuçión non puedo yo condepnar nin matar
nin puede el alcalde más que el derecho mandar.
(362) Pero por cuanto yo fallo por la su confesión
del lobo ante mi dicha, e por otra cosa non,
fallo que es provado lo que la marfusa pon;
por ende yo pongo silencio al lobo en esta saçón.
(363) Pues por su confesión e su costunbre e uso,
es magnifiesto e çierto lo que la marfusa puso,
pronunçio que la demanda quél fizo e propuso
non le sea rresçebida, segund dicho he de suso
(364) Pues el lobo confiesa que fizo lo que acusa,
e es magnifiesto e çierto que él por ello usa,
non le deve rresponder en juizio la marfusa;
rresçibo sus defensiones e la buena escusa.
(365) Non le preste lo que dixo, que con miedo e quexura
fizo la confesión, cogido en angostura,
ca su miedo era vano e non dixo cordura
que adó buen alcalde judga, toda cosa es segura
(366) Do liçençia a la rraposa: vaya se a la salvagina;
pero que non la asuelvo del furto tan aína,
pero mando que non furte el gallo a su vezina.'
Ella diz que no lo tenié, mas le furtaría la gallina.
(367) Non apellaron las partes, del juizio son pagados
por que non pagaron costas, nin fueron condenados
Esto fue por que non fueron de las partes demandados,
nin fue el pleito contestado, por que fueron escusados.
(368) Allí los abogados dixieron contra el juez
que avía mucho errado e perdido su buen prez
por lo que avía dicho e suplido esta vez;
non ge lo preçió don Ximio quanto vale una nuez.
(369) Dixo les que bien podía él en su pronunçiación
suplir lo que es de derecho e de constituçión,
que él de fecho ageno non fazía menzión
Tomaron los abogados del Ximio buena liçión
(370) Dixieron le otrosí una derecha rraçón:
que fecha la conclusión en criminal acusación,
non podía dar liçençia para aver conpusiçión:
menester la sentençia çerca la conclusión.
(371) A esto dixo el alcalde una sola rresponsión:
que él avié poder del rrey en su comisión,
espeçial para todo esto, e conplida jurisdiçión.
Aprendieron abogados en esta disputaçión.

Comencemos el análisis comparativo fijándonos en los tres elementos que marcan las diferencias más generales y, también, más evidentes entre nuestros textos:

1) La lengua. Dejando a un lado, por un momento, la fábula de Fedro, que es el modelo latino original, las demás versiones medievales que hemos escogido difieren de la del Arcipreste en que son todas en latín. A nadie se le esconde que, en la Edad Media, la literatura en latín, en la que se enmarca el *Romulus*, y casi toda su tradición derivada, no se vio ensombrecida nunca, ni siquiera cuando se produce el florecimiento de la literatura en lengua vulgar, sobre todo, en los siglos XII y XIII. Muy al contrario, esta tradición constituía el espejo en el que debía mirarse la literatura en vulgar. Se situaba en un plano más elevado. De hecho, Dante en su *Convivio* dice que el latín es superior al vulgar en nobleza, en capacidad expresiva y en hermosura (*Convivio*, I, 5. 8–15). Además, en el *De Vulgari Elocuentia* no admite el vulgar sino para los temas de la salvación, del amor y la virtud (*De Vulgari Eloquentia*, II, 2. 8).

2) La forma compositiva. Todas las fábulas de Fedro —la que se estudia aquí no es una excepción— se caracterizan por una estructura métrica que las acerca al epigrama: el senario yámbico, el equivalente del trímetro griego, el más simple y más prosaico de todos los metros; es el mismo que, en las comedias plautinas, servía para introducir los diálogos de tono marcadamente popular. Este esquema métrico no se conserva en la fábula latina de la Edad Media. Lo habitual es encontrar las fábulas de Fedro en prosa. Así se transmitieron en el *Romulus* y en buena parte de su tradición derivada.

Para el caso que nos ocupa, tenemos los ejemplos de la recensión florentina y de la colección de Ademaro. No obstante, otras derivaciones romúleas, como la de Walter, nos devuelven a Fedro en verso, pero con un esquema métrico que le confiere mayor elegancia: el dístico elegíaco, propio de la poesía amorosa en Roma y ya utilizado por Aviano, a fines de la Antigüedad, para versificar sus fábulas. La versión del Arcipreste debe ser tratada aparte. Ciertamente es en verso, pero también en lengua románica; y el sistema de la métrica románica se desarrolló a partir de unos elementos (irrelevancia de la cantidad vocálica, acento de intensidad, número más o menos fijo de sílabas, rima, etc.) que nada tenían que ver con el sistema del verso greco-latino. La forma elegida por Juan Ruiz es el tetrástrofo monorrimo alejandrino (estrofa de cuatro versos de catorce sílabas de una sola rima consonante) o cuaderna vía. Baehr (1984: 258–260) ya señaló que esta forma estrófica, la más importante y característica del mester de clerecía de los siglos XIII y XIV, tuvo su origen en la poesía francesa de carácter moral y hagiográfico de fines del siglo XII y que, justamente, esta procedencia extranjera marcó su completa desaparición en el siglo XV. A partir de ese momento, la poesía erudita castellana adoptó una forma métrica más cercana a la tradición peninsular: la copla de arte mayor.

3) La extensión. Frente a los diez versos del poeta romano, los doce de Walter, las siete líneas del *Romulus florentinus* y las cinco de Ademaro, nos encontramos los doscientos cuatro versos del Arcipreste en el manuscrito de Salamanca. Precisamente, la extensión del poema ha hecho decir a Rodríguez Adrados (1985: 527–540; 1986: 463) que estamos más bien ante un ejemplo de la llamada épica animal que de fábula. En mi opinión, la amplitud de este pasaje del LBA tiene mayor relación con la utilización de un procedimiento estilístico que está en la base de la composición de toda la obra del Arcipreste y de otras muchas obras del Medievo: la *amplificatio*.

Según Curtius (1989 688–689), el sentido que tiene la *amplificatio* en el contexto de los maestros retóricos de los siglos XII y XIII (Mateo de Vêndome, Juan de Garlandia, Galfredo de Vinsauf y Eberardo el Alemán) nada tiene que ver con el significado que tiene para las retóricas antiguas, pues solo supondría el «alargamiento, ensanchamiento, aplanamiento puramente material de un tema». Para Quintiliano, el vocablo *amplificatio* estaba relacionado con el de la retórica griega αὔξησις. La αὔξησις, formulada, sobre todo, para los discursos forenses o panegíricos, suponía la elevación de unos hechos o atributos personales por encima de sus proporciones reales. No consistía, por tanto, en expandir materialmente el asunto, sino en colocarlo, independientemente de su verdadera importancia, en un lugar muy destacado dentro del discurso. Para Faral (1962[1924]), que presenta una visión más negativa, menos neutra que la de Curtius de este recurso en la Edad Media, la *amplificatio* era la mera dilatación injustificada de cualquier materia. A esta última definición se le debe objetar una cosa: a mi parecer, la expansión que lleva a cabo el Arcipreste de la fábula fedriana no es, en ningún caso, injustificada. Muy al contrario, encontramos su fundamentación en las palabras de nuestro autor antes de introducir su narración, durante y al final de ella, como ya veremos más adelante.

La oposición de este recurso al ideal estilístico de la brevedad perseguido por Fedro y no quebrantado por las otras versiones latinas nos permitirá enmarcar mejor las comparaciones que, seguidamente, pasaremos a hacer de los elementos textuales concretos.

4) Se va a tratar seguidamente el título de las composiciones. El modelo romano lleva por título, como ya sabemos, «Lupus et vulpes iudice simio». A pesar

de su concisión, los componentes están tan bien combinados (sobre todo, la elección del ablativo absoluto para introducir la figura del juez mono) que, enseguida, podemos representarnos mentalmente el asunto de la fábula. En las versiones de Ademaro y el *Romulus florentinus* no encontramos ninguna variación relevante con respecto al original. No cabe decir lo mismo del título de la versión de Walter, «De lupo et vulpe», en el que la extrema concisión no permite orientar al lector del mismo modo que lo hace el de Fedro. El título de Juan Ruiz, «Fabla del pleito quel lobo e la raposa que ovieron ante don Ximio, alcalde de Bugía», es el primer ejemplo de *amplificatio* que encontramos en su fábula. Aparte de hacer uso del estilo verbal, carente en todos los demás, introduce ya nuevos componentes: la palabra *pleito*, la humanización explícita del juez con el *don*, e incluso, imprime un color netamente localista al utilizar la palabra alcalde, vocablo de procedencia árabe, con el mismo sentido de juez, y frecuente en Castilla, a partir del siglo XII, e incluir el lugar de procedencia del juez, Bugía, el enclave norteafricano de donde se exportaban para Europa unos monos que servían de divertimento cortesano.[31] No solo acerca al lector a su realidad inmediata en este caso, pues, más adelante, en 337d, habla de Vilforado, que Gybbon Monypenny (1990:175) ha relacionado con el actual Belorado en la provincia de Burgos. También en otras fábulas como la del mur de Monferrado y la del mur de Guadalfajara (estr. 1370–1386) introduce estos elementos locales.

5) Después de hablar del título, nos ocuparemos ahora de la estructura. Teniendo en cuenta que el asunto es el juicio por hurto del lobo y la zorra ante el juez mono, permítaseme utilizar la terminología jurídico-procesal para establecer la estructura de las fábulas. En todas ellas, podemos hablar de tres partes que se corresponden, a su vez, con los tres conceptos fundamentales del derecho procesal: la «acción», la «jurisdicción» y el «proceso», que termina con la «sentencia».

a) La «acción penal», como el ejercicio del derecho a pedir el castigo de un delito, se verifica, en este caso, en la acusación del lobo a la zorra por el delito de hurto.[32] En la fábula de Fedro se encuentra en el verso «Lupus arguebat

---

31   Para apoyar la idea de que el Bugía del texto se refiere al enclave norteafricano, Corominas en su edición del LBA (1967: 150) se fundamenta en el testimonio del catalán, en que *bogiot* y *bogia* (pronunciados como *bugiot* y *bugia*) son los nombres del mono y la mona, respectivamente, documentados además desde los inicios del siglo XIV.

32   Cf. Tabares Plasencia (2004a) sobre la precisión terminológica del Arcipreste en relación con el empleo del término *hurto* en la fábula. Cf. igualmente, la Partida VII, título XIV, ley 1ª: «Furto es malfetría que fazen los omes que toman alguna

vulpem furti crimine»; en la versión en prosa de Ademaro, en la oración
«Lupus arguebat Vulpem iratus furti crimine»; en la del Romulus florentinus, en «Lupus arguebat vulpem iratus furti crimine»; en la de Walter, en
los versos «Respondere lupo de furti labe tenetur / Vulpes». Enseguida nos
damos cuenta de que todas las versiones en este punto mantienen la brevedad del modelo fedriano y que, salvo la versión de Walter, las demás son
casi un calco de la original. Tan solo introducen, como novedad, el adjetivo
iratus referido al lobo del que más tarde hablaremos. Si pasamos a la versión Arcipreste, volvemos a encontrarnos con una nueva *amplificatio*. Lo
que los otros textos han resuelto en, prácticamente, un verso o una frase,
ocupa aquí veinticuatro versos (estr. 323–328), en los que Juan Ruiz expone
de una manera magistral cómo debía realizarse la acusación de la zorra, su
encausamiento, de acuerdo con las normas del derecho común contenidas,
por ejemplo, en las Partidas[33]: nos encontramos primero con el «emplaza-
miento» (estr. 23) (cf. Partida III, título VII, ley 1.ª), esto es, el medio procesal normal para exigir la comparecencia de una persona ante la autoridad
judicial; después con la «carta de acusación» (estr. 324–328), que contiene
todos los requisitos, y en el mismo orden, que, según la Partida III (dedicada
al derecho procesal) y la Partida VII (dedicada al derecho penal), se exigían
para que fuera admitida a trámite:

Ante vos don Fulan juez de tal logar: yo tal ome me querello de Fulán, que me deve
tantos maravedís. Pido que le demandedes por juyzio que me los dé. E esta manera
misma deven tener todas las demandas que se fazen en juyzio, mudando las razones,
según fuere la natura de las cosas que quieren demandar. (Partida III, título II, ley 11.ª)
Quando algún ome quisiere acusar a otro deve lo fazer por escrito porque la acusación sea cierta e non la pueda negar nin cambiar el que la fiziere. (Partida VII, título
I, ley 14.ª)

En este punto, queremos destacar también que, frente a los otros textos, en
que la narración comienza con la acción procesal, con la acusación del lobo,
la fábula del Arcipreste empieza en el momento de la comisión del delito. El

cosa mueble agena encubiertamente sin placer de su Señor, con intención de ganar
el Señorío, o la possessión o el uso della».
33   Se reproducen las Partidas de la edición de Gregorio López impresa por Andrea
Portonariis, en Salamanca, en 1555, publicada en facsímil por el BOE (1974). En la
transcripción de los preceptos normativos, me he tomado la licencia de tildar las
palabras de acuerdo con las reglas de acentuación gráfica modernas para acercar el
texto al lector actual y evitar su extrañamiento.

primer verso, «Furtava la rraposa a su vezina el gallo» nos señala quién es el sujeto pasivo del delito (la vecina de la zorra), quién es el sujeto activo (la zorra) e, incluso, cuál es su objeto material *o corpus delicti* (el gallo). Más adelante, en las estr. 326–327 nos informa de cuándo tuvo lugar el hecho y la manera en que se realizó.

En Fedro y sus otros imitadores, nada se nos dice acerca del objeto hurtado. Lo que sí parece inferirse por las palabras del juez en la sentencia es que el lobo pleiteaba por un supuesto delito cometido contra su patrimonio y no contra el de un tercero: «tu non videris perdidisse id quod petis» (Fedro); «Tu, inquit, queris quod non perdidisti» (*Romulus florentinus*); «Tu non videris perdidisse quod quaeris» (Ademaro); Walter ni siquiera incide en esta cuestión. Mucho menos aparecen esas otras circunstancias de lugar y modo que tenemos en el Arcipreste. Evidentemente, nuestro autor introduce todos estos elementos, porque son necesarios para montar todo su extenso proceso judicial.

b) La «jurisdicción». Este es el momento en que la cuestión litigiosa es elevada al juez competente. Fedro, de nuevo, con gran concisión, expresa esta circunstancia con el verso «Tunc iudex inter partis sedit simius». En dos de las versiones latinas, sin embargo, se nos proporcionan algunos matices nuevos en relación con la figura del juez y que se verán cuando se hable de los personajes. Ahora solo se marcarán en los textos: «Tunc iudex sedit simius equissimus et verax, qui inter presentes reum agnosceret» (*Romulus florentinus*); «Simius est iudex; docti non errat acumen / Iudicis» (Walter). Juan Ruiz retoma esos matices también en «fueron ver su juicio ante un sabidor grande / don Ximio avía por nonbre, de Buxía alcalde / era sotil e sabio; nunca seía de balde».

c) El «proceso». El proceso es el instrumento de que se vale el juez para resolver los conflictos jurídicos. Pero, para que el juez pueda decidir sobre el conflicto, a través de una sentencia, normalmente es necesario que, primero, tanto el órgano jurisdiccional como las partes lleven a cabo una serie de actos. Esta cadena rituaria de actos se denomina «procedimiento» y es la vertiente formal del proceso. Se dice esto, porque Juan Ruiz recoge uno a uno, y con detalle, todos los actos que podían concurrir en un procedimiento penal de acuerdo con las normas del derecho común; en concreto, de las ya aludidas Partidas y, en menor medida, de otro corpus de derecho procesal que tuvo mucha fama en la Edad Media, el *Speculum iudiciale* de Guillermo Durando, obra de la que ya se habló con anterioridad. También la sentencia de don Simio, que ocupa ochenta versos (estr. 347–366), cumple exactamente lo preceptuado en la Partida III (título XXII, ley 5.ª). Estos actos se despliegan, además, en distintos momentos, con arreglo a la teoría de los llamados «tiempos del proceso». Los teóricos del derecho común procesal consideraban que el proceso debía configurarse como un conjunto de actos de parte y del juez desarrollados conforme a un orden temporal muy estricto. La secuenciación de todo el procedimiento, de todos sus tiempos, se recogía en los denominados *ordines iudiciarii* (cf. Pérez Martín, 1999: 133 y ss.), lo que incide en que la narración se disponga en forma falsamente episódica: después de la presentación de la querella criminal, de la que se da traslado a la zorra (329 a), esta intenta introducir una «cuestión de previo pronunciamiento» para dilatar el proceso (329 d). Una cuestión de previo pronunciamiento es un hecho distinto del que constituye el objeto principal del pleito, pero que tiene con este relación inmediata o se refiere a presupuestos y requisitos de influencia en el proceso. El juez debe decidir su procedencia mediante resolución interlocutoria antes de entrar en lo que es propiamente el juicio. En el derecho romano había dos tipos de excepciones: las dilatorias, que interrumpían el proceso, en tanto la causa en que se fundaba la excepción no cesara o se probara que no había tal causa; y las perentorias, que provocaban la extinción de la acción (cf. Partida III, título III, leyes 9.ª y 11.ª). El mismo Arcipreste ofrece un razonamiento jurídico impecable sobre la naturaleza y procedencia de las excepciones propuestas por el abogado de la zorra, basándose, a mi parecer, en última instancia en la doctrina de Guillermo Durando (cf. *Speculum iudiciale* II, Partic. I, *De exceptionibus*, ap. 1, núm. 1 y ap. 2, núm. 8).

Seguidamente, don Simio propone un término de veinte días (330 d) a la encausada para que dé «contestación» a la querella del lobo, esto es, para que afirme o niegue su contenido (cf. Partida III, título III, ley 7.ª). Aquí se produce un corte y la acción principal se retoma en el verso (332 a) «El día era venido del plazo asignado». En este momento, la zorra, en lugar de contestar a la demanda —ella ni afirma ni niega el hecho, opone, a través de su abogado, dos «excepciones» basadas en la falta de capacidad del lobo para acusar a otro, porque él había sido declarado, por sentencia firme, ladrón conocido (cf., por ejemplo, Partida VII, título VI, ley 5.ª) y porque había sido excomulgado por adúltero (estr. 333–338). Las excepciones procesales, como se ha indicado *supra* al hablar de la cuestión de previo pronunciamiento, eran un medio que podía utilizar el querellado para privar de eficacia la pretensión del actor por motivos ajenos al objeto del proceso y relacionados con los defectos del escrito de demanda o acusación, con la misma persona del actor (falta de capacidad), de su representante o del juez (falta de competencia o de jurisdicción).

Después de que el abogado de la zorra presenta sus excepciones y pide la absolución de su defendida, el lobo confiesa que el contenido de las excepciones es verdadero y la zorra, por su parte, decide «reconvenir», esto es, querellarse contra el lobo (Partida III, título IV, ley 20.ª): «E aun dezimos que después quel demandado haya respuesto a la demanda de su contendor ante el juez delegado, si él quisiere fazer otra demanda al demandador delante ese mismo juez, que lo puede fazer como en manera de reconvención».

Cuando en un juicio se produce la reconvención, el querellante es, a la vez, querellado y el querellado igualmente querellante, y el juez debe decidir sobre las pretensiones del actor originario y del actor reconvencional en la misma sentencia (estr. 339). Parece que hubo «réplica» del lobo (se opuso a la reconvención de la zorra) y «dúplica» de la zorra (expuso nuevos argumentos contra el lobo) y, por último, se llegó a la «conclusión», la parte del juicio en que las partes exponen sus alegatos finales (340 a). Todos estos actos se producen sin quiebra de la línea narrativa principal.

Un nuevo corte se produce cuando el juez les da un término para conocer la sentencia (340 d). Vuelve a reanudarse en «Venido es el día para dar sentencia» (343 a). Antes de pronunciar la sentencia, promueve la «avenencia» entre las partes (Partida III, título IV, ley 24.ª): «Otrosí dezimos que si alguna cosa fuere demandada en juyzio delante del judgador ordinario [...] si aquel pleyto quisiesen meter en poder de él en tal manera que lo librasse por avenencia de las partes o en otra guisa qual él toviesse por bien así como amigo comunal».

Pero los adversarios judiciales prefieren la sentencia. La sentencia cumplía todos los requisitos legales: presentada por escrito, leída por el juez en el tribunal, con las consideraciones relativas a todos y cada uno de los actos procesales efectuados por las partes y, por supuesto, con el «fallo». En el fallo, el juez dicta lo que, en el derecho procesal moderno, se llama «absolución en instancia» de la zorra, es decir, una absolución basada en cuestiones formales, no de fondo: que, en este supuesto, el juez no haya podido enjuiciar a la zorra con base en lo que constituía el fondo del asunto (si hurtó o no) porque la acusación provenía de alguien (el lobo) invalidado para deponer en juicio contra otro, no significa que no pudiera ser encausada de nuevo por el mismo hecho, siempre que el acusador no se encontrara incapacitado.

En el texto de Fedro solo apreciamos un tenue eco de la gran actividad procesal desplegada por las partes en la fábula del Arcipreste (presentación de excepciones, confesión del lobo, reconvención de la zorra, réplica, dúplica, conclusión y rechazo de la avenencia). Ese tenue eco lo tenemos en el verso «Uterque causam cum perorasset suam». Igualmente, de la extensa sentencia de don Simio solo reconocemos el fallo en los dos versos finales: «'tu non videris perdidisse id quod petis / te credo subripuisse quod pulcre negas'».

La versión de Ademaro no aporta ningún detalle nuevo a este respecto. Más detalles tenemos en el *Romulus florentinus*. Las oraciones «nudant fraudes suas, et vera sibi dicunt mutuo crimina» parecen guardar relación, en el texto de Juan Ruiz, con los actos procesales correspondientes a la presentación de excepciones y de la reconvención. También es curiosa la especificación de que el juez leyó la sentencia que se hallaba previamente consignada en un documento. El fallo sigue casi literalmente el de la fábula original, pero se recalca el hecho de que ambos litigantes son de la misma condición, esto es, que no son dignos de ninguna credibilidad. Y como son iguales, «pares», les dice el juez que se vayan «concordes», en buena armonía. Esto recuerda a la proposición de avenencia de don Simio.

En la composición de Walter, lo más destacable es el fallo. El juez de Walter adopta, en su pronunciamiento, un tono más grave que el juez de Fedro (y el de las otras versiones latinas) que trata con más ironía a los dos litigantes.

d) En este apartado hablaremos de los personajes. En el modelo fedriano y las versiones romúleas tenemos un triángulo de personajes: el lobo, la zorra y el mono. En la fábula del Arcipreste vemos que, además de esta tríada, participan activamente en el proceso el galgo y el mastín que actúan como abogados de las partes. Incluso, se hace referencia a otros animales como el león en su papel habitual en el universo de la fábula, el de rey (326c), la cabra y el cabrón, como víctimas del hurto (321 a y 327 a), el gallo (321 a y 366 c), que es objeto material del delito o *corpus delicti*, la mastina (338 a) y la loba (337 d), que son, respectivamente, la amante y la esposa del lobo.

Rodríguez Adrados (1986: 464–465), con respecto a la adición de nuevos personajes, consideró que se debía a una *contaminatio* de Juan Ruiz: aparte de servirse de los elementos centrales de la fábula de Walter, habría introducido algunos ingredientes de una supuesta fábula medieval, derivada, en última instancia, de Fedro, que sirvió de fuente también al *Roman de Renart*, ya que en esta obra francesa de finales del siglo XII hay un episodio en el que se sustancia un juicio en el que aparecen casi los mismos personajes de Juan Ruiz (el lobo, la zorra, los abogados, e incluso una gallina, como objeto litigioso). La única diferencia es que el juez no es el mono, sino el león.

Interesa también, en este punto, cómo el recurso de la *amplificatio* le sirve a Juan Ruiz, de nuevo, para destacar los rasgos de carácter que, desde la fábula antigua, se les atribuían a los personajes centrales de su relato. E incluso, ajusta alguno de esos personajes arquetípicos a la conducta que él quiere reprobar con su fábula. Me refiero, en concreto, al caso del lobo. Para Juan Ruiz, el lobo es el ejemplo de la *acidia*, concepto que se aclaró al principio de este apartado. Acidiosa es la actitud del lobo, perfectamente descrita en las estr. 321 y 322. El motor que lo impulsa al lobo a acusar a la zorra es este pecado capital. Ya le hubiera gustado a él haber hurtado el gallo y comérselo, pero su indolencia y la rapidez de la zorra propiciaron el desbaratamiento de sus planes. Precisamente él es un predador (el mastín utiliza este argumento para rechazar su acusación contra la zorra) y no tiene escrúpulos (tiene a su esposa abandonada en un infecto agujero, a la vez que seduce a la mujer del mastín para que le favorezca el acceso a las ovejas); pero, de la misma forma que es malvado, es también estúpido: no había contado con la astucia de la zorra, que había buscado el mejor abogado para ella (331 d y 332), el mastín, enemigo acérrimo del lobo porque le hurtaba las ovejas y había seducido a su esposa.

La fábula de Fedro no presenta, en absoluto, esta compleja trama y mucho menos, por razones obvias, que el lobo acusara a la zorra movido por el pecado de la acidia. Sin embargo, sí debemos hacer notar que en las versiones latinas se quiere expresar que el lobo actuó movido por la ira; la de Ademaro, dice que el lobo *iratus* acusó a la zorra y exactamente lo mismo señala el *Romulus florentinus*.

Walter también hace alusión a la ira en «ira cadit simplicitas veri» y a la hipocresía en «Esse solent vite dissona verba sue». En la Edad Media, la ira y la acidia están muy relacionadas. De hecho, Dante las coloca juntas en el mismo círculo del Infierno.[34] Los rencorosos, y los acidiosos lo son, mantienen largo tiempo el sentimiento de ira por causa de la tristeza que llevan encerrada.

El personaje del mono aparece también bien caracterizado por el Arcipreste, que, creemos, retoma los calificativos que le aplican las versiones latinas medievales. Juan Ruiz dice del mono que es «sabidor», «sotil», «sabio», que «nunca seía de balde», «letrado», «de buena ciencia». «Sabidor» tiene el sentido de 'el que tiene muchos conocimientos de una técnica concreta, perito en algo', en este caso, en derecho, mientras que «sabio» abarca el saber general. «Sotil» hace referencia, a mi parecer, a su agudeza mental, a que «hilaba fino en sus

---

34   Cf. Dante Alighieri, *Divina Comedia* («Inferno», VII, 121-123): «Fitti nel limo, dicon: 'Tristi fummo/ nell'aere dolce che dal sol s'allegra/ portando dentro accidïoso fummo'». Resulta interesante el comentario que el editor, Vandelli (1991: 57), hace al verso 123: «Accidioso fummo nonvuol dir altro che lenta ira, perchè l'ira presta e subita […] non è pecato».

pronunciamientos». En «nunca seía de balde» el «seer» está usado como tecnicismo jurídico con el sentido de 'juzgar' porque, en Roma, el *iudex* se sentaba entre las partes para oír sus alegatos y, desde ese asiento, publicar la sentencia; el «de balde» alude a que no se sentaba a juzgar sin motivo, sin reflexión, «Letrado» y «de buena ciencia» se refieren a sus conocimientos en derecho común. Esta descripción de don Simio está recogida en el verso de Walter «docti non errat acumen / Iudicis», pues se hace alusión a la agudeza del juez (*acumen*), a su sabiduría (*docti iudicis*), a que no se equivoca en sus «fallos» (*non errat*). Las otras dos versiones hacen referencia a su veracidad (frente a la mentira, al fraude de los litigantes) y a su equidad (*iustus et verax / equissimus*).

e)   Terminología jurídica. Lecoy (1974[1938]: 129–130) tuvo en cuenta la amplitud del pasaje, derivada, sobre todo, de la aportación de elementos jurídicos por parte de Juan Ruiz, elementos, de los que, según su opinión, carecen las demás fábulas. Esto, por lo que hemos podido comprobar, solo es una verdad a medias. Desde luego, la profusión de terminología jurídica y el proceso judicial, desarrollado a la perfección de acuerdo con las normas del derecho común que puede verse contenido básicamente en Las Partidas, no tiene parangón, y en ello radica su originalidad.

Pero si nos dirigimos al modelo primitivo de la fábula, el «Lupus et vulpes iudice simio», nos damos cuenta de que Fedro no era ajeno, en absoluto, a la terminología jurídica propia del derecho romano. De hecho, se ha estudiado con gran interés la proximidad del poeta romano al léxico jurídico (cf. Moretti, 1982).

En su pequeño texto de 55 palabras, más de la tercera parte, una veintena, son tecnicismos jurídicos. Destaquemos, en el primer verso, el sintagma *turpi fraude*, que hace alusión a la 'mentira, calumnia, estafa': es, en suma, lo que conculca la *bona fides*, que aparece en el segundo verso, formando parte de otra colocación, como dirían los fraseólogos, el sintagma *ammittit fidem*. El tercer verso nos muestra *adtestaretur* (de *adtestor*) 'probar con testigos'. Y todo ello en la moraleja inicial. Ya, dentro del cuerpo de la fábula propiamente dicha, tenemos, en el cuarto verso, *arguebat* (de *arguo*, que recoge en acusativo la persona a quien se acusa y, en ablativo, el motivo de la acusación), que se usaba en el derecho romano como 'acusar en juicio'. Y, en el mismo verso, el objeto de la acusación, el 'delito de hurto', expresado con el sintagma latino *furti crimine*.

El verso siguiente nos vuelve a presentar un sintagma similar: *culpae noxiam*, con el mismo sentido de 'culpable, rea de culpa'. En latín *culpa* era el resultado de una transgresión del orden jurídico o del orden divino; aquí aparece con este sentido genérico, aunque, ya en el derecho romano, adquirió un sentido más específico, opuesto al de *dolus*. Por su parte, *noxius*, se encuentra relacionado con *noxa* 'daño', *noceo* 'perjudicar, dañar', *nocivus*, *innocens*, etc., todos ellos, términos de recia raigambre jurídica. El mismo *negabat* parece adecuarse muy bien al uso técnico de 'contestar a la demanda', 'presentar alegaciones para oponerse a la acusación'.

El sexto verso es un tecnicismo todo él con la excepción de la primera y última palabras: «tunc iudex inter partis sedit simius». ¿Qué decir del juez y de las partes? Son los elementos constitutivos de cualquier proceso: las dos posiciones contrarias y el juez como fiel de una balanza.

El siguiente verso nos ofrece otros dos tecnicismos jurídicos: *causa* y *perorare*. La causa adquiere, en la terminología procesal, el sentido de 'proceso': es el proceso en sí, aunque originariamente, aludía al «motivo» en que se funda el proceso; en este caso, por su aparición con el verbo *perorare*, se entiende más bien referido a las pretensiones de las partes y a las alegaciones que expresaron los litigantes al final del proceso, a modo del actual 'escrito de conclusiones', que se presenta en el momento procesal inmediatamente anterior al pronunciamiento del fallo. Fallo que aparece, enseguida, en el verso siguiente: es la *sententia*, palabra usada en el derecho como 'acto procesal en el que el juez determina la estimación o desestimación de las pretensiones de las partes'. Pretensiones que quedan recogidas en el verbo *petere* (*petis*, en el texto, referido al lobo) y el *petitum* o 'pretensión procesal'. También la expresión *pulcre negas* deja ver que las alegaciones de la zorra en su defensa están bien construidas y se ajustan a derecho, como lo están las alegaciones de la zorra del Arcipreste, aunque sirvan a una falsa causa, según se desprende del contexto.

Tras esta exposición, hemos visto que Fedro posee también una estimable cultura jurídica, que conservan los imitadores o recreadores medievales. En algunos casos, deturpada. El ejemplo lo tenemos en el *Romulus florentinus*, que parece utilizar algunos términos jurídicos en contextos erróneos, como *libellus*, que en el derecho Romano pasó a tener, por desplazamiento metonímico, el sentido de 'demanda', pero nunca de documento donde se consignaba la sentencia; también se encuentra en un contexto erróneo el término *abolitio*, que nunca tuvo la significación de 'absolver'. Sí usa correctamente Walter los términos *respondere* y *poscere*. *Respondere* hacía referencia a 'comparecer ante un tribunal' y *poscere* de 'reclamar en juicio un derecho'. Pero, asimismo, parece claro que, aunque tanto uno como otros utilicen esta terminología, su intención se encamina a que el lector extraiga una enseñanza moral.

El modelo fedriano quiere arremeter contra la mentira, contra el engaño y advierte de que el mentiroso, el estafador, perderá toda credibilidad y confianza, que nadie lo tomará en serio. Por su parte, el grado de exactitud terminológica y de técnica es tan elevado en la composición de Juan Ruiz, que el aspecto didáctico-moral —crítica de la acidia— queda supeditado al didáctico-científico, pues lo que pretende el Arcipreste es ofrecernos una lección de derecho, a la manera de las famosas *disputationes* que tenían lugar en las facultades de leyes medievales. El propio Juan Ruiz lo hace saber momentos antes del inicio del relato del lobo y la raposa. En 320 d —el verso que antecede al comienzo de la fábula— dice: «... abogado de fuero, ¡oy fabla provechosa!». Y ya, en el cuerpo de la fábula, al hablar de las excepciones procesales (353 d) que opone la zorra a la acusación del lobo afirma: «.... ¡abogado de rromançe, esto ten en memoria!». Las alusiones de Juan Ruiz al *abogado de romance* y al *abogado de fuero* vienen referidas, por tanto, a los que solo conocían el derecho tradicional castellano, basado fundamentalmente en la costumbre, en una palabra, los fueros, frente al derecho común, en latín, un derecho escrito desde sus inicios, de base legal, accesible solo a los cultos, ya que se estudiaba fundamentalmente en las universidades; y del que Juan Ruiz se muestra defensor.

Además, al final de la fábula, el narrador señala (371 d): «Aprendieron abogados en esta disputaçión». Estas palabras, además de las alusiones a los «abogados de fuero» y de «romance», indican, a mi entender, que la finalidad principal del Arcipreste es dar una clase de Derecho, como tantas de las que él debió recibir en el centro de estudios al que acudiera. Por ello, frente a la opinión de Faral, reitero que la *amplificatio*, la acumulación de elementos jurídicos está más que justificada en este caso. Realmente, lo que hace el Arcipreste es utilizar la estructura narrativa de la fábula de Fedro, esto es, los personajes principales (el lobo, la zorra y el simio), el motivo del relato (el pleito por hurto) y el desenlace (desestimación de la pretensión del lobo por ser de la misma condición de la zorra, aunque reconocimiento de la culpabilidad de la acusada sin punición) para, a través del recurso de la *amplificatio*, desarrollar todo un complicado proceso judicial extraído de las fuentes del derecho común de las que ya se ha hablado en otras partes de este libro.

4 Terminología y fraseología jurídicas en el LBA

4.1 Introducción

Como se ha visto, el derecho es un elemento recurrente en el LBA; y también en la literatura de todos los tiempos. Y no solo desde el punto de vista filosófico, en relación, por ejemplo, con los valores de justicia, libertad o equidad, sino más concretamente como la recreación de instituciones y simbología jurídicas. Este hecho ha sido puesto de manifiesto por una de las vertientes más prolíficas de los estudios de derecho y literatura, como se mostró en el apartado 3 de este trabajo: el derecho en la literatura. Por lo que respecta a la literatura española, han sido muchos los investigadores —juristas en su mayoría— que han destacado el interés de los autores literarios por los diferentes ámbitos o fenómenos jurídicos (el derecho común medieval, el derecho mercantil, el derecho penal y procesal, etc.) (cf. Tabares Plasencia, 2020). Muchas veces, dicho interés ha estado motivado por la propia condición de jurista o de jurista en ciernes de muchos de ellos.

Por lo que al LBA se refiere, los investigadores que se han acercado a él (cf. Polaino Ortega, 1948; Bermejo Cabrero, 1973 y 1980; Eugenio y Díaz, 1973; Kelly, 1984; Pérez Martín, 1997; Gómez Montalvo, 1997; Garrido Arredondo, 2004; Iglesias Gómez, 2004 que ya se han mencionado en el apartado 3) han destacado, fundamentalmente, los aspectos jurídicos y los amplios conocimientos en derecho del Arcipreste. Tan abrumadoras eran las referencias, la precisión terminológica (cf. Tabares Plasencia, 2004a) y el experto manejo de las instituciones jurídicas en la obra, que no cabía más que hablar de la condición de jurista de Juan Ruiz. Sin embargo, no se atendía, a mi modo de ver, ni la literariedad ni los aspectos lingüístico-terminológicos de los pasajes (cf. Tabares Plasencia, 2005: 10). En Tabares Plasencia (2005) se intentó, por ello, aunar las disciplinas jurídica, filológica y lingüística, en un sentido amplio, para ofrecer un análisis lo más completo de la fábula del lobo y la zorra, pues no en balde existe —ya se ha aludido a ello *supra*— una relación bastante estrecha entre el derecho, la literatura, la filología, en general, sobre todo, en cuanto a la interpretación de los textos se refiere (cf. Viehweg, 1953; Habermas, 1992; Gadamer, 2010).

A partir de ese momento fui consciente de la importancia del derecho en el LBA, pero también de su relevancia en otras muchas obras de la literatura española, desde sus orígenes, gracias a los estudios de derecho y literatura —en su vertiente u orientación del derecho en la literatura—; además, corroboré que el elemento o componente jurídico en la literatura española no se había explotado de manera sistemática siguiendo una orientación terminológica y terminofraseológica, esto es, que las contribuciones no se han solido realizar desde la perspectiva lingüística, por lo que no se han destacado los aspectos gramaticales, léxico-semánticos o pragmáticos del lenguaje especializado jurídico en dichas obras. Y mucho menos se ha tomado en consideración fraseología jurídica, salvo raras excepciones. Por ello, me propuse compilar un corpus de textos literarios españoles que incluyera el LBA y otros muchos con la finalidad de extraer, analizar y hacer un seguimiento de la terminología y fraseología del derecho desde un punto de vista diacrónico, pues partía de la premisa de que las ideas, instituciones, valores jurídicos expresados en los textos literarios debían tener su reflejo en el empleo de una terminología y fraseología jurídicas precisas.

En efecto, se ha compilado CORLITES (Corpus de Literatura Española), un corpus de textos literarios españoles con componente jurídico, desde los orígenes de la literatura en castellano hasta principios del siglo XX, que ha sido procesado mediante Sketch Engine (Lexical Computing CZ s.r.o., o.D.) con la finalidad de extraer tanto las unidades terminológicas como fraseológicas del derecho (UTED y UFED, respectivamente) y estudiar su evolución morfosintáctica, semántica y pragmática. Este proyecto pretende ser un punto de intersección entre los estudios de derecho y literatura, y de terminología y fraseología históricas.

Aunque el foco de este trabajo es la terminología y fraseología jurídicas en el LBA, en este apartado, para empezar, se ofrecerán de forma panorámica los resultados —que incluyen los del LBA— de un análisis general de las unidades terminológicas del derecho (UTED) extraídas del corpus, sus especificidades fónico-gráficas, gramaticales y designativas. Asimismo, se tratan aspectos como la formación de palabras, intervinientes en la creación de cadenas derivativas terminológicas y la variación motivada por la evolución temporal de las UTED, pues no en balde y, desde el giro sociolingüístico en la terminología, auspiciado por Gaudin (1993) y reforzado más adelante por otras orientaciones como la Teoría Comunicativa de la Terminología y de la Teoría Sociocognitiva, la variación de los términos desde cualquier perspectiva ha generado muchísimas y valiosas aportaciones. La llamada, no sin polémica, variación diacrónica ha ido generando, desde los años noventa del siglo XX, un caudal de trabajos que se ha ido acrecentando con los años (cf. Faulstich, 1995; 1998; 2002; Esteve Ramos, 2003; Rodríguez Muñoz y Ridao Rodríguez, 2012; Plath da Costa y Bevilacqua,

2014; Corveddu, 2018, entre otros muchos). Estos estudios, por lo demás, han sido posibles, en parte, gracias a la lingüística de corpus, que ha permitido el tratamiento y análisis de gran cantidad de textos y se ha desarrollado no solo en el ámbito de la lingüística aplicada o la terminología, sino también en la filología (cf. Torruella Casañas, 2009; 2017).

Tras este examen general, se presentarán específicamente las UTED del LBA ordenadas por categorías gramaticales y, finalmente, las UFED, tras hacer un repaso por los estudios de fraseología histórica y explicar el modelo teórico y clasificatorio que se ha empleado en el examen de las unidades fraseológicas.

4.2 CORLITES y el LBA

4.2.1 Presentación del corpus

Se ha diseñado y compilado CORLITES (Corpus de Literatura Española) para llevar a cabo una investigación que abarca no solo la extracción y análisis lingüístico de UTED (unidades terminológicas especializadas del derecho), sino de UFED (unidades fraseológicas especializadas del derecho) en su desarrollo histórico. Estas unidades presentan su carácter especializado en los textos y cotextos jurídicos, en el caso de textos literarios, donde la materia legal se encuentra imbricada en la literaria. Por lo demás, como ha destacado Hacken (2010: 408), la lengua del derecho es una forma particular de usar la lengua.

El diseño de CORLITES ha seguido los criterios de la bibliografía especializada, fundamentalmente, desde la perspectiva de la lingüística aplicada y la terminología (entre otros, Meyer y Mackintosh, 1996; Bowker y Pearson, 2002; Hourani Martín y Tabares Plasencia 2016), aunque con ciertas adaptaciones, dado el carácter mixto de las muestras. De acuerdo con este diseño, CORLITES es un corpus híbrido monolingüe (español) para el aprovechamiento en el ámbito especializado jurídico.

Está constituido por muestras textuales completas (obras literarias íntegras editadas), que abarcan desde los siglos XIII al XX con elementos especializados o altamente especializados del dominio jurídico.

En Tabares Plasencia (2020: 73–75) se detallan las características de CORLITES. No obstante, se resumirán en este apartado las principales con objeto de que se pueda tener una idea cabal sobre la base empírica de este trabajo. Asimismo, se ofrecerá una pequeña novedad con respecto a los datos consignados en Tabares Plasencia (2020). Así pues, sobre algunas condiciones de diseño relacionadas con la representatividad de un corpus (Meyer y Mackintosh, 1996; Vargas Sierra, 2006, entre otros), se puede señalar lo siguiente:

— Tamaño del corpus: las dimensiones del corpus no se establecieron *a priori*. Se escogieron los textos que cumplían los criterios para la investigación que se quería llevar a cabo. Además, se planteó que el corpus fuera alimentándose con más textos para ampliar el objeto de la investigación. En el momento presente posee casi nueve millones y medio de *tokens* más de siete millones y medio de palabras y 103 textos completos (cf. Biber y Jones 2009: 1288 con relación a los valores cuantitativos de los corpus) puede verse en la figura 2:

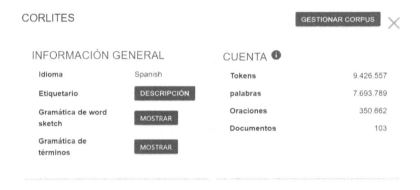

Figura 2: Datos cuantitativos de CORLITES

Precisamente el carácter dinámico y abierto de CORLITES se pone de manifiesto en el hecho de que en este, muy recientemente, se ha incluido un nuevo texto, el *Cancionero de Baena*.

— El medio: el medio es la lengua escrita, y los textos son editados y se hallan en formato digital. A estos se ha accedido en buena parte de los casos a través de la Biblioteca Virtual «Miguel de Cervantes», lo cual ha facilitado enormemente el trabajo de cargar los textos en el *software* Sketch Engine para ser compilados. En algunos casos, sin embargo, se debió recurrir al escaneo y tratamiento completo de la obra para posibilitar su conversión a texto plano y que pudiera ser introducido en el programa.

— Dominio especializado: como se verá más adelante, la terminología abarca diversos dominios o subdominios especializados jurídicos.

— Lengua: el corpus es monolingüe. Todos los textos se hallan en lengua española, y, concretamente, en el marco geográfico español.

— Tamaño de los textos: como ya se ha adelantado, el corpus contiene textos completos sin manipulación alguna por mi parte. Se ha extrapolado a este caso la recomendación que suele hacerse en los trabajos de corpus de corte terminológico (cf. Ahmad, 1995: 61; Bowker y Pearson, 2002: 49; Pérez Hernández, 2002: 141).

— Géneros textuales. Los textos que forman parte del corpus pertenecen a los tres grandes géneros literarios: lírico, narrativo y dramático. Dentro de estos géneros se han recogido textos de diferentes subgéneros en la idea de que hubiese la mayor variedad textual. El amplio tratamiento bibliográfico que se ha dispensado a los aspectos jurídicos en la literatura española (véase Tabares Plasencia, 2020: apartado 2.2) es el criterio que ha regido de la selección de obras que se han compilado.

— Dimensión temporal. Los textos de CORLITES abarcan un largo período temporal, a saber: desde el siglo XIII (*Cantar de Mío Cid*) y hasta la primera década del siglo XX (« Cánovas », *Episodios Nacionales*, 1912). Se decidió llegar hasta ese punto temporal para tener cierta perspectiva en el análisis desde el punto de vista diacrónico.

4.2.2 Extracción de datos y su tratamiento

Antes de señalar cómo se ha llevado a cabo la extracción de terminología y su adscripción a un subdominio jurídico concreto, se ha de puntualizar que se ha operado combinando distintas variables para el reconocimiento de UTED en un corpus diacrónico de textos literarios: el tema específico de la obra literaria puede ser un indicio del contenido jurídico de la misma, como en *El alcalde de Zalamea*, por ejemplo, que ya contiene un término en su título; igualmente, puede constituir una valiosa pista el cotexto jurídico dentro de la obra. Además, pueden resultar muy útiles los conocimientos jurídicos del propio investigador en los casos en los que las UTED han seguido usándose en el ámbito jurídico hasta la actualidad. No en vano, y como han indicado Henríquez Salido (2005) y Henríquez Salido y Do No (2010), buena parte del léxico del derecho español (y yo diría también su fraseología) se ha mantenido en el idioma desde sus orígenes. Asimismo, puede ser muy conveniente corroborar el carácter terminológico de una unidad mediante la consulta de obras lexicográficas tanto generales (*DLE*, que recoge voces jurídicas) como especializadas (*DEJ*); de literatura jurídica; de otros corpus diacrónicos de referencia no específicamente literarios, como el *CORDE*; de bases de datos jurídicas. Precisamente, para el caso de la fraseología del LBA, se ha empleado una base de datos judicial de la que más adelante se hablará.

Para ofrecer un análisis lo más exhaustivo posible de las UTED y UFED en CORLITES, se han seguido los siguientes pasos:

1) Como ya se ha señalado, se ha empleado para el procesamiento de los textos del corpus el programa Sketch Engine (Lexical Computing CZ s.r.o., o.D.) que ha permitido la extracción de las UTED y UFED gracias a la función de Lista de Palabras, con la que se pueden realizar listados selectivos por categorías gramaticales. Dado que el interés de la investigación estuvo centrado, primeramente, en la extracción de léxico especializado, que, además, serviría de base para búsqueda de fraseología se han elaborado listas de sustantivos, verbos, adjetivos y adverbios. No se puede olvidar que los textos no son especializados, aunque presenten terminología y fraseología jurídicas, por lo que no se ha podido emplear la función de Palabras Clave (tanto mono- como pluriverbales), muy práctica para la extracción terminológica, y se ha tenido que efectuar una criba manual de las listas para extraer las UTED. Se ha utilizado, sin embargo —con gran provecho—, la herramienta Word Sketch, que ofrece colocaciones y combinaciones de palabras. Esta ha facilitado la extracción de unidades terminológicas pluriverbales (UTP) y la discriminación fraseológica. Las Concordancias nos han ofrecido los ejemplos textuales a la vez que los contextos y cotextos para verificar el carácter especializado del léxico y fraseología extraídos. Ha de tenerse en cuenta que los datos que se ofrecen revisten cierta provisionalidad, pues, en el futuro, pensamos en llevar a cabo otro vaciado con el fin de evitar que hayamos pasado por alto unidades de interés para este estudio.

2) Una vez efectuada la extracción, cuyo principio rector fue aislar UTED ya fueran mono- o pluriverbales (sintagmas nominales terminológicos), se realizó una clasificación formal basada, por un lado, en el tipo de categoría gramatical y léxica (UT nominales, verbales, adjetivales y adverbiales); y, por otro, en formas derivadas y no derivadas. Además, se estableció otra clasificación de tipo conceptual para discriminar las unidades de acuerdo con el subdominio jurídico al que estas pudieran adscribirse.

3) Las formas clasificadas solo se han contabilizado una vez, por regla general. No se ha tenido en cuenta, por tanto, ni el número de ocurrencias ni las diferentes inflexiones en que estas pudieran encontrarse en el corpus (singular/plural, femenino/masculino para sustantivos y adjetivos; o las diferentes variaciones dentro del paradigma verbal).

4) No se han valorado a efectos de cómputo las variantes fónico-gráficas de las UTED, salvo que estas supusieran algún tipo de variación conceptual motivada por su evolución diacrónica: *constitución* 'Ley fundamental de un Estado' frente a *costituçión* 'norma, mandato papal o legado episcopal'.

5) No obstante, sí se han tenido en cuenta en los recuentos por campos nocionales los diferentes sentidos que podía tener una misma unidad en el corpus,

esto es, la misma forma se ha podido incluir en el cómputo de varios sub-dominios jurídicos. Se ha considerado, pues, la llamada *polisemia interdo-minio* (cf. Tebé Soriano, 2005: 244). Un ejemplo claro es la UT *justicia*, que se ha incorporado como término general con el valor de la 2.ª acepción de la voz en el *del* 'derecho, razón, equidad' y, dentro del campo del derecho procesal como 'poder judicial' (DLE, 6.ª acepción).

6) En este sentido, debe señalarse que las UTED contextualmente no atri-buibles a un subdominio jurídico o no marcadas designativamente se han encuadrado dentro del grupo General.

7) Se han establecido, aparte del General, diferentes campos nocionales (sub-dominios jurídicos) para agrupar las UTED extraídas. Aunque somos cons-cientes de que algunas de estas categorías conceptuales pueden resultar anacrónicas, las hemos empleado con el fin de que resulten más cercanas al receptor actual. Estas, por lo demás, no se han fijado de manera arbitraria sino atendiendo a las categorías de la dogmática jurídica con pequeñas des-viaciones. Nos referimos a los subdominios del derecho político, que ha sido sustituido por la moderna subdisciplina del derecho constitucional, y del derecho común/canónico. En el primer caso, se ha preferido esta denomi-nación por cuestiones de neutralidad lingüística e históricas obvias: el cons-titucionalismo en el mundo hispánico es un fenómeno de la Edad Moderna y CORLITES contiene un buen número de textos muy anteriores. En el segundo caso, se decidió incluir el derecho común —producto jurídico histórico— junto al canónico debido a la enorme relevancia que tiene este en nuestro corpus.Estas son las siguientes: derecho administrativo, dere-cho civil, derecho común/canónico, derecho financiero/tributario, derecho internacional público, derecho laboral, derecho mercantil, derecho penal/ penitenciario, derecho político y derecho procesal.

8) En el grupo de las UTED nominales se efectuó una subcategorización atendiendo a si las unidades son monoverbales o pluriverbales, esto es, sintagmas nominales con un núcleo sustantivo y un adyacente adjetival o sintagma preposicional, del tipo *proceso criminal* o *juez de instrucción*. En este punto, es necesario aclarar que el adjetivo *pluriverbal* es meramente descriptivo de la estructura formal de estos términos. Se prefiere no emplear expresiones como *compuesto terminológico, compuesto sintagmático*, o *fra-sema terminológico*, entre otras, puesto que ello supone prejuzgar y cargar de connotaciones propias de formaciones similares en la lengua general al fenómeno de la pluriverbalidad terminológica como hacen algunos autores. Sager (1997, 34) señala que los compuestos terminológicos suponen la com-binación de dos o más unidades léxicas que constituyen una nueva unidad

sintagmática que da lugar a un concepto único. En un sentido parecido se expresan Cabré et al. (1996) que hablan de unidades terminológicas polilexemáticas e intentan deslindar, con éxito, estas de las unidades fraseológicas especializadas. No obstante, la denominación empleada para este tipo de unidades terminológicas no tiene en cuenta estructuras en las que no solo intervienen unidades léxicas, sino también gramaticales que marcan las relaciones de dependencia sintáctico-semánticas entre los elementos léxicos que las componen.

La distinción entre los compuestos sintagmáticos (de naturaleza nominal), término acuñado por Bustos Gisbert (1986), y las locuciones o frasemas nominales se ha convertido en una de las cuestiones más controvertidas tratadas por fraseólogos y morfólogos. A lo largo de estos años, sobre todo, desde finales de los años noventa del pasado siglo ha habido investigadores que han intentado establecer criterios lingüísticos para fijar la distinción entre ambas clases de unidades.

Ruiz Gurillo (2002) destaca que estos tienen cosas en común como las siguientes: a) estructura sintagmática; b) carácter denominativo; c) coaparición frecuente de sus elementos; d) falta de unidad acentual. Pero también características que los diferenciarían: desde el punto de vista semántico, los compuestos sintagmáticos formarían series paradigmáticas (uso tópico, rectal, etc.) (hipónimos de García Padrón y Batista, 2010a) y b); mientras que las locuciones presentarían recursos tropológicos.

En la línea de delimitar compuestos sintagmáticos de locuciones, García-Page (2008) considera que los compuestos designan realidades que hacen referencia a objetos o seres físicos, sensibles y concretos y no a referentes abstractos.

Pérez Vigaray (1996) y Batista y Pérez Vigaray (2005), por el contrario —también Corpas Pastor (1996) y Castillo Carballo (1998)—, no se muestran de acuerdo con la idea de la existencia de los compuestos sintagmáticos, puesto que estos serían difícilmente reconducibles a un patrón de formación. Además, estiman que en los compuestos léxicos nominales se operan unos cambios de categoría que no se dan en estas formaciones. De ahí que, incluso algunas formas como *camposanto* o *telaraña*, que presentan unión ortográfica, sean consideradas por estos autores locuciones amalgamadas (Batista y Pérez Vigaray, 2005: 86–87).

Ahondando en la cuestión e introduciendo las colocaciones en la distinción, García Padrón y Batista (2010a y b) sostienen que la diferencia entre los llamados compuestos sintagmáticos y las locuciones resulta la más sencilla por cuanto los compuestos suelen ser denominaciones transparentes y las locuciones idiomáticas no transparentes. Entre los compuestos y las locuciones habría, sin embargo, un grupo heterogéneo, incluidas las colocaciones, más difíciles de deslindar de los compuestos y las locuciones. Para marcar límites establecen que, en términos generales, compuesto sintagmático es toda unidad polilexemática que aparece en un ámbito especializado y tiene carácter monorreferencial. Además, suele formar paradigmas y ser transparente. En definitiva, para estos investigadores parece que el haber formado unidades terminológicas monorreferenciales es lo que hace que entren en la categoría de compuesto.

Esta idea es contraria a la de Montoro del Arco (2008: 138–140) que distingue entre fraseotérminos y compuestos sintagmáticos como realidades diferentes, pues plantea que, dentro de las FNP (formaciones nominales pluriverbales), que se corresponden con las estructuras enunciadas por García Padrón y Batista, existen unas unidades denominativas productivas para designar realidades en los contextos especializados y unas unidades igualmente denominativas transparentes de sentido compositivo, siendo que uno de los elementos especifica a otro (buque escuela, vagón, restaurante, etc.).

Con este excurso he querido mostrar solo una pequeña muestra del encendido debate y del caos terminológico y conceptual existente sobre esta cuestión, y justificar por qué me he decantado por el adjetivo *pluriverbal*. Por lo demás, en este trabajo se emplea el término de unidad compuesta con referencia a los llamados compuestos léxicos u ortográficos.

9) En el grupo de los verbos se han integrado obviamente solo aquellos considerados verbos terminológicos en forma personal o infinitivo. Por verbos terminológicos se entienden aquellas «unidades cuyos lexemas y significados están vinculados exclusivamente, o de manera reiterada, a un ámbito de especialidad» (Lorente Casafont, 2002: s. p.). Así pues, no se han incluido en el recuento los verbos fraseológicos —se retomarán más tarde cuando se entre específicamente en el LBA— ni sus posibles nominalizaciones a menos que estas se hayan lexicalizado como UTED: *prescripción*, procedente de la construcción verbonominal *prescribir un delito*, por ejemplo. Las nominalizaciones o adjetivaciones (transformaciones paradigmáticas) provenientes de los verbos terminológicos se han considerado aparte, en los cómputos de sustantivos y adjetivos terminológicos respectivamente.

10) En cuanto a los adjetivos terminológicos, que siguen despertando mucho interés investigador (cf. Estopà, 2000; Salazar Burgos, 2011; ten Hacken, 2019; Bonadonna, 2020, entre otros), se han aislado, mayoritariamente, adjetivos relacionales *por defecto*, en palabras de Estopà (2000: 237), esto es, derivados denominales —muchos heredados del latín— como *criminal, legal, matrimonial, culpable, mercantil, civil, pecuniario, arancelario,*

penitenciario, etc., que carecen habitualmente de naturaleza predicativa y se adhieren con mucha frecuencia a un sustantivo. Desde el punto de vista semántico no admiten gradación. También se ha registrado y computado un número muy reducido de adjetivos no derivados que, en el discurso general, acostumbran a tener valor calificativo, pero que en los contextos especializados activan su valor relacional y se asocian indefectiblemente a UTED nominales monoverbales con las que forman UTED nominales pluriverbales (*aleve*, por ejemplo, en *conducta aleve*).

11) Las UTED adverbiales son exclusivamente derivados deadjetivales en -*mente*, del tipo *jurídicamente, (i)legalmente, criminalmente, mancomunadamente, judicialmente, alevosamente, impunemente*, etc.

12) El número de UTED totales contabilizadas asciende a 1686 repartidas como se muestra en la siguiente tabla (tabla 1), que se completa con dos diagramas donde se visualiza mucho mejor la diferencia numérica y porcentual de cada tipo de unidad:

Tabla 1: Cifras de UTED por categorías gramaticales en CORLITES

UTED CORLITES				
UTED NOMINALES	UTED VERBALES	UTED ADJETIVAS	UTED ADVERBIALES	TOTAL
1264	199	184	39	1686
75%	12%	11%	2%	100%

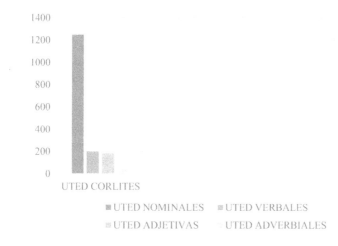

Figura 3: Cifras en diagrama de UTED por categorías gramaticales en CORLITES

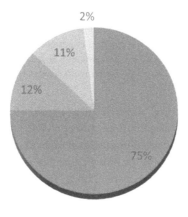

2%

11%

12%

75%

▓ UTED SUSTANTIVAS   ▓ UTED VERBALES
   ▓ UTED ADJETIVAS   UTED ADVERBIALES

Figura 4: Porcentajes de UTED por categorías gramaticales en CORLITES

El número y porcentaje de las UTED nominales es muchísimo más elevado que el del resto de grupos. Ello no debe extrañarnos si tomamos en consideración que el nombre es la categoría terminológica por antonomasia debido a su mayor concentración conceptual, pero hay otros factores que están presentes en este caso, como el hecho de que se han computando tanto unidades monoverbales como pluriverbales y de que se han contabilizado igualmente como formas nominales las recategorizaciones procedentes de verbo (nominalizaciones deverbales), que son muy numerosas (*allanamiento, escalo, instigación, punición, excarcelación*, etc.) y los usos sustantivos de adjetivos (muchos de ellos derivados), como *criminal, sospechoso* o *liberal*:

(1) No encontraba la Sala en D. Nazario Zaharín culpabilidad: la vagancia, el abandono de sus deberes sacerdotales, la sugestión ejercida sobre mendigos y *criminales* no eran más que un resultado del lastimoso estado mental del clérigo, y como en ninguno de sus actos se veía la *instigación* al delito, sino que, por el contrario, sus desvaríos tendían a un fin noble y cristiano, se le absolvía libremente. (CORLITES, 40)[35]

---

35 Los ejemplos textuales se indicarán con el nombre del corpus y el número asignado a cada obra. Las cursivas con que se destacan palabras o expresiones son mías.

(2) Pero aquí comenzaron las tribulaciones del funcionario absolutista, (y no es forzoso ponernos de su parte) porque el mismo día en que dictara la *excarcelación*, recibió tales vejaciones y desaires de sus amigos los voluntarios realistas, que estuvo a riesgo de reventar de cólera, aunque la desahogaba con votos y ternos, asociando la vida del Santísimo Sacramento a todas las picardías habidas y por haber. (CORLITES, 31)

Dada la importancia desde el punto de vista cuantitativo de las UTED nominales y puesto que su análisis conjuntamente con el de las formas verbales, adjetivales y adverbiales excedería con mucho el espacio que le corresponde a esta cuestión en este libro, nos centraremos en aquellas en esta ocasión, para, seguidamente, mostrar los resultados para el LBA.

4.2.3 UTED nominales en CORLITES

Subdominios jurídicos y ámbitos temáticos representados por UTED nominales en CORLITES

Se indicaba en el apartado anterior que las unidades extraídas serían clasificadas de acuerdo con el subdominio jurídico al que estas pertenecieran. La distribución de las UTED nominales por subdominios jurídicos es la que sigue (tabla 2):

Tabla 2: Cifras de UTED nominales por subdominios en CORLITES

UTED NOMINALES			
SUBDOMINIO	Monoverbales	Pluriverbales	Total
D. PROCESAL	144	42	186
D. CIVIL	132	50	182
D. PENAL/PENITENCIARIO	154	26	180
D. MERCANTIL	80	47	127
D. ADMINISTRATIVO	70	51	121
D. COMÚN/CANÓNICO	85	32	117
D. POLÍTICO	74	38	112
GENERAL	93	5	98
D. FINANCIERO/TRIBUTARIO	46	27	73
D. INTERNAC. PÚBLICO	35	9	44
D. LABORAL	18	6	24
TOTAL	931	333	1264

Los porcentajes se han establecido en la figura 5:

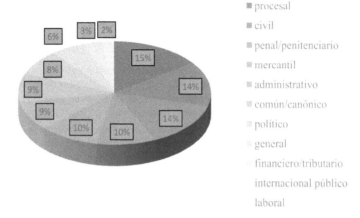

- procesal
- civil
- penal/penitenciario
- mercantil
- administrativo
- común/canónico
- político
- general
- financiero/tributario
- internacional público
- laboral

Figura 5: Porcentajes de UT por subdominios en CORLITES

Tal como ya había presumido (cf. Tabares Plasencia, 2020: 74), el ámbito jurídico más representado en el corpus es el derecho procesal, fundamentalmente, en la vertiente procesal penal. En tercer lugar, el derecho penal, que sigue muy de cerca al subdominio del derecho civil. Estos resultados no resultan sorprendentes: los aspectos más oscuros de la naturaleza humana, las conductas antisociales y criminales (y moralmente reprobables), así como su punición; la autodefensa o la heterocomposición; la justicia humana o divina son constantes literarias. El LBA es uno de los representantes más claros de esta tendencia en el corpus.

Pero la importancia del derecho civil, que acompaña a la persona desde que nace hasta que muere, queda igualmente fuera de discusión; sobre todo, los motivos clásicos de la familia (filiación, parentesco, instituciones tutelares, matrimonio), pero también de su trascendencia tras la muerte (sucesiones y sus conflictos).

Por el contrario, las áreas con un número de unidades mucho más reducido son el derecho financiero/tributario, internacional público y laboral, que se hallan, mayormente, en textos decimonónicos y de ficción histórica.

(3) [...] yo pago mis *contribuciones* puntualmente; yo obedezco todas las leyes, decretos, bandos y órdenes de la autoridad; yo hago a los pobres la limosna que mi fortuna me permite; yo no hablo mal de nadie, ni siquiera del Gobierno. (CORLITES, 31)

(4) Lo sustituyo con el *impuesto sobre la renta*, con su *recarguito municipal*, todo muy sencillo, muy práctico, muy claro; y expongo mis ideas sobre el método de cobranza, *apremios, investigación, multas,* etc… Tercer punto: Aduanas. (COR-LITES, 75)

(5) No harán nada fecundo; no crearán una Nación; no remediarán la esterilidad de las estepas castellanas y extremeñas; no suavizarán el malestar de las *clases proletarias.* (CORLITES, 9)

(6) El alcalde, señor Albors, que había sido diputado republicano en las Constituyentes del 69, declaró en un bando la libertad de los *huelguistas* y de los *no huelguistas*; es decir, que podía cada cual hacer lo que le viniera en gana… El motín estalla, los *trabajadores* arrollan la escasa guarnición… (CORLITES, 55)

(7) Los más avisados creyéronles extranjeros, *plenipotenciarios* de alguna de las cortes del Norte, que llegaban con mensajes y quizás con dinero. «Para mí -decía apoyándose en su bastón de puño de oro el señor D. Francisco Bruno Esteban, canónigo dignidad de Osma y Teniente Vicario general castrense-, vienen de parte del Rey de Prusia, y traerán un par de millones cuando menos, que de este envío y de tal *plenipotencia* hubo noticias no hace dos semanas». (CORLITES, 16)

Se han establecido también campos nocionales dentro de los diferentes subdominios para una mayor precisión del tipo de terminología presente en el corpus. Los ámbitos temáticos de los tres subdominios con mayor cifra de UTED nominales se ofrecen seguidamente en forma tabular (tabla 3):

Tabla 3: UTED seleccionadas según su ámbito temático en los subdominios jurídicos representados en CORLITES

Subdominio	Ámbito temático	UTED (selección)
PROCESAL	general	acción, administración de justicia, fuero, juicio, jurisdicción, justicia, litigio, plazo, pleito, proceso, término
	proceso: tipos	juicio contradictorio, juicio de conciliación, juicio ordinario, pleito de filiación, proceso criminal
	admón. de justicia: órganos judiciales/arbitrales y cooperadores	alcalde, alguacil mayor, amigable componedor, audiencia, corregidor, escribano, forense, fiscal, juez, jurado, magistrado, Tribunal Supremo

Tabla 3: Continúa

SUBDOMINIO	ÁMBITO TEMÁTICO	UTED (SELECCIÓN)
	sujetos intervinientes en el proceso (excluyendo órganos judiciales y cooperadores de la admón. de justicia)	polaridad activa de la relación procesal: acusador, demandante (demandador), denunciante (denunciador), pleiteante, ajusticiante polaridad pasiva de la relación procesal: acusado, demandado, denunciado, ajusticiado sin polaridad: testigo, vocero, procurador, parte
	formas de resolución o impulso del proceso por el órgano judicial/arbitral	auto (mandamiento) de prisión, ejecutoria, exhorto, fallo, fazaña, laudo, pronunciamiento (pronunçiaçión), providencia (providencia judicial), requisitoria, resolución, sentencia, sobreseimiento
	actuaciones realizadas o promovidas por el órgano judicial en proceso	absolución, avenencia, ejecución (de sentencia), condena, imputación, interrogatorio, licencia, notificación, pesquisa, señalamiento
	actuaciones realizadas por los intervinientes en el proceso (excluyendo a la autoridad judicial/arbitral)	apelación, acusación, declaración, confesión, demanda, denuncia, excusa, querella, petitorio reconvención, réplica, súplica
	medios probatorios en el proceso	dictamen pericial, evidencia, indicio, probanza, prueba, prueba documental
CIVIL	general (persona, negocio jurídico, representación)	asentimiento, apoderado, buena fe, consentimiento, fundación, persona jurídica, prescripción, representación, representante
	derecho de familia: relaciones familiares e instituciones tutelares	acta de reconocimiento, adopción, curador, filiación, guarda y tutela, pensión de alimentos, pupilo, tutor
	derecho de familia: matrimonio	ajuar, bien ganancial, carga del matrimonio, contrato matrimonial, divorcio, dote (dotación), matrimonio civil, matrimonio doble, separación matrimonial

(continúa)

Tabla 3: Continúa

SUBDOMINIO	ÁMBITO TEMÁTICO	UTED (SELECCIÓN)
	derechos reales	bien inmueble, censo, dominio, enajenación, hipoteca, justo título, ocupación, poseedor, posesión, prenda, propiedad, propietario, tenedor, usufructo, usufructuario
	obligaciones y contratos	acreedor, arrendador, arrendamiento, arrendatario, compraventa, concesión, contrato, depositario, depósito, deuda, deudor, obligación, préstamo, revendedor, reventa
	sucesiones	albacea, disposición testamentaria, herencia, heredero, heredero forzoso, legado, legítima, manda, testador, testamento, última voluntad
PENAL/ PENITENCIARIO	general (infracciones e infractores penales)	crimen, criminal, criminoso, delito (delicto), delincuente, falta, malhechor (malfechor, mal fechor) malfetría, yerro
	formas de participación en el delito	autor, cómplice, complicidad, encubridor, encubrimiento
	formas de comisión del delito	culpa, dolo, imprudencia, negligencia, premeditación
	circunstancias calificadoras del delito	agravante, alevosía, atenuante, escalo, (escalamiento), ensañamiento
	tipos delictivos	agraviador, agravio, asesinato, asesino, calumnia, calumniador, defraudador, fraude, homicida, homicidio, saqueo, saqueador
	penas y su ejecución	ahorcamiento, cárcel, decapitación, encarcelamiento, fusilamiento, galeras, garrote vil, correccional, presidiario, presidio, preso, prisión

4.2.3.1 *UTM y UTP*

En la tabla 3 puede verificarse ya que las cifras de UTM son superiores en todos los subdominios a las de UTP. Este hecho se evidencia más claramente en el diagrama siguiente (figura 6):

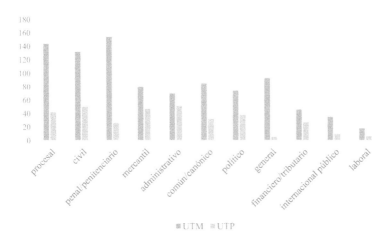

Figura 6: Cifras de UTM y UTP nominales por subdominios en CORLITES

Los porcentajes diferenciales (el producto de la sustracción del porcentaje de UTM y UTP) varían, sin embargo, de un subdominio a otro. Así, estos oscilan entre un 90 % (general) y un 15 % (derecho administrativo), lo cual suele relacionarse con la mayor o menor densidad conceptual de una UTED. Los términos monoverbales son normalmente más densos que los pluriverbales que, resultan, por tanto, más difusos: el conocimiento se reparte tanto como elementos léxicos forman la unidad y más complejas son las relaciones morfosintácticas que se establezcan entre esos elementos. Esto puede estar, en parte, en relación con subdominios jurídicos que cambian más rápidamente e introducen nuevos conceptos, que, en un principio, son más inestables y que, para concretarse, necesitan más de una forma lingüística (cf. Gómez González-Jover 2006: 102). En la figura 7 se detallan los porcentajes diferenciales.

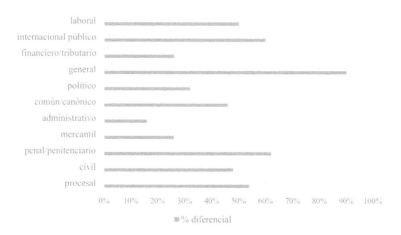

Figura 7: Porcentajes diferenciales entre UTM y UTP en CORLITES

Otro aspecto del que me he ocupado son los esquemas sintácticos que se constatan en las UTP. Creo que es relevante para determinar, en el siguiente paso de la investigación general que estoy llevando a cabo, si hay una relación entre tipo de formación pluriverbal terminológica y diacronía. Puede comprobarse en el diagrama (figura 11) que la construcción más habitual en todos los subdominios es la de sust. + adj. (*juez instructor, préstamo hipotecario, heredero universal, imprudencia temeraria, sociedad comanditaria, deuda flotante, contabilidad mercantil, dominio público, ley natural, diputación foral, señorío jurisdiccional, excomunión mayor*, etc.). Estas formaciones superan el 60 % de las UTP totales de cada subdominio, excepto el derecho financiero/tributario. El adjetivo aparece pospuesto en el sintagma —incluso en textos de bastante antigüedad—, con algunas excepciones. Las muestras en las que el adjetivo aparece antepuesto son expresiones con un alto grado de lexicalización, casi todas ellas heredadas del latín jurídico o en las que el adjetivo ha podido adelantarse por motivos métricos (*común derecho*, LBA). Algunos ejemplos son, por ejemplo, *justa causa, justo título, buena fe, buenos oficios, buena administración* (principio general del derecho administrativo):

(8) Los hombres de orden temen a los pleiteantes enredosos y sin ningún derecho, más que a los que de *buena fe* reclaman su propiedad. (CORLITES, 85)

(9) ¡Oh cuán peligroso es seguir *justa causa* delante injusto juez! (CORLITES, 46)

(10) Discurrid un plan vasto, que nos proporcione los recursos necesarios para sofocar la insurrección americana, bien sea creando impuestos, bien pidiendo dinero

a los holandeses o a los judíos de Fráncfort, bien logrando los *buenos oficios* de alguna nación poderosa… en fin, ya me entendéis. (CORLITES, 73)

(11) Soy partidario de que a los empleados se les remunere bien, pues de otro modo la *buena administración* no es más que un mito, un verdadero mito. (CORLITES, 74)

(12) Todos los casos grandes, fuertes, agraviados a arzobispos, e a obispos, e a mayores perlados segund *común derecho* le son encomendados, salvo los del papa son en sí reservados. (CORLITES, 62)

La segunda estructura más frecuente es la de sust. + prep. + sust., siendo que este último puede aparecer con algún adyacente adjetival, como en *Ley de Enjuiciamiento Criminal o Ley del Matrimonio Civil:*

(13) Discútese el proyecto de *ley de Enjuiciamiento criminal*; soledad en los escaños; el orador, rodeado de tres o cuatro amigos, trata de convencer a los bancos vacíos. (CORLITES, 53)

(14) Ponían estos el grito en el cielo al ver que los primeros puestos de la Política, de la Administración y del Ejército eran arramblados por la taifa de Septiembre y se aprestaron a las represalias metiendo a don Francisco Cárdenas, Ministro de Gracia y Justicia, en el jaleo de derogar la *Ley de Matrimonio Civil* de 18 de Junio de 1870 (CORLITES, 9)

No obstante, la construcción prototípica es sust. + de + sust. (*pena de muerte, juicio de Dios, administración de justicia, pensión de alimentos*, etc.). La aparición de otras UTP con otra preposición distinta de *de* es infrecuente: *endoso en blanco, impuesto sobre la renta*, son algunos ejemplos. Menos usuales en el corpus son las formaciones de sust. + sust. (*bien inmueble, bien raíz*). y sust. + y + sust. (*daños y perjuicios, guarda y tutela, inventario y memoria*), aunque estas últimas, denominadas *binomios, expresiones binominales*, entre otras muchas designaciones, son idiosincrásicas en ciertos géneros textuales jurídicos, y han merecido mucha atención, sobre todo, desde la perspectiva de la lingüística aplicada y la traducción (cf. Vázquez y del Árbol, 2014; Andrades, 2016) por su complejidad para ser trasladadas a otra lengua. Por lo demás, este tipo de estructuras solo se hallan en el subdominio del derecho civil:

(15) A *pena de muerte* por ello me ofrezco. (CORLITES, 4)

(16) Y ella fue colgada; que fue *juicio de Dios* donde ella hubiera de haber toda la culpa de la muerte de su padre. (CORLITES, 4)

(17) Usted señalará a su hija *pensión de alimentos*, cantidad razonable, la que le correspondería si no existieran estas discordias… Virginia y su familia vivirán en mi casa; podrán visitarla usted y doña Encarnación a la hora que se determine para encontrarla sola con el chiquillo… ¿No es esto lo tratado? (CORLITES, 81)

(18) Los cuantiosos *bienes raíces* que el cura poseía en los términos de Illescas y Torrijos los repartió entre individuos de ambos sexos y de diferentes edades, cuyo parentesco con el testador no estaba claramente definido. (CORLITES, 55)

(19) Pero si con saña se acusó, como fiscal concienzudo, también pasaba revista a los hechos que atenuaban su delito. «¡Vaya que salir a pedirme indemnización de *daños y perjuicios!*» (CORLITES, 3)

(20) Quedó Leonor huérfana y bajo la *guarda y tutela* de su hermano Hernando que, aunque duro de carácter, la amaba con todo su corazón. (CORLITES, 86)

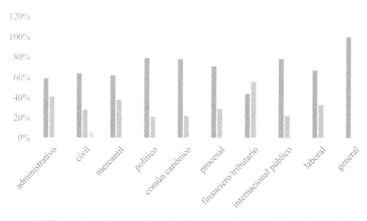

Figura 8: Porcentajes de esquemas morfosintácticos de UTP en CORLITES

4.2.3.2 Formación de palabras

Las formas en que una lengua crea o introduce nuevas palabras en su acervo, nos habla, por una parte, del famoso principio de economía lingüística de Martinet (1955), aplicado, en su origen, a los cambios fonéticos, pero que, inmediatamente, se extendió para explicar la evolución de las lenguas en todas sus parcelas. La derivación y la composición, entre otros procedimientos formativos, constituyen mecanismos muy económicos que permiten desarrollarse y evolucionar al léxico con muy pocos medios. Por otra parte, también la formación de palabras nos permite captar de una manera muy clara la capacidad creativa del hombre y las maneras que tienen los pueblos de conceptualizar su realidad. Con carácter previo anuncio que, tras una primera aproximación al objeto de la investigación, he decidido, dadas las dimensiones del fenómeno derivativo y del escaso impacto de otros procedimientos, abordar exclusivamente la derivación, y, específicamente, la sufijación. No se tratará, por tanto, ni la composición (léxica u ortográfica) que es testimonial entre las UTED del corpus ni otros procedimientos formativos o de enriquecimiento léxico. En las figuras 9 y 10 y tablas 4 y 5 se puede comprobar la trascendencia de la formación de palabras en el léxico nominal jurídico de la sufijación. El número de UTED nominales complejas (derivadas o compuestas)[36] supera con creces el porcentaje de unidades simples (no sometidas a proceso formativo alguno).

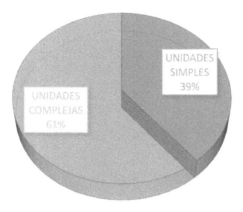

Figura 9: Porcentajes de UTED simples y complejas en CORLITES

Tabla 4: Cifras de UTED nominales complejas en CORLITES

UTED NOMINALES COMPLEJAS	
DERIVADAS	567
COMPUESTAS	6
TOTAL	573

---

36   No se habla de la parasíntesis porque, entre las UTED nominales, no se verifica. Sí se constatan algunos derivados que provienen de unidades verbales consideradas por algunos autores parasintéticas por derivación (Serrano Dolader 1995; 1999, entre otros), como *enjuiciamiento* o *ajusticiamiento*.

Tabla 5: Cifras de UTED nominales
derivadas en CORLITES

UTED NOMINALES DERIVADAS	
SUFIJADAS	534
PREFIJADAS	33
TOTAL	567

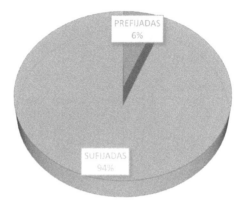

Figura 10: Porcentajes de UTED prefijadas y sufijadas en CORLITES

Una vez ofrecidos estos datos cuantitativos, se debe aclarar que se realiza una clasificación de los fenómenos derivativos en CORLITES basada en las obras al uso existentes sobre la formación de palabras en español (Lang, 1992; Rainer, 1993; Almela, 1999). También se ha atendido, para los aspectos etimológicos de los sufijos, a Pharies (2002). Específicamente, con algunas desviaciones, se ha seguido la presentación sistemática de Lang (1992) para la sufijación no apreciativa, por la que distingue cuatro grandes fenómenos: nominalización, adjetivación, verbalización y adverbialización (en este caso, el foco será en la nominalización) y también para la sufijación apreciativa donde establece los bloques tradicionales de diminutivos, aumentativos y peyorativos. Este modelo me parece que resulta claro para exponer los resultados obtenidos hasta ahora. También se han tomado en consideración los trabajos de Henríquez Salido y De Paula Pombar (1999, 2000) y Henríquez Salido y De No Alonso-Misol (2005) sobre la formación de palabras en el ámbito jurídico.

El orden en que aparecen los distintos apartados en el análisis obedece a un criterio de relevancia cuantitativa en el corpus. De esta manera, siempre se ofrecen primero los hechos más frecuentes. No se tiene en cuenta el número de veces que aparece la misma forma, sino formas diferentes. Por lo demás, con respecto a la sufijación, solo se comentarán los sufijos más relevantes de cada grupo. En la tabla y diagrama siguientes (tabla 6 y figura 11) se destaca la nominalización deverbal como la más relevante en nuestro corpus; a esta le seguirían los derivados nominales procedentes de otros sustantivos; bastante más alejado se halla el número de unidades derivadas de adjetivos. Por último, la sufijación apreciativa a partir de sustantivos, como no puede ser de otra manera, ya que nos encontramos en el ámbito especializado es meramente testimonial y obedece a la lexicalización de los sufijos -illo, -ín y -ote,[37] (cuadrilla, bolsín y galeote).

Tabla 6: Cifras relativas a la sufijación no apreciativa nominalizadora y apreciativa lexicalizada en CORLITES

SUFIJACIÓN NO APRECIATIVA NOMINALIZADORA			SUFIJACIÓN APRECIATIVA	
Nominalización deverbal	Nominalización denominal	Nominalización deadjetival	Sufijos apreciativos lexicalizados	TOTAL
384	107	40	3	534

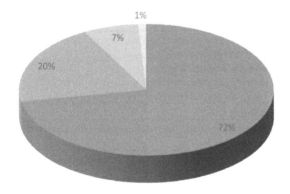

- Nominalización deverbal
- Nominalización denominal
- Nominalización deadjetival
- Sufijación apreciativa lexicalizada

Figura 11: Porcentajes de representación de tipos de formación de sustantivos en CORLITES

---

37 Los sufijos que presenten inflexiones de género y número se consignarán con la desinencia no marcada del género gramatical masculina.

Nominalización deverbal

La nominalización deverbal, a decir de Lang (1992: 184), es uno de los procedimientos más productivos en español, con lo que no extraña que, en el dominio jurídico, también lo sea (cf. Henríquez Salido y De Paula Pombar, 1999,
2000). En las nominalizaciones deverbales, como apunta Alvar Ezquerra
(1993: 52) se mantiene el aspecto dinámico del verbo. Los sufijos más destacados de esta clase son *-ción* y sus variantes, *-m(i)ento* y la llamada derivación
regresiva para la formación de *nomina actionis*. Por su parte, *-dor, -tor,-sor*
y *-ante/-(i)ente* son los empleados en la creación de *nomina agentis*; este
último con ciertas excepciones. Seguidamente (tabla 7 y figura 12), se ofrecen,
de forma panorámica, los resultados del análisis efectuado en relación con la
nominalización deverbal. Asimismo, se recoge un diagrama con el reparto
porcentual de cada sufijo.

Tabla 7: Cifras de derivados nominales deverbales en CORLITES

DERIVADOS DEVERBALES		
SUFIJOS	**FORMAS (SELECCIÓN)**	**N.º TOTAL DE FORMAS**
-a/-e/-o	alza, condena, conjura, costas, demanda denuncia, prueba súplica trámite, debate, canje apremio, desafío, embargo, endoso, exhorto, fallo, laudo, protesto, registro, robo saqueo, soborno	58
-able/-ible	culpable	1
-(a/i)da	coartada, arribada (forzosa), morada (allanamiento de), partida	4
-(a/i)do	abogado, condenado, culpado, demandado, penado perjudicado defendido, detenido	24
-ado,/-ato	juzgado, jurado, legado, atentado, atestado, tratado, mercado mandato, concordato	9
-aje	pillaje, corretaje	2
-ancia / -anza	instancia, ganancia (ganançia), vagancia probanza, ordenanza, libranza, fianza	7
-ante/-(i)ente	agravante, atenuante, demandante, declarante, denunciante, donante, litigante, pleiteante, regente, votante, ajusticiante comitente, agente, competente, escribiente, presidente, expediente	27

Tabla 7: Continúa

DERIVADOS DEVERBALES		
SUFIJOS	**FORMAS (SELECCIÓN)**	**N.º TOTAL DE FORMAS**
-ción/-sión	abstención, amortización, canonización, condenación, donación, exculpación, falsificación, gobernación, pignoración, prevaricación, pronunçiaçión, tributación accesión, concesión, conclusión, permisión, posesión	115
-dor, -tor,-sor,	acreedor, atormentador, componedor (conponedor), corregidor, demandador, denunciador, deudor, judgador, oidor, pesquisador, prevaricador, procurador, testador delator, tutor, ejecutor, elector, instructor (juez) confesor, censor	59
-dura /-tura	dictadura, mercadura legislatura	3
-encia	avenencia, audiencia, beneficencia, comparecencia, sentencia (sentençia), providencia, regencia	24
-ito átono	débito, empréstito	2
-m(i)ento	arrendamiento, corregimiento, encarcelamiento, escalamiento, gobernamiento, juramento, pagamiento, pronunciamiento, repartimiento, sobreseimiento, señalamiento, testamento	42
-torio	ejecutoria, interrogatorio, petitorio, declinatoria, consistorio, directorio	6
-tud	solicitud	1
N.º TOTAL DE DERIVADOS NOMINALES DEVERBALES		384

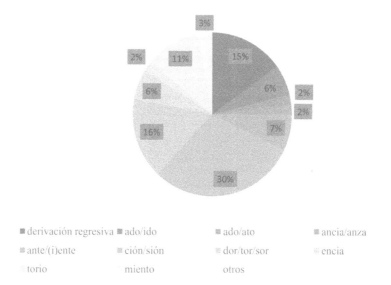

Figura 12: Porcentajes de representación de sufijos nominalizadores deverbales en CORLITES

Nomina actionis

Pharies (2002: 148) y Lang (1992: 187) presentan al sufijo *-ción/-sión* como un nominalizador deverbal de gran productividad, a pesar de su origen culto. Esta afirmación sobre su productividad en el ámbito jurídico, siquiera heredada, queda corroborada por el número de unidades derivadas con este afijo en nuestro corpus, que supera considerablemente la derivación regresiva y las formas en *-m(i)ento*.

Los sufijos átonos *-a/-o/-e*, según Pharies (2002: 29, 182, 413, respectivamente), tienen como función básica la de derivar, sobre todo de verbos de la primera conjugación, «sustantivos que designan, entre otras cosas, el nombre de una acción y/o su efecto o resultado, el agente de la acción, o el momento en que tiene lugar» (Pharies, 2002: 29). En este mismo sentido se expresa Rainer (1993: 212–215), al incluirlos entre los sufijos para crear *nomina actionis*, aunque también se refiere a la productividad de los mismos, indicando la mayor productividad de *-e* y *-o*, frente a *-a*, lo cual, por lo menos, en nuestro corpus no parece corroborarse. En efecto, *-o* nos provee de más derivados (32) que *-a* y *-e*, pero *-a* (23) también supera la cifra de formas en *-e* (3).

En cuanto a *-m(i)ento*, Pharies (2002: 403) destaca de esta forma sufijal dos aspectos muy relevantes: en primer lugar, en español sigue manteniendo las mismas funciones de su étimo latino *-mentum*, esto es, a) la función primaria de originar sustantivos deverbativos, que designan 'instrumento'; b) la función de derivar sustantivos deverbativos que designaban 'acción' o 'resultado'; en segundo lugar, si bien ambas funciones están presentes en *-miento,* la de producir *nomina actionis* ya no es secundaria sino primaria. Además, el número de derivados directos del latín es muy reducido, siendo que, desde el siglo XIII, la mayor parte son creaciones del castellano (Pattinson, 1975 *apud* Pharies, 2002: 403). Apunta Lang (1992: 192), que, a pesar de que sigue siendo productivo en determinados dominios técnicos como el derecho, lo cierto es que en el lenguaje estándar probablemente se encuentre en competencia con *-ción* y pierda importancia en la creación de *nomina actionis* en favor de la derivación regresiva.

Nomina agentis

Coinciden Pharies (2002: 169), Lang (1992: 189) y Rainer (1993: 216) en que el sufijo *-dor* es el más productivo en la creación de *nomina agentis*. En este sentido resulta interesante recuperar las palabras de Laca (1993: 180–184) sobre este sufijo que nos ocupa. La autora destaca que el papel fundamental de *-dor* es el de agentivo por cuanto su estructura es parafraseable con una oración de relativo [que hace lo que indica la base]. En particular, en cuanto a *-sor*, se ha de aclarar que se sitúa en este apartado ya que se trata de un alomorfo latino de *-tōr, -ōris* que aparece tras consonantes dentales no sibilantes, como bien apunta Pharies (2002: 476). Las formas derivadas con esta forma sufijal son cultismos que se introducen en diferentes etapas del castellano.

Señala, igualmente con acierto, Pharies (2002: 84–85 y 217–218) que *-ante* y *-(i)ente* son, en su origen, desinencias flexivas latinas (de participio de presente activo) que, en español, resultaron en un sufijo derivativo. Por ello, originariamente genera adjetivos, aunque posteriormente también sustantivos agentivos, que suelen alternar con formas en *-dor* (cf. Henríquez Salido 2015). De hecho, en el corpus se constatan muestras de esta alternancia (*denunciante/denunciador; demandante/demandador*), que se verá más abajo.

Nominalización denominal

El segundo grupo de sufijados más numeroso en el corpus es el de los derivados nominales denominales, como puede extraerse de la tabla que sigue (tabla 8). Asimismo, se añade un diagrama con los valores porcentuales de cada sufijo (figura 13):

Tabla 8: Cifras de derivados nominales denominales en CORLITES

DERIVADOS DENOMINALES		
SUFIJOS	**FORMAS (SELECCIÓN)**	**N.º TOTAL DE FORMAS**
-ado	letrado, pensionado	2
-ado / -ato	capitulado, consulado, obispado, papado, principado, proletariado concubinato, inquilinato, virreinato	15
azgo/adgo	arciprestazgo, mayorazgo; papadgo, deanadgo	3
-aje	arbitraje, espionaje, vasallaje	3
-al/ar	concejal, criminal, decretal, fiscal; capitular	8
-ano	ciudadano, diocesano, republicano	3
-ario/-ero	arrendatario, depositario, plenipotenciario, propietario, testamentario, usufructuario, alcabalero, bandolero, calabocero, heredero, pechero, personero, vocero (bozero, vozero)	35
-dor	senador	1
-ense	forense	1
-ería	malfetría, mercadería,	2
-ío;-a	alcaldía, canonjía, monarquía, notaría, oligarquía, señoría	13
-ismo	unionismo, despotismo	2
-ista	accionista, arbitrista, asentista, cambista, capitalista, comisionista, contrabandista, contratista, duelista, hacendista, huelguista	17
-oso	criminoso, sospechoso	2
N.º TOTAL DE DERIVADOS DENOMINALES		107

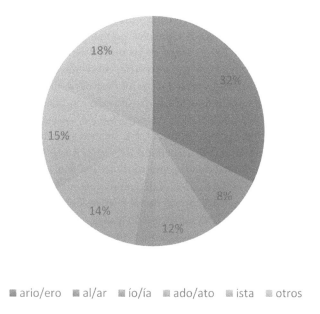

■ ario/ero ■ al/ar ■ ío/ía ■ ado/ato ■ ista ■ otros

Figura 13: Porcentajes de representación de sufijos nominalizadores en derivados denominales en CORLITES

Aunque siguiendo a Lang se ha empleado el término *nominalización denominal* con referencia al proceso por el cual se hace derivar un sustantivo de otro sustantivo al aplicar un sufijo determinado, lo cierto es que, quizá, no sea este el vocablo más adecuado, dado que la *nominalización* debería entenderse como el proceso por el cual otra categoría gramatical (adjetivo, verbo) se convierte en un sustantivo al aplicarle sufijos que añaden matices diversos al significado de la base. En cualquier caso, por el peso de -*ario/-ero* nos referiremos brevemente a este.

El sufijo más representado es, sin duda, –*ario* (32 %), pero, sobre todo, su variante culta, frente a lo que ocurre en la lengua general en la que –*ero* es mucho más frecuente. Después le sigue, a bastante distancia porcentual, –*ista* (15 %) e –*ía* (12 %).

Es sabido que el sufijo –*ario* es el reflejo culto del sufijo latino –*ārius* y se usa para crear sustantivos y adjetivos a partir de bases nominales. Tal como nos informa Pharies (2002: 97) la forma latina se empleaba para derivar adjetivos de pertenencia o relación (*aquārius* 'relativo al agua', *lactārius* 'relativo a la leche', etc.). Más tarde se usaba para derivar sustantivos sin intermediario adjetivo. Los sustantivos se concentraban en los campos nocionales de a) oficios y profesiones; b) lugares donde guardar cosas o conjunto de esos objetos; c) impuestos y derechos. Las voces españolas pertenecen, fundamentalmente, a estas mismas categorías. En el campo de las profesiones el español ha recibido latinismos directos como *vicario* y *secretario*, precisamente, uno de nuestros ejemplos. En el ámbito jurídico muchos de los derivados, más que aludir a profesiones, designan posiciones jurídicas de una relación bilateral o frente a un derecho; concretamente, la posición de *recipiendario*, esto es, de sujeto que es afectado o recibe un derecho u obligación (cf. Tabares Plasencia, 2004b).

En cuanto a *-ero* el reflejo castellano de *-ario*, Lang (1992: 177–178) le atribuye una gran productividad, sobre todo, en sus funciones de agentivo y locativo. Según Pharies (2002: 229), los derivados denominales de *-ero* más frecuentes suelen aludir a personas: profesiones y oficios del tipo *vocero, personero, alcabalero*; aunque también se registran derivados que designan persona que realiza una actividad, no necesariamente profesional, como *pechero* y *bandolero* o el valor de recipiendario del que hablábamos antes.

Nominalización deadjetival

El último grupo del que se tratará es la nominalización deadjetival. Apunta Lang (1992: 180) que existe un reducido número de sufijos que se emplean para formar sustantivos a partir de adjetivos (*nomina qualitatis*). El más destacado sería, en la lengua general, *-dad/-tad* (22 unidades), hecho que también se corrobora en el corpus, en el ámbito jurídico. Por ello, me centraré en este sufijo. Este dato puede extraerse de las tabla 9 y figura 14:

Tabla 9: Cifra de derivados nominales deadjetivales en CORLITES

DERIVADOS DEADJETIVALES		
SUFIJOS	FORMAS (SELECCIÓN)	N.º TOTAL DE FORMAS
-ato	celibato, fielato	2
-cia	justicia, jurisprudencia	2
-(e/i)dad / -tad	autoridad, arbitrariedad, complicidad, culpabilidad, igualdad, legalidad, prodigalidad, propiedad responsabilidad,	22
-ería	masonería, medianería	2
-ía	alevosía, garantía	2
-ismo	absolutismo, constitucionalismo, federalismo, feudalismo, liberalismo, masonismo, ministerialismo, parlamentarismo, republicanismo	9
N.º TOTAL DE DERIVADOS NOMINALES DEADJETIVALES		39

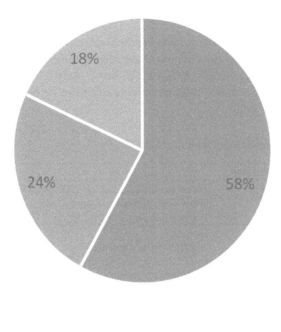

edad/idad/tad   **ismo**   **otros**

Figura 14: Porcentajes de representación de sufijos nominalizadores deadjetivales en CORLITES

Según Pharies (2002: 162), que remonta este sufijo a la forma acusativa *–tāte(m)* de *–tās, –tātis,* se empleaba en latín con la misma función que tiene en castellano: la creación de *nomina qualitatis* a partir de adjetivos, según se ha señalado *supra.* Indica Lang (1992: 182) que los diferentes alomorfos existentes muestran claramente su productividad. Este hecho lo corrobora también la muestra de CORLITES. No obstante, Rainer (1993: 467) asegura que el alomorfo *–edad* ha dejado de ser productivo, salvo en algunos contextos morfológicos. Pharies (2002: 163) indica que en los ejemplos medievales existentes era más frecuente la variante en *–edad,* pero que este sufijo ha ido perdiendo importancia. Entre los ejemplos del corpus se verifican cuatro UTED (*arbitrariedad, heredad, propiedad* y *sociedad*). Tampoco serían productivos hoy los alomorfos en *–tad* (solo una unidad, *libertad*), que figuran entre los derivados directos del latín.

Cadenas y correlaciones derivativas

Los derivados encontrados me han permitido establecer tres lexemas nominales cultos (latinos) con sus diferentes variantes formales como los más representados en el corpus CORLITES, a saber, *-ius-*, *-leg-* y *-culp-*. Buena parte de
las unidades derivadas son originariamente cultismos latinos, como se puede
apreciar en la tabla 10 .

Tabla 10: Cadenas derivativas en CORLITES

CADENAS DERIVATIVAS		
-ius- (jus)	*-just-*	justo, justamente, justicia (justiçia), ajusticiar (justiciar), ajusticiante, ajusticiado injusto, injustamente, injusticia
	-jur-	jurista jurídico, jurídicamente jurar, jura, jurado, juramento, juramentar, conjurar(se), conjura, conjurado injuria, injuriar perjurar, perjurio, perjuro jurisdicción, jurisdiccional jurisprudencia jurisconsulto
	-ju(d)ic-	juez, juzgar, juzgador juicio (juisio, judicio, judisio, jüizio, juisio) judicial, judicialmente perjudicar, perjuicio, perjudicado adjudicar
-leg-	ley, legista legal, legalmente, legalizar, ilegal, ilegalidad legislar, legislación, legislador, legislatura, legislativo legítimo, legítima (hereditaria), legítimamente, legitimista, legitimidad, legitimar ilegítimo, ilegítimamente, ilegitimidad	
-culp-	culpa, culpar, culpado, culposo, culpable, culpabilidad inculpar, inculpado, inculpable, inculpabilidad, exculpación	

Otro aspecto interesante, desde el punto de vista de la formación de palabras,
son las correlaciones derivativas V+NA+NAG-*dor/-ante/(i)ente*, siendo que este
último puede presentar una variante, muchas veces, motivada temporalmente.
La correlación se completa, en algunos casos, con el sustantivo procedente del

participio del verbo, que semánticamente tiene polaridad pasiva o un derivado con el sufijo -*ario* con el valor recipiendario del que hablábamos más arriba. En la tabla 11 se muestran los ejemplos:

Tabla 11: Correlaciones derivativas en CORLITES

VERBO	NA-*CIÓN/SIÓN*	NAG-*ANTE/(I)ENTE*	-(A/I)DO
contratar	contratación	contratante	contratado
declarar	declaración	declarante	
gobernar	gobernación	gobernante	
representar	representación	representante	representado
VERBO	NA-*CIÓN/SIÓN*	NAG-*DOR/TOR/SOR*	
acusar	acusación	acusador	acusado
administrar	administración	administrador	
componer	composición	componedor	
falsificar	falsificación	falsificador	
gobernar	gobernación	gobernador	
instigar	instigación	instigador	
legislar	legislación	legislador	
partir	partición	partidor	
poseer	posesión	poseedor	
prevaricar	prevaricación	prevaricador	
profanar	profanación	profanador	
VERBO	NA-DERIV. REGR.	NAG-*ANTE/(I)ENTE*	
cesar	cese	cesante	
contratar	contrato	contratante	contratado
denunciar	denuncia	denunciante	denunciado
demandar	demanda	demandante	demandado
gobernar	gobierno	gobernante	
litigar	litigio	litigante	
VERBO	NA-DERIV. REGR	NAG--*DOR/TOR/SOR*	
abortar	aborto	abortador	
demandar	demanda	demandador	demandado
denunciar	denuncia	denunciador	denunciado
robar	robo	robador	
saquear	saqueo	saqueador	
VERBO	NA-*m(i)ento*	NAG-*ANTE/(I)ENTE*	
delinquir	delinquimiento	delincuente	
VERBO	NA-*m(i)ento*	NAG--*DOR/TOR/SOR*	
arrendar	*arrendamiento*	arrendador	arrendatario
librar	*libramiento*	librador	

4.2.3.3 Variación terminológica

El último aspecto del que nos ocuparemos es la variación terminológica en las UTED nominales. Por cuestiones de espacio y dado que es necesario un estudio más profundo que permita obtener resultados definitivos sobre el fenómeno de la variación de los términos jurídicos en CORLITES en su diacronía (variación denominativa, variación conceptual, causas concretas de variación), me limitaré a exponer qué tipo de variantes hemos encontrado. Aunque, en el futuro, tengo la intención de desarrollar un modelo propio, en esta ocasión, me ceñiré al modelo Faulstich (1995, 1998, 2002), que está orientado en la teoría de la Socioterminología. El modelo diseñado por la autora contempla la existencia de tres tipos de variantes:

1. *Concurrentes*. Las variantes concurrentes serían de índole formal. Estas se subdividirían, además, entre las llamadas variantes lingüísticas (fónicas, gráficas, morfológicas, sintácticas y léxicas) y variantes formales de registro (geográficas, de discurso y temporales) que discurrirían por el plano horizontal, vertical y temporal de la lengua. Tanto unas como otras se corresponderían con alternativas de denominación para un mismo referente y se darían en un contexto determinado. Por lo demás, la división en estos dos grandes grupos no implicaría que no pudiera haber cruzamientos entre ellas.[38]
2. *Coocurrentes*. Las variantes coocurrentes serían aquellas que tienen dos o más formas denominativas para un mismo concepto o referente. Estas variantes constituirían lo que la autora considera como *sinonimia* terminológica, es decir, dos o más términos con significados básicamente idénticos que pueden darse en un mismo texto sin que se produzcan cambios de contenido (*abogado / vocero*, CORLITES).
3. *Competitivas*. Estas variantes pondrían en relación préstamos o calcos terminológicos de otras lenguas con los términos vernáculos existentes (*impuesto sobre la renta / income tax*, CORLITES).

En la tabla que se presenta a continuación (tabla 12) se ofrece esquemáticamente el modelo de Faulstich con ejemplos de CORLITES. Se pondrá el foco en las variantes concurrentes lingüísticas. Se han reagrupado las variantes fónicas y gráficas de Faulstich en fónico-gráficas por la íntima relación que existe respectivamente en estos planos. Podemos asegurar en este estadio de la investigación

---

38 A lo que Faulstich (1998) se refiere es que una variante temporal, por ejemplo, podría mostrar también variación lingüística gráfica o morfosintáctica, etc.

que la variación más frecuente en el corpus es la fónico-gráfica por motivos
temporales pues, como es conocido, el sistema fónico en español no se esta-
bilizó hasta los siglos XVI-XVII y el gráfico no empezó a armonizarse hasta
más tarde:

Tabla 12: Variantes lingüísticas en CORLITES

VARIACIÓN TERMINOLÓGICA EN CORLITES SEGÚN EL MODELO DE FAULSTICH			
TIPOS DE VARIANTE	**SUBTIPOS DE VARIANTE**	**EJEMPLOS (SELECCIÓN)**	
Concurrentes	*lingüísticas*	*fónico-gráficas*	justicia, justiçia, jurisdicción, jurisdicçión, jurisdiçión juicio, juisio, juycio, judicio, judisio, jüizio, juizio juez, jues, jüez licencia, liçençia sentencia sentençia pleito, pleyto composición, compusiçión, avenencia, avenençia, abenençia, abenencia vocero, bozero, vozero excepción, exepçión, exempçión, exebçión, esençión homicidio, omecillo, homecillo homicida, omeçida
		morfológicas	pronunciamiento, pronunçiaçión excusa, escusaçión denunciante, denunciador demandante, demandador súplica, suplicaçión dote, dotación malhechor, malfechor, criminal, criminoso mercadería mercaduría, mercadoría, mercadura mercader, mercadante, mercador, mercadero libranza, libramiento paga, pagamiento

(continúa)

Tabla 12: Continúa

VARIACIÓN TERMINOLÓGICA EN CORLITES SEGÚN EL MODELO DE FAULSTICH		
TIPOS DE VARIANTE	**SUBTIPOS DE VARIANTE**	**EJEMPLOS (SELECCIÓN)**
		sintácticas — juez instructor, juez de instrucción / monte pío, monte de piedad
		léxicas — circunstancia atenuante, atenuante / tribunal de justicia, tribunal arbitrador, juez arbitrador / demanda, demanda judicial / matrimonio, vínculo matrimonial / justicia, justicia mayor / casa de préstamos, establecimiento de préstamo

En el modelo de Faulstich, cuando se habla de variantes sintácticas y léxicas, se alude a UTP, es decir, no se trata nunca de UTM. En el caso concreto de las variantes léxicas, uno de los elementos léxicos del término es sustituido por otro elemento léxico (homicidio *imprudente* / homicidio *culposo*) o se omite (*circunstancia atenuante* / *atenuante*) o cambia de posición, que son, fundamentalmente, las variantes que se registran en el corpus.

4.3 UTED y el LBA

Después de haber presentado los resultados parciales del análisis del corpus CORLITES, en el que se incluye el LBA, se pondrá el foco en el subcorpus CORLIBA (Corpus de Literatura – Buen Amor) que se ha creado *ad hoc* para el tratamiento UTED y UFED de la obra del Arcipreste. Para este fin no se llevará a cabo un examen cuantitativo detallado, aunque sí se expondrán algunos datos de este cariz para corroborar la importancia del componente jurídico en Juan Ruiz.

Si nos fijamos en la figura 15, nos damos cuenta de que el LBA, con sus 71 813 *tokens* no llega ni al 1 % del número de todo el corpus, pero ello no obsta para que sea un texto rico en terminología y fraseología jurídicas.

CORPUS: CORLITES (Spanish)

Nombre	Tokens	Palabras	%
CORLIBA	71.813	~58.812	0.8

Figura 15: Datos cuantitativos del subcorpus CORLIBA

Atendiendo, así pues, a la lista de palabras general (sin aplicar listas de exclusión que evitarían la aparición de palabras gramaticales o los filtros de categorías gramaticales), puede corroborarse que, entre las quinientas palabras más frecuentes del LBA, se hallan unidades como *rey*, (rango 193, con 30 ocurrencias), *alcalde* (rango 247, con 25 ocurrencias), *derecho* (rango 311, con 19 ocurrencias) y *sentençia* (rango 344, con 18 ocurrencias),[39] lo cual ya está marcando indiciariamente la relevancia del derecho en la obra. En las figuras 16, 17, 18 y 19 se muestran las posiciones ocupadas por estos cuatro sustantivos en la lista de palabras:

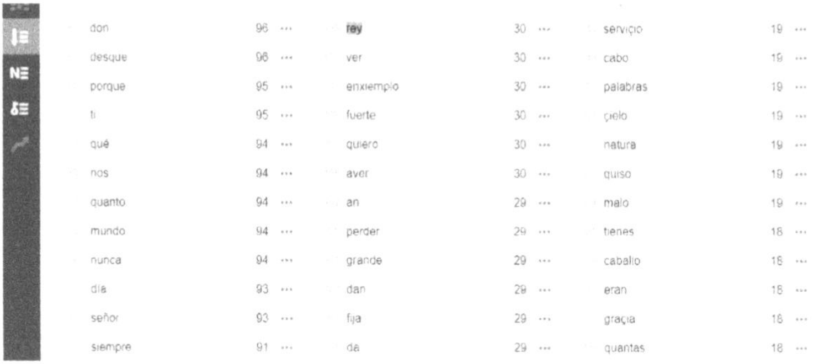

don	96 ...	rey	30 ...	servicio	19 ...
desque	96 ...	ver	30 ...	cabo	19 ...
porque	95 ...	enxiemplo	30 ...	palabras	19 ...
ti	95 ...	fuerte	30 ...	çielo	19 ...
qué	94 ...	quiero	30 ...	natura	19 ...
nos	94 ...	aver	30 ...	quiso	19 ...
quanto	94 ...	an	29 ...	malo	19 ...
mundo	94 ...	perder	29 ...	tienes	18 ...
nunca	94 ...	grande	29 ...	caballo	18 ...
dia	93 ...	dan	29 ...	eran	18 ...
señor	93 ...	fija	29 ...	graçia	18 ...
siempre	91 ...	da	29 ...	quantas	18 ...

Figura 16: Unidad *rey* en lista de palabras general (CORLIBA)

---

39 El rango y número de ocurrencias es aproximativo, pues, como veremos más adelante, una unidad puede aumentar de rango y en número de ocurrencias, dado que Sketch Engine contabiliza por separado, en algunos casos, los cambios de número (en el supuesto de sustantivos y adjetivos).

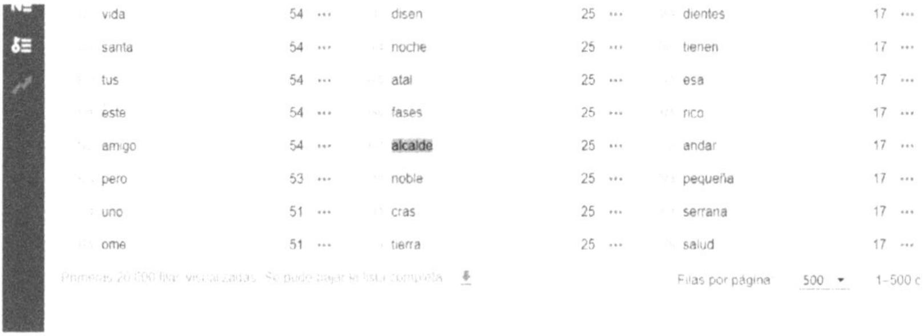

Figura 17: Unidad *alcalde* en lista de palabras general (CORLIBA)

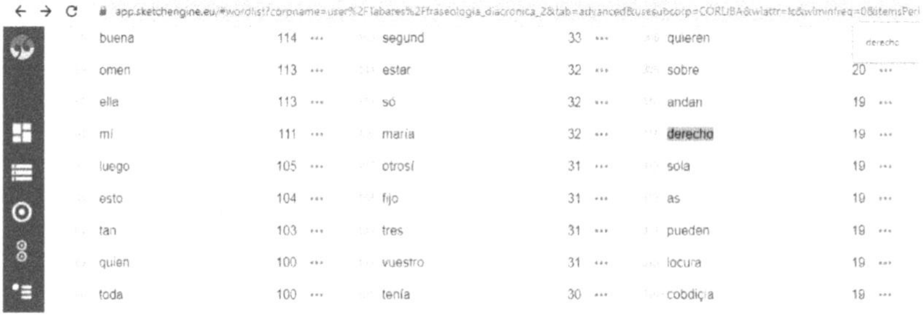

Figura 18: Unidad *derecho* en lista de palabras general (CORLIBA)

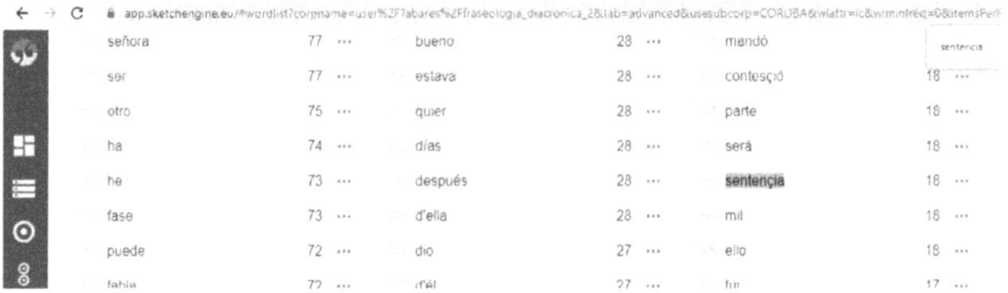

Figura 19: Unidad *sentença* en lista de palabras general (CORLIBA)

Es cierto que, en algunas concordancias, las unidades *derecho* y *sentença* no encierran un contenido terminológico jurídico, pero son las menos. Como se comprueba en la lista de concordancias, su valor como UTED está fuera de duda como puede verse en los ejemplos 21 y 22:[40]

(21) Vemos cada día pasar esto de fecho, pero por todo eso las leyes y el *derecho*, et el fuero escrito non es por ende desfecho, ante es çierta çiencia e de mucho provecho.

(22) Pugnan los abogados, et fasen su poder, por saber del alcalde lo que quiere faser, qué *sentençia* daría, o quál podría ser, mas non podieron d'él cosa saber nin entender.

Si atendemos a la lista de sustantivos, *rey* y *pena* ocupan los rangos 48 y 51 de 20 000, lo cual sitúa en una posición bastante aventajada al léxico jurídico en el LBA. Por lo demás los contextos en los que aparecen estos términos son altamente especializados como se muestra en los ejemplos 23 a 26:

(23) A esto dixo el alcalde una sola responsión, que él avíe poder del *rey* en su comisión espeçial para todo esto et complida jurisdiçión aprendieron los abogados en esta disputaçión.

(24) O si por aventura aqueste que lo erró, al rey en algún tiempo atanto le servió, que piedat e serviçio mucho al *rey* movió, porque del yerro fecho complido perdón le dio. Et ansí como por fuero avía de morir, el fasedor del fuero non lo quier' consentir, dispensa contra el fuero e déxalo vevir; quien puede fazer leyes, puede contra ellas ir.

(25) Yo creo que el *rey* en su regno ha poder de dar fueros et leyes, e derechos faser: d'esto manda faser libros, e quadernos componer: para quien fase el yerro qué *pena* debe haber.

(26) Non debe poner omen su fos en miese agena, fase injuria e daño, e meresçe grand pena. Todos los casos grandes, fuertes, agraviados a arzobispos, e a obispos, e a mayores perlados segund común derecho le son encomendados, salvo los del papa son en sí reservados. Los que son reservados del papa espirituales son muchos en *derecho*:

En los ejemplos 23 y 24 se habla, precisamente, de la potestad normativa del rey, a la que ya aludíamos en el punto 3 de esta obra y de la que se ha ocupado Pérez Martín (1997: 274–275). Pero también se habla del rey como órgano máximo de la justicia, es decir, de la figura del rey-juez (Martínez Martínez, 2010a y c).

Pero si hay pasaje del LBA en el que el derecho es un elemento fundamental es la fábula del lobo y la raposa de la que se ha hablado *in extenso* a lo largo de esta obra. El texto, que ya se ha transcrito en el apartado 3, contiene 1625 palabras, como se puede comprobar en la siguiente figura (figura 20):

---

40   Los ejemplos del LBA se presentan tal como se muestran en el corpus, es decir, como texto plano.

Fábula del lobo y la raposa

INFORMACIÓN GENERAL		CUENTA ❶	
Idioma	Spanish	Tokens	2003
Etiquetario	LIST TAGS	Palabras	1625
Gramática de word sketch	MOSTRAR	Oraciones	34
Gramática de términos	MOSTRAR	Documentos	1

Figura 20: Datos cuantitativos de la «fábula del lobo y la raposa»

El nivel de especialización de la composición es bastante elevado y una prueba de ello es su índice de densidad terminológica (cf. Cabré, 1999), esto es, el número de UTED en relación con el número total de UL (unidades léxicas) contenidas en el pasaje. Así pues, el número total de UL del fragmento es 810, de las cuales 251 son UTED, es decir, casi un tercio de las UL totales, siendo que, si dividimos esta cantidad por el número de versos de la fábula (204), alcanzamos un promedio de, como mínimo, una UT por verso (casi cuatro UL por verso). Para mayor abundamiento, las primeras UL que se encuentran por orden de frecuencia en el texto son las UTED *alcalde* y *abogado*[41] (16 ocurrencias cada una); y si se centra la atención en las diez primeras UL del total por orden de ocurrencias, se comprueba que seis de ellas son UTED (*alcalde, abogado, demanda, excepción, partes y sentencia*), como puede verse en la figura 21:

---

41 Aunque en la figura 21 *abogado* aparece solo con 15 ocurrencias, ha de computarse igualmente una ocurrencia de la forma *avogado*, lo cual iguala el número de apariciones de *alcalde*.

Lema	Frecuencia ? ↓
non	21 •••
alcalde	16 •••
abogado	15 •••
lobo	14 •••
parte	11 •••
sentençia	10 •••
demanda	8 •••
exeuçión	8 •••
don	8 •••
ximio	7 •••

Figura 21: Diez UL más frecuentes de la «fábula del lobo y la raposa»

Para finalizar este bloque, se ofrecen unas tablas (tablas 13, 14 y 15) donde se presenta una muestra bastante amplia de las UTED del LBA con el fin de que se verifique, en toda su amplitud, su grado de especialización jurídica. Partiendo del esquema de Cabré (2002), se ha efectuado una división entre UT sustantivas, verbales y adjetivas. No se muestran las adverbiales ya que no se han encontrado, por el momento, formas relevantes para esta investigación, con la excepción de *otrosí* que, aunque se emplea en contextos generales, también se halla en algunos contextos especializados. En relación con los verbos terminológicos, se asume la propuesta de Lorente Casadefont (2002), ya mencionada en el apartado 3 y según la cual estos serían aquellos cuyo significante y significado estarían asociados indisolublemente o de forma frecuente a un dominio especializado. Estos verbos diferirían de los denominados verbos fraseológicos, esto es, aquellos que se hallan «en los textos de especialidad para expresar acciones, procesos y estados, y cuyo significado no se distingue de su uso en contextos de lengua no especializada. Desde la perspectiva de la transmisión del conocimiento especializado, forman parte de las unidades fraseológicas especializadas (UFE). Adquieren valor especializado solamente cuando aparecen en contexto con una unidad terminológica (sujeto o complemento) y precisamente esta combinación léxica forma parte del conocimiento especializado». El orden en que se muestran estas UFED en las tablas se presentan por su frecuencia en CORLIBA y se han establecido (siquiera de manera provisional) los contextos en los que se emplean con valor terminológico. Asimismo, se incluyen las variaciones fónico-gráficas que se han constatado en la edición que se ha compilado en el corpus y las demás consultadas (véase bibliografía).

Tabla 13: Sustantivos terminológicos en CORLIBA

SUSTANTIVOS TERMINOLÓGICOS I	SUSTANTIVOS TERMINOLÓGICOS II
REY	ACUSACIÓN; ACUSAÇIÓN
ARÇIPRESTE; ARCIPRESTE; AÇIPRESTE	OFICIO; OFIÇIO
ALCALDE	BARRAGANA
ABOGADO; AVOGADO	CARTA
PENA	CASTIGO
LADRÓN	CONÇEJO
FECHO	COMISIÓN
LEY	CONSSEJO
PENITENÇIA	CONPUSIÇIÓN; COMPUSIÇIÓN
FUERO	OMEÇIDA
SENTENÇIA; SENTENCIA	CONSISTORIO
CULPA	COSTAS
PRESO	COSTUNBRE
PAPA	HEREDERO
EXEUÇIÓN; EXEMPÇIÓN; EXEPÇIÓN; ESENPÇIONES; ESENÇIÓN	DISPUTAÇIÓN; DISPUTACIÓN
ARÇOBISPO	INSTRUMENTE
PARTE	PREBENDA
DEMANDA	PLEYTEAMIENTO
DESCOMUNIÓN	PARLATORIO
PLAZO	PERLADO
JUIZIO; JUICIO; JUIÇIO; JUISIO; JUÏZIO	JURISDIÇIÓN
TESTIGO	LEGADO
FORCA	INDULGENÇIA
JUSTIÇIA	CREMENTINAS
DERECHO	MALFETRÍA
JUEZ; JUES	PATRIARCA
QUERELLA	NOTARIO
PLEITO; PLEYTO	PECHO
DECRETO	PERTENENÇIA
CONCLUSIÓN	MATRIMONIO
EMIENDA	VENDIMIENTO

Tabla 13: Continúa

SUSTANTIVOS TERMINOLÓGICOS I	SUSTANTIVOS TERMINOLÓGICOS II
CONFESIÓN	ENFAMAMIENTO
OBISPO	DOLO
EMPERADOR	ROSARIO
YERRO	PECHERO
CONSTITUÇIÓN; COSTITUÇIÓN; COSTITUCIÓN	POTESTADES
DEFENSIÓN: DEFFENSSIÓN	DIGNIDADES
FURTO	PRONUNCIAÇIÓN
RENTA	RREFIERTA; REFIERTA
JUDGADOR	RREPLICAÇIÓN, REPLICAÇIÓN
DECRETAL	USO
ABDIENÇIA; AUDIENÇIA	VASALLO
LOGRERO	
TESTAMENTO	
ABENENÇIA; AVENENÇIA	
ESCUSA	
APELAÇIÓN	
CORREDOR	
CORREDERO	
MERCADERO	
TESTIMONIO	
BAUTISMO	
LIÇENÇIA	
PERJURO	
CARDENAL	
INJURIA	
HERENÇIA	
PECHO	
MERCADORÍA	
PROCESO; PROÇESO	
VENDEDOR	
PETIÇIÓN	
PROÇESO	
RRECONVENÇIÓN; RECONVENÇIÓN	
RRESPUESTA, RESPUESTA	
VISTA	
MERINO	
ALGUAÇIL	

Tabla 14: Verbos terminológicos en CORLIBA

VERBOS TERMINOLÓGICOS I	VERBOS TERMINOLÓGICOS II
PEDIR	DEMANDAR
FURTAR	DESCOMULGAR
FALLAR	DESPECHAR
VENDER	COMPRAR
CONDENAR; CONDEPNAR	ENFAMAR
PECHAR	ENPLAZAR
VER[42]	ESCUSAR
ACUSAR	LIBRAR
PROVAR	OTORGAR
OÍR	PUBLICAR
ASOLVER	PUNIR
JUDGAR	QUERELLARSE
OPONER(SE)	RRECONVENIR; RECONVENIR
SUPLIR	SEER
APELLAR	MALMERCAR
APONER	ALQUILAR
ATORMENTAR	
CONFESAR	

Tabla 15: Adjetivos terminológicos en CORLIBA

ADJETIVOS TERMINOLÓGICOS	SUSTANTIVOS TERMINOLÓGICOS ESPECIFICADOS
PERENTORIO,-A	exeución (excepción)
CRIMINAL	acusación, pleito y construcción *de egual en criminal*
ORDINARIO,-A	alcalde y pena
ACTO,-A (APTO,-A)	demanda
COMÚN	derecho
DILATORIO,-A	exeución (excepción)
PÚBLICO,-A	barragana y notario
CONPLIDO,-A	juridición (jurisdicción)
ESPEÇIAL	comisión
FALSO,-A	testigo, testimonio
MAYOR	descomunión
PRINÇIPAL	pleito
PUBLICADO,-A	juez

---

42 Solo se han destacado las ocurrencias en relación con los sentidos especializados de *ver*. Cf. DLE (*s. v. ver*, 15.ª acepción).

A poco que se miren las diferentes tablas, se puede constatar que las UTED pertenecen, sobre todo, a los dominios del derecho procesal, fundamentalmente, en su vertiente penal (*acusación, alcalde, alguaçil, demanda juez, judgador, sentencia, pleyto,* etc.); al derecho común, en su vertiente canónica (*bautismo, descomunión, dispensa, legado,* todos las denominaciones de dignidades eclesiásticas: *arçobispo, cardenal, papa, perlado; penitençia, consitorio,* etc); al derecho penal (*culpa, criminal, furto, malfetría, pena, yerro,* etc.), aunque también se introducen algunos del derecho civil (*heredero, testamento,* etc.) y del derecho mercantil (*corredero, corredor mercadoría,* etc.).

4.4 UFED y el LBA

4.4.1 Fraseología (jurídica) diacrónica

Como ya se apuntó antes, un aspecto que, hasta hace no muchos años, no se ha tenido en cuenta como se debiera y que abundaría más en la idea del dominio de la lengua jurídica por parte de Juan Ruiz ha sido el estudio del rigor del autor del LBA en el empleo de la fraseología jurídica. Ello se debe, principalmente, a que quienes se han dedicado al estudio de los elementos jurídicos han sido expertos en derecho y sus trabajos se incardinan, de forma consciente o inconsciente, dentro del movimiento denominado derecho y literatura al que ya me he referido. Aunque en Tabares Plasencia (2005: 51) se hacía alguna alusión a la fraseología jurídica en el LBA, no fue hasta más tarde (Tabares Plasencia, 2018) cuando me centré en el análisis fraseológico de la obra del Arcipreste. Ahora deseo seguir completando ese apartado tan productivo en el LBA. Pero, primero, se tratará de los avances que se han producido en el ámbito de la fraseología diacrónica, con el fin de insertar esta contribución en el área de la investigación lingüística; y, finalmente, se efectuará un examen bastante detallado de la fraseología jurídica en la obra de Juan Ruiz. Ha de advertirse que, en esta ocasión, como en el trabajo de 2018, las unidades analizadas proceden, como fundamentalmente en el caso de la terminología que se ha expuesto anteriormente, de la fábula del lobo y la raposa, fuente inagotable de material jurídico.

Hace más de una década, Aguilar Ruiz (2010: 123) llamaba la atención acerca del creciente interés que estaba suscitando la fraseología entre los lingüistas. A su entender interesaba por sus distintas aplicaciones, lo cual la convertía en un dominio vivo que se había desarrollado en tres direcciones principales: la fraseología descriptiva, la fraseología lexicográfica o fraseografía y la fraseología comparativa o contrastiva. A su vez, se quejaba de que «[e]l auge en que se hallan los estudios fraseológicos en la actualidad contrasta severamente con el más bien escaso interés por su estudio desde una perspectiva diacrónica».[43]

De la misma forma se había expresado, dentro de los estudios fraseológicos en y sobre (la) lengua alemana, Filaktina et al. (eds.) (2012) que, precisamente, intentando paliar la relativa carencia de trabajos de corte diacrónico, nos ofrecía un buen grupo de trabajos sobre fraseología y fraseografía históricas. Asimismo, Filaktina fue responsable de un proyecto de fraseología histórica, desarrollado en la Universidad de Trier, *Historische formelhafte Sprache und Traditionen des Formulierens (HiFos)*.[44] En el campo de la fraseografía en lengua alemana merece mencionarse, igualmente, el *Online Lexikon zur diachronen Phraseologie (OLdPhras)*, obra que parte de un proyecto sobre refranes y locuciones alemanas en la Edad Moderna dirigido por la antigua catedrática de Lengua alemana de la Universidad de Basilea, Annelies Häcki Buhöfer.[45] Por lo demás, puede verse una interesante aportación a la fraseología histórica de diferentes lenguas (inglés, alemán, francés, italiano y lenguas eslavas) en Burger et al. (eds.) (2007, 2: 1078–1145). Con anterioridad, y respecto de las lenguas románicas, Lengert (1999) presenta también algunas referencias de estudios de fraseología histórica en diferentes lenguas románicas. Merece mención la monografía de Knappe (2004) por cuanto cubrió, en su momento, un hueco importante en la historia de la fraseología en lengua inglesa y en la investigación en lengua inglesa en torno a aquella hasta 1800. Igualmente en el entorno de la lingüística románica en Alemania hay que destacar la obra editada por Jacob y Kabatek (2001) y, dentro de esta, específicamente referida

---

43   Aguilar Ruiz (2010) nos ofrece una interesante bibliografía en el campo de la fraseología diacrónica hasta la fecha de publicación de su trabajo. Un estudio que no aparece citado en el artículo de Aguilar Ruiz es el de Forment Fernández (1999), donde se recoge una parte de fraseología histórica (capítulo 3) de gran valor también por las fuentes analizadas, entre las que se encuentra el LBA. Tampoco aparece recogido el trabajo de Cuartero Sancho (2004) sobre la paremiología en el LBA. En este punto debemos aludir también al trabajo de Gella Iturriaga (1973), que sí aparece recogido por Aguilar Ruiz (2010), sobre el refranero en la obra del Arcipreste.

44   En la página <http://www.hifos.uni-trier.de/index.htm> se hallan los resultados hasta la última actualización —hace ya diez años, desgraciadamente— del sitio en la red, así como una amplia bibliografía sobre fraseología diacrónica en y sobre diferentes lenguas.

45   El diccionario puede consultarse en la página < http://www.oldphras.net/web/>, donde también se recoge un apartado bibliográfico interesante sobre la materia.

a las tradiciones discursivas en los textos jurídicos, la aportación de Kabatek
(2001: 97–132).

En la actualidad, se puede decir que el desolador panorama de la fraseología
diacrónica que presentaba Aguilar Ruiz (2010) en el ámbito hispánico ha cambiado, pues, a partir de la última década, esta vertiente se está desarrollando
fructíferamente en España, como puede constatarse por la larga lista de artículos, capítulos de libros y monografías que han analizado el cambio de las
unidades fraseológicas en diferentes tipos de textos, incluidos los literarios y
los jurídicos.

El avance de los estudios diacrónicos en el campo fraseológico se ha debido,
en buena medida, al impulso de la que fuera catedrática de la Universitat de
València, Echenique Elizondo (2003), a los investigadores del grupo FRASLE-
DIA (*Fraseología castellana en su diacronía: desde los orígenes hasta el siglo
XVIII*)[46] y a otros relacionados con aquellos que están llevando a cabo una
importante labor en este campo a lo largo de estos últimos años.

Precisamente, Echenique Elizondo (2003: 545–54) también lamentaba, ya
a principios de los años 2000, que la fraseología solo hubiera sido objeto de
interés desde el punto de vista sincrónico o ahistórico. Para cubrir esta carencia, la autora establecía los parámetros de análisis de los fraseologismos castellanos adoptando un enfoque diacrónico. Por un lado, aceptaba de manera
expresa el concepto de unidad fraseológica de Corpas Pastor (1996) (Echenique Elizondo 2003: 545) y, por otro, consideraba que para hacer un estudio
de su estructura es necesario elaborar, primeramente, un corpus que permita,
posteriormente, realizar adecuadamente su estudio lingüístico. Asimismo
indicaba que han de tenerse en cuenta aspectos como el papel de los univer-
sales lingüísticos en fraseología; la oralidad frente a la escritura; la fuerza ilo-
cucionaria (o función comunicativa); la fijación, que, según la investigadora,
se ha dado por la repetición reiterada a lo largo de la historia de la lengua;
los problemas de homonimia, polisemia, sinonimia o antinomia, la motiva-
ción en los fraseologismos idiomáticos, etc. (Echenique Elizondo, 2003: 547 y
ss.). Con posterioridad, y en el marco de diferentes proyectos de investigación
dirigidos por Echenique Elizondo, se ha venido trabajando sobre diferentes

---

46   Echenique Elizondo y Martínez Alcalde han codirigido FRASLEDIA (*Fraseología
     de la lengua castellana en su diacronía: desde los orígenes hasta el siglo XVIII*),
     dentro del grupo de investigación HISLEDIA, orientado a seguir desarrollando e
     incentivar los estudios diacrónicos del castellano en el campo fraseológico.

aspectos de la fraseología del castellano.[47] Así, pueden mencionarse los estudios de Echenique Elizondo (2003, 2008a, 2008b, entre otros); Echenique Elizondo y Martínez Alcalde (2005); Echenique Elizondo et al. (2016); Echenique Elizondo, Schrott y Pla Colomer (2018); Codita (2011, 2012a, 2012b, 2013–1014); García Valle (2004, 2006, 2008, 2010, 2021); García Valle y Ricós Vidal (2007); Pla Colomer (2017, 2018, 2019, 2020b, 2020a, y 2021b, 2021a, 2022); Pla Colomer y Vicente Llavata (2017, 2018, 2019, 2020);[48] Ricós Vidal (2008); Vicente Llavata (2008, 2011, 2013a, 2013b, 2020, 2021, 2022) y Porcel Bueno (2020, 2021). A Codita, García Valle y Ricós Vidal, me referiré más adelante, por ser las que se han centrado, en una parte de sus investigaciones, en la fraseología de textos jurídicos medievales.

Otra muestra del despertar del interés por la diacronía en la disciplina fraseológica, fuera de los proyectos, publicaciones y actividades científicas en el seno de la Universitat de València, puede verse, igualmente, en los trabajos de la última década de Montoro del Arco (2012a, 2012b);[49] Olza Moreno (2012), que, al análisis evolutivo de ciertas unidades fraseológicas, aplica los presupuestos de la lingüística cognitiva; García-Page (2013), que trabaja sobre el *Cuento de Cuentos*, de Quevedo; Ortega Ojeda y González Aguilar (2016, 2017), que se interesan por la práctica de la perspectiva diacrónica al análisis de la fraseología canaria; García Padrón y Batista Rodríguez (2016); Batista Rodríguez y García Padrón (2017, 2018, 2020), que analizan la fraseología en diversos autores literarios (Quevedo, Góngora, Iriarte).

Merecen destacarse, además, los estudios de Pérez-Salazar Resano. Esta autora (2007, 2009, 2013) ya había abordado el análisis diacrónico de las unidades fraseológicas en algunos de sus trabajos —dos anteriores

---

47 Echenique Elizondo ha dirigido, igualmente, otros proyectos de investigación centrados en la fraseología histórica del español como *Diacronía fraseológica del español (DIAFRAES)* (2002–2004), *Lexicografía, Codificación gramatical y Fraseología* (2003) e *Historia, codificación y fijeza de las locuciones adverbiales en un segmento temporal del español* (1492–1596) (2005–2008).
48 Pla Colomer y Vicente Llavata han desarrollado juntos y por separado interesantísimos estudios sobre las relaciones entre la fraseología y la métrica en el LBA.
49 Aparte de estas contribuciones y las citadas por Aguilar Ruiz (2010), merecen citarse, igualmente, otras dos aportaciones de este mismo autor, que ha dedicado una buena parte de su investigación a la historiografía lingüística con especial atención a la fraseología, sobre los estudios fraseológicos anteriores a Julio Casares en el marco de la gramática (2004) y en la tradición gramatical española (2002). Véase también Montoro del Arco y Zamorano Aguilar (2010).

a 2010 no aparecen citados en Aguilar Ruiz— sobre la evolución histórica
(desde el punto de vista sintáctico, semántico y/o pragmático) de determinadas fórmulas, locuciones y modelos fraseológicos. Asimismo, García Valle y
Ricós Vidal que realizan un estudio contrastivo (castellano/gallego-portugués)
de las locuciones prepositivas de la *Primera Crónica General*. Por último, se
mencionará a Álvarez Vives (2016, entre otros) en torno a la elaboración de un
diccionario histórico fraseológico de la lengua española.

Por lo que a la fraseología jurídica diacrónica en español se refiere, en los
estudios existentes se tratan, por un lado, fraseologismos formularios (García
Valle, 2004, 2006, 2010, 2021; García Valle y Ricós Vidal, 2007) y, por otro,
las llamadas locuciones adverbiales (García Valle, 2008 y 2010) y locuciones
prepositivas (Codita, 2012a, 2012b y 2013–2014). Estas autoras realizan un tratamiento lingüístico y filológico de las unidades fraseológicas (en adelante UF)
en textos medievales y aplican a estas la terminología y las propiedades que
se han predicado de los fraseologismos de la lengua general, habida cuenta de
que analizan no solo UF jurídicas, sino también comunes, presentes en obras y
documentos especializados. Así, en García Valle (2010: 138), puede leerse:

> Y, por lo que se refiere a las locuciones, consideradas como un subtipo dentro de las
> unidades fraseológicas, compartimos las opiniones de Casares, Zuluaga, Corpas, Ruiz
> Gurillo, Penadés, etc., recogidas ahora por Montoro del Arco, al señalar que se carac-
> terizan por la función autónoma que cumplen en el interior del enunciado, y, además,
> por "ser pluriverbales y tener algún grado de fijación, variación potencial fija y espe-
> cialización semántica, esto es, idiomaticidad".

En estos trabajos se acopian y analizan, por ejemplo, locuciones adverbiales
del tipo *por fuero, por fuerza, por derecho, a buena fe, a sabiendas, a tuerto*,
todas ellas con sus variantes (cf. García Valle, 2010: 141–160), de marcado valor
jurídico, pero también *a yuso, a suso, por ende, por onde, en arriba, ad arriba,
en guisa, de cabo, de allende* (cf. García Valle, 2010: 138) no exclusivas de los
textos jurídicos. Codita, por su parte, ha investigado las locuciones prepositivas de diferentes textos medievales, entre ellos, algunos jurídicos, como la
obra normativa de Alfonso X (Codita, 2012a y b) y otros posteriores. La autora
recoge unidades que podrían considerarse prototípicas del dominio jurídico y
otras que no lo son (cfr., p. ej., Codita, 2013–2014 donde se analizan expresiones
como *después de, fueras ende, par de, por çima de, en perjuicio de, en tenencia
de, en defecto de*).

De interés resulta, por lo que al alemán se refiere, la contribución de Ptashnyk (2012: 227–244) sobre la fraseología jurídica histórica y su registro en el
Deutsches Rechtswörterbuch der Heidelberger Akademie der Wissenschaften

(*Diccionario Jurídico Alemán*, de la Academia de las Ciencias de Heidelberg). Asimismo, también es digna de mención la serie Historische Rechtssprache des Deutschen de Winter, la editorial de la Universidad de Heidelberg, donde, de manera indirecta, se tienen en cuenta los fraseologismos jurídicos.

4.4.2 Definición y clasificación de las UFED

En Tabares Plasencia (2012: 314–315), en un estudio de carácter sincrónico en torno la fraseología especializada jurídica —al que remito para una explicación detallada—, indicaba la inconveniencia de asumir sin reservas la terminología y los planteamientos de la fraseología de la lengua general para clasificar y describir las unidades fraseológicas jurídicas.

Por un lado, por la existencia de un gran caos denominativo y conceptual, esto es, no todos los investigadores utilizan los mismos términos para los mismos fenómenos fraseológicos y no todos asumen como fraseológicos los mismos tipos de unidades (cf. Tabares Plasencia y Pérez Vigaray, 2007: 568–569). Así pues, el concepto de *locución*, no es exactamente el mismo para Corpas Pastor (1996) que para Ruiz Gurillo (1997), como tampoco el de colocación para Corpas (1996) y para Benson (1985), por ejemplo. Asimismo, mientras que Corpas Pastor (1996) analizaba sin problema las colocaciones como elementos fraseológicos, Zuluaga (1998) las expulsaba del paraíso de la fraseología y Ruiz Gurillo (1997) las situaba en la periferia del universo fraseológico, cuando, en realidad, el (re)conocimiento de estas combinaciones es fundamental para la producción y traducción de textos especializados, pues, como consideró Roberts (1994–1995: 61), la macroestructura de los textos científicos y técnicos es producto de una red de colocaciones, que son las que ayudan a hilar la materia textual (cf. también Caro Cedillo, 2004: 48). Y, según afirma Salvador (2000: 25), precisamente el carácter asociativo que singulariza a las colocaciones no es la excepción periférica sino la regla general en las lenguas.

Pero, sobre todo, resulta muy polémico el tan llevado y traído concepto de *idiomaticidad*, que algunos autores han relacionado con la no composicionalidad del significado de la expresión fraseológica, otros con un grado de especialización semántica tal que derivaría en la opacidad de aquella, otros, en esta misma línea, con un significado traslaticio; o, de acuerdo con Montoro del Arco (2006: 48), como el producto, desde el punto de vista sincrónico, del proceso diacrónico de la lexicalización, que puede llegar incluso a la gramaticalización y que, en los textos especializados, por lo menos en los jurídicos, debería asociarse con la *prototipicidad* (Tabares Plasencia, 2012: 321) o, en palabras de Caro Cedillo (2004: 48), con la *idiosincrasia* cuando señala que las propiedades

básicas predicadas para la fraseología de la lengua general (idiomaticidad, estabilidad y lexicalización) no funcionan de la misma manera en la fraseología
especializada. Esta tendría más que ver con la idiosincrasia, con la estabilidad
externa o pragmática, así como con la reproducibilidad y la recurrencia que
con la idiomaticidad o con irregularidades sintáctico-semánticas. Creo que las
consideraciones de Caro Cedillo son aplicables también a las unidades fraseológicas especializadas del derecho (en adelante, UFED), esto es, que estas presentan ciertas características no atribuibles o no atribuibles de la misma manera a
las unidades no especializadas. Por ello, en Tabares Plasencia (2012) se intentó
hacer una clasificación propia y un análisis de las UFED. No se trataba de crear
nuevas denominaciones sin sentido, pero sí de, en la medida de lo posible, evitar
ciertas connotaciones asociadas a algunos términos que no parecían predica-
bles de la UFED. Dado que, como más tarde se mostrará y puede comprobarse
fácilmente con su lectura, la fábula del Arcipreste, aparte de un texto literario,
es un texto —con varios microtextos pertenecientes a diferentes géneros textuales jurídicos— con un alto grado de especialización jurídica, considero que
podrían aplicarse las categorías de esa clasificación.

Con base en los planteamientos de Gouadec (1994), según los cuales las propiedades esenciales de las UFE (unidades fraseológicas especializadas) serían
la *estereotipicidad* y su *especificidad* en un determinado dominio y asumiendo
su concepto de *matriz* fraseológica, se propuso una definición y clasificación
propias de las UFED (Tabares Plasencia, 2012). En cuanto a la definición, una
UFED es *una cadena de palabras léxicas y/o gramaticales*[50] *que, normalmente,
aunque no indispensablemente, contiene al menos un término (simple o pluriverbal) y presenta un grado de fijación, convención y usualización que la hacen*

---

50 La pluriverbalidad como una de las características principales de las expresiones
    fraseológicas o, *a contrario*, el estatus fraseológico de ciertos fraseologismos mono-
    verbales han sido puestos en tela de juicio al considerarse que, si la unidad fraseo-
    lógica se caracteriza por ser la combinación de dos o más palabras, no podrían ser
    fraseológicos ciertos enunciados del tipo «¡Protesto!», empleado por las partes en
    la fase oral de cualquier procedimiento judicial para indicar su desacuerdo ante el
    juez con la actuación de la otra parte (cf. García-Page, 2008: 59–60). La cuestión,
    a mi modo de ver, es que se ha confundido, por una parte, pluriverbalidad con
    polilexicalidad y, por otra, los planos oracional y suboracional, pues enunciados
    como «¡protesto!» pueden constituir una oración por sí misma, donde el carácter
    monoverbal o pluriverbal es irrelevante. En la definición que se da de UFED, se
    pone el acento en el tipo de unidades que, de manera regular, podemos encontrar
    en los textos jurídicos. Ello no significa que se desprecie el tipo de fórmulas como
    la que se ha empleado ejemplarmente.

prototípica y específica, esto es, reconocible como unidad o vehículo de conocimiento especializado[51] *en los distintos géneros textuales del discurso jurídico* (Tabares Plasencia, 2012: 321).

Estas unidades de conocimiento especializado resultarían obvias para los expertos en derecho y constituirían un elemento necesario para entender y producir textos jurídicos adecuados a las convenciones establecidas en una lengua en un momento y en un sistema jurídico determinados.

De la definición consignada se extraen una serie de propiedades tanto de orden interno como externo que permiten el reconocimiento de las UFED. Entre las *propiedades de orden interno o lingüístico* podrían mencionarse:

a) la coaparición más o menos reiterada de, como mínimo, dos elementos lingüísticos —con la salvedad hecha en la nota 25— de los cuales uno puede ser un término (ya sea simple o sintagmático);
b) una relativa fijación, sin que ello impida transformaciones (nominalización, pasivización, pronominalización, etc.) ni variaciones.

En cuanto a las *propiedades de orden externo o discursivo*, habría que destacar otras dos:

c) la institucionalización dentro del discurso jurídico, esto es, su convencionalización en los distintos géneros textuales del discurso del derecho y que la frecuencia de coaparición de sus componentes no sea un criterio absolutamente determinante (cf. Kjaer, 1991, 1994, 2007);
d) debido a esa institucionalización, y a pesar de que la fijación no sea absoluta, han de emplearse en ocasiones determinadas fórmulas fijas para lograr el efecto jurídico deseado, dado el carácter ritual que ha tenido y tiene, muchas veces, el derecho por influencia del romano.

---

51 Término propuesto por Cabré (2002). Para la autora, las unidades de conocimiento especializado (UCE) son unidades lingüísticas que representan y transmiten el conocimiento especializado: estarían formadas por un significante y un significado, representarían y fijarían el conocimiento especializado; asimismo, transmitirían este conocimiento. Según Cabré, estas unidades podrían clasificarse de la siguiente manera: *unidades morfológicas especializadas* (UME, como prefijos y sufijos especializados del tipo-*oide*, *bio-*, *hidro-*), *unidades léxicas especializadas* (ULE, como unidades léxicas simples y sintagmas léxicos) o *unidades terminológicas* (UT) y *unidades fraseológicas especializadas* (UFE, como *interponer demanda*, *condonar una deuda*, *Se levanta la sesión*, etc.). Las ULE o UT pueden abarcar las categorías de sustantivo, adjetivo, verbo y adverbio.

La clasificación de las UFED que se propone está compuesta de tres categorías, siendo que dos de ellas se encontrarían en el nivel suboracional y la tercera en el nivel oracional y supraoracional, dependiendo de su composición:

1) *Cadenas gramaticales con valor preposicional y fórmulas adverbiales* del tipo que aparece. Este grupo está integrado por unidades suboracionales que, o bien funcionan como grupos preposicionales con elementos variables que se completan contextualmente (muchas veces, con términos); o bien son fragmentos formularios que se repiten de forma estable sin que, en la mayor parte de los casos, se admitan variables. Las fórmulas adverbiales suelen corresponder con las llamadas locuciones adverbiales de García Valle (2010). Ejemplos de estas categorías serían, en los contratos de compraventa de inmuebles: *a (los) efectos de, a favor de, con arreglo a, en virtud de, en nombre y representación de, de conformidad con, en calidad de, a instancia de, en nombre de* (cadenas gramaticales con valor preposicional); *a un solo efecto, a cuyo efecto, con plenas facultades, en prueba de conformidad, de pleno derecho, a mi juicio, a un solo efecto, en su propio nombre y derecho, con carácter privativo, del pleno dominio, en juicio* (fórmulas adverbiales).[52]

2) *Construcciones verbonominales*, que son las UFED centrales y más importantes, por cuanto son las que mayor conocimiento especializado transmiten. Un rasgo característico de las mismas es la presencia de una UTED que puede funcionar como sujeto, objeto directo o complemento preposicional de un verbo, abarcando así tanto las llamadas *colocaciones* por una buena parte de los fraseólogos, como las construcciones con verbo soporte. Muestras de este tipo de estructuras serían las siguientes: *otorgar escritura, formalizar el/los pacto(s), revocar el/un poder, tener capacidad legal y legitimación, autorizar escritura, cumplir la/una obligación, formalizar el/un préstamo, respetar las normas legales, librar carta de pago, liquidar el impuesto.*

3) *Textos formularios* que se mueven dentro del ámbito oracional o supraoracional, puesto que abarcan desde *enunciados fraseológicos* en la línea de Corpas Pastor (1996) hasta los *marcos textuales*. Los marcos textuales (cfr. el concepto de *formelhafte Texte* en Gülich y Krafft, 1998) están constituidos por *expresiones marco* (*Rahmenausdrücke*, en palabras de Gülich y Krafft, 1998) o *matrices* (según Gouadec, 1994), en las que pueden insertarse elementos variables, rellenarse con información específica o ambas cosas. En

---

52 Tanto estos ejemplos como los que siguen de las otras categorías de UFED proceden de Tabares Plasencia y Batista Rodríguez (2014), en Tabares Plasencia (Ed.) (2014). Remito al también al interesantísimo trabajo contrastivo de Ivanova y González de León (2014).

este sentido, puede establecerse cierto paralelismo con las cadenas gramaticales, pues unas pueden completarse, mientras que otras tienen un carácter menos variable. Los elementos variables son restringidos, mientras que las informaciones específicas son menos predecibles, mucho más abiertas. Así, por ejemplo, pueden destacarse, dentro de los contratos antes mencionados en su vertiente notarial: «Leo a los comparecientes (esta / la presente) escritura, previa su renuncia del derecho a hacerlo por sí, que les advierto que tienen, y la aprueban y firman conmigo, el Notario, que DOY FE de su contenido y de que va extendida en [...]». (enunciados fraseológicos)

NÚMERO XXX
COMPRAVENTA
En (nombre de la localidad de otorgamiento), *mi residencia, a* (fecha de otorgamiento). *Ante mí* (nombre y apellidos del notario), *Notario del Ilustre Colegio de* (sede geográfica del colegio profesional)
COMPARECEN
DE UNA PARTE, PARA VENDER:
D./Dña. (nombre de la parte vendedora), *mayor de edad, vecino/a de* (localidad del domicilio de la parte vendedora), (indicación del estado civil y si existe cónyuge, nombre y apellidos del cónyuge y régimen económico matrimonial), *con domicilio en* (dirección de la parte vendedora), *con D.N.I. número* (número de documento de identidad)
DE OTRA PARTE, PARA COMPRAR:
D./Dña. (nombre de la parte compradora), *mayor de edad*, (indicación del estado civil y si existe cónyuge, nombre y apellidos del cónyuge y régimen económico matrimonial), *vecino/a de* (localidad del domicilio de la parte vendedora), *con domicilio en* (dirección de la parte compradora), *con DNI número* (número de documento de identidad) (marco textual)

4.4.3 Las construcciones verbonominales

Este apartado se centrará en las UFED más importantes de los textos jurídicos, las denominadas construcciones verbonominales (CVN) que se presentarán tabularmente. En una primera tabla se recogerán los verbos fraseológicos y las UT con las que coaparecen en el texto. En las sucesivas tablas se recogerán esas construcciones con comentarios, en los casos en los que sea necesario, y con ejemplos extraídos fundamentalmente del CORDE que permitirán constatar el uso de las mismas en textos de temática jurídica. Como también interesa mostrar si las expresiones analizadas siguen usándose —o se han operado cambios en su empleo— en el derecho español actual, se recurrirá, en ocasiones, a muestras textuales procedentes de la base de datos de jurisprudencia del Consejo

General del Poder Judicial (cgpj), dado que el dominio marco del texto del Arcipreste es el derecho procesal.[53]

Tabla 16: Verbos fraseológicos y las UTED con las que coaparecen (CORLIBA)

VERBOS FRASEOLÓGICOS	UTED	VERBOS FRASEOLÓGICOS	UTED
DAR	*sentençia, liçençia, abogado, plazo, rrespuesta*	CONTESTAR	*pleito*
FAZER	*demanda, acusaçión, castigo, conclusión, confesión, proçeso*	ENÇERRAR	*rraçones*
AVER	*abenençia, consejo, conpusiçión, jurisdiçión, pena, plazo, poder*	MANDAR	*derecho*
PROPONER	*demanda, de(f)fen(s)sión, escusa, exeuçión, rreplicaçiones, rrespuesta*	PAGAR	*costas*
ASIGNAR	*plazo, día*	PEDIR	*sentençia*
PONER	*exeuçión, silençio*	PRONUNÇIAR	*sentençia*
RRESÇEBIR	*de(f)fen(s)sión, demanda, escusa*	RREZAR	*sentençia*
DESECHAR	*demanda*	TACHAR	*testigo*
ALEGAR	*exeuçión*	VER	*juizio*

---

53   Los ejemplos del CORDE solo se indicarán con el año del documento. En caso de citarse ejemplos de otras fuentes, se señalará explícitamente. Los extractos de las resoluciones de la base de datos del CGPJ se indicarán con el número de referencia de la resolución entre paréntesis.

CVN + DAR	COMENTARIO Y EJEMPLOS

sentençia Ya solo en la forma con infinitivo hay más de cien ocurrencias en el CORDE; casi el 80 % corresponden al apartado denominado *prosa jurídica*, lo cual denota que se trata de una construcción muy habitual y fijada. Se trataría de una formación calcada del latín[54], algo que explicaría la ausencia de determinante entre el verbo y el complemento verbal. Esta expresión se sigue empleando en el dominio del derecho procesal español.

«Et luego y despues de esto el dean et elos canonigos et conpanneros sobredichos dixieron et respondioron que consentian en aquella sentencia en quanto tannia a aquellas cosas que metieran en su mano, et le dioron poderio pora determinar et *dar sentencia* sobrellas», 1298.

«[...] que recebida la querella dela parte o procediendo en su officio con qualquier informacion que ayan tomado prendan si pudieren auer el malfechor y despues procedan en el negocio fasta *dar sentencia*[55] difinitiua auiendo primeramente su informacion complida del delicto y procediendo simplemente de plano», 1486.

«Se siguió un procedimiento civil ante el Juzgado de Primera Instancia Número Uno de Pola de Laviana, que *dio Sentencia* con fecha 28 de Junio de 1996 [...]». (STSJ AS 2301/2006)

liçençia Esta construcción en la forma con infinitivo se encuentra en el CORDE en 99 ocasiones, más de la mitad de ellas marcadas como *prosa jurídica*; entre los ejemplos, destacan los del siglo XIII, del *Setenario* de Alfonso X. Como en el caso anterior, la UT no aparece determinada, siguiendo el esquema latino *licentiam dare* 'permitir'. En el derecho actual *dar licencia* implica una restricción semántica del término *licencia*, fundamentalmente en el ámbito del derecho administrativo y que debe entenderse como la 2.ª y 4.ª acepciones del DRAE, esto es, como 'resolución de la Administración por la que se autoriza una determinada actividad' y 'documento en que consta una licencia' respectivamente.

«Onde ordenó Ssanta Eglesia que ninguno non ffiziese ninguna cosa en ffecho de alma para dexar ssu parrochia e yrsse conffessar a otro a menos de *dar liçençia* el ssuyo», 1252–1270.

«A esto vos rrespondemos que conformandonos, con las leyes de la Partida e con las otras leyes de nuestros rreynos que sobresto disponen, que a nos plaçe de no *dar liçençia*», 1476.

«Sostiene que *dio licencia* de obra para construir 4 viviendas y a dos se les ha dado licencia de primera ocupación». (SJCA 1143/2015)

54　Cf. Berger (1991: *s.v. sententiam dare*): «Sententiam dare. See sententiam dicere. Sententiam dicere. (In judicial proceedings) To pronounce judgment. The judge had to do it orally, in later law reading the decision from a written draft. Syn. Sententiam dare, pronuntiare, proferre».

55　La cursiva de los ejemplos textuales es mía.

abogado
Ya en el derecho romano clásico se encuentra esta construcción con el sentido de 'asignar abogado' *Digesto*, 3.1.1.4: «Ait praetor: 'Si non habebunt advocatum, *ego dabo*'». Puede encontrarse también en textos formales y de las Partidas como puede verse en los ejemplos *infra*. En la actualidad, esta expresión no se emplea en contextos jurídicos. Se prefiere 'asignar abogado'.
«Onde dezimos que los iudgadores deuen *dar abogado* a qualquier de las personas sobre dichas que ge lo pidiere», 1250–1265.
«del abogado. * Qual quier delos contendores que quisiere *dar abogado* por si, delo ala puerta del juez delante del fiel & non en otro logar», 1258.
«[…] que en tal caso quel dicho conçejo sea thenudo de *dar abogado* o escrivano e bolsero a su costa del dicho conçejo», 1448.

plazo, de
La construcción *dar (de) plazo* es extraordinariamente frecuente en los textos jurídicos históricos y en la actualidad no ha perdido vigor.
"Tod omme que auer o ganado iudgado ouiere a *dar* a dia *de plazo* ante lo[s] iurados lo pague.", 1234.
"[…] el alcalde dével *dar* treynta días *de plazo* a quel traya allý do el alcalle mandare.", 1356.
"[…] el órgano a quo ha elegido la de *dar de plazo* para el uso del domicilio familiar la de hasta que se liquide el régimen económico matrimonial de las partes, que es solución correcta y confirmable." (SAP M 8072/2011)

rrespuesta
Aunque en el corpus académico CORDE suele aparecer con el sentido más general de 'responder', no faltan ejemplos dentro del ámbito jurídico con el sentido que tenemos en el *Libro*, esto es, de 'contestar la/una demanda'. Como en otros supuestos vistos *supra*, no suele presentarse determinante alguno entre el verbo y el sustantivo. En el derecho procesal español actual se emplean expresiones parecidas como *contestar/responder la/ una demanda'*, salvando las distancias, dado que en el derecho español actual —no en otros derechos como el colombiano — el instrumento de la *demanda* no es propio del derecho procesal penal (cf. Tabares Plasencia, 2005: 71–77 y 95–100 para las diferencias entre el derecho procesal penal moderno y el recogido en las fuentes del derecho común).
"Empero el fiador de dreito deue ser offrescido luego a la entrada del pleito o después que es *dada respuesta* a la demanda, s[cilicet] enpués a la litis contestatión de sí o de non […]," 1250.
"E sy los oydores non quisieren rreuocar o hemendar la dicha sentençia, o le non quisieren *dar rrespuesta* dentro enel dicho termino delos dichos veynte dias, que la parte non sea tenuda delos rrequerir mas sobre ello; 1387".

CVN + FAZER	COMENTARIO Y EJEMPLOS

demanda — Encontramos esta construcción, ya solo en su forma citativa, en cincuenta y tres ocasiones en el CORDE, en documentación relativa al derecho. El grupo más numeroso de ejemplos es de *Las Partidas*, aunque también se halla en otros textos legales de a partir de la segunda mitad del siglo XIII. En una proporción muy elevada de casos no hay determinante entre verbo y sustantivo, a la manera de la construcción latina *demandam facere*. Los ejemplos propuestos son de *Las Partidas*. En el derecho procesal español actual no se emplea la expresión en este sentido de la fábula, sino que se prefiere el verbo terminológico simple *demandar* o, en su vertiente dinámica, las construcciones *presentar* o *interponer demanda*. La expresión *hacer demanda* puede encontrarse en textos judiciales, pero con el sentido más genérico de 'pedir'.

«Otrosi dezimos que todo sieruo de enperador o de Rey puede *fazer demanda* en iuyzio sobre cosa que pertenesçiese a su señor: o por razon de su presona misma».

«[...] mas aquel que fiziere emplazar al demandado, le *ficiere demanda* sobre alguna cosa que decie que era suya, o en que habie derecho, ó sobre otra cosa quel debiese el emplazado dar ó fazer, si entonce le quisiere *fazer otra demanda*».

acusación — De esta construcción se hallan abundantes ejemplos en *Las Partidas*. De hecho, el título I de la *Partida* VII reza "De *las acusaciones que se facen* sobre los malos fechos, et de los denunciamientos et del oficio del judgador que ha a pesquerir los malos fechos". Esta construcción suele alternar con otras como *proponer, poner* y *formular acusación*. También aparece con cierta frecuencia en textos americanos del siglo XIX (*hacer la/una acusación*). En este supuesto, frente a *fazer demanda*, el sustantivo (objeto) suele presentarse con determinación, aunque, en textos españoles actuales no faltan ejemplos donde el sustantivo se halla sin determinación.

«Onde pues que en el comienzo desta setena Partida fecimos mencion della, queremos mostrar en este título qué cosa es et a qué tiene pro: et quantas maneras son della: et quién *la puede facer* et quién non: et contra quién *la pueden facer*: et cómo *debe seer fecha*».

«[...] mas despues que fuese muerto, non podria ser *fecha acusacion* dél, porque la muerte desface tambien á los yerros, como á facedores de los ellos», 1648.

«Si alguno de ellos cometiere algún delito, *la acusación se hará* ante el congreso general, reunidas las dos cámaras», 1836 (México).

«Así, pues, no ratificada la denuncia por el denunciante y no establecida la identidad del autor del suministro ilícito de gasóleo con la persona del denunciado, el Ministerio Fiscal declinó *hacer acusación*». (SAP M 3610/2015)

castigo   Esta construcción se encuentra en contextos tanto especializados jurídicos como en otros (moral, historia, etc.). El sustantivo *castigo* puede aparecer determinado o no. Los ejemplos que se presentan proceden de *Las Partidas*. En el derecho actual no se emplea esta expresión, siendo de uso generalizado el verbo terminológico *castigar*.

        «[…] assi cuemo la mintrosa se faze cruamientre & sin derecho. Como el prelado puede a las uezes *fazer castigo* aspero pero con mesura & no con uana Asperamientre puede gloria».

        «E por ladrido se entiende la predicaçión que mete miedo por palabra. & por el palo el castigo que se faze por obra de bien que fazen en sy mismos».

conclusión   Esta construcción se halla en el CORDE un buen número de veces, aunque no solo en textos jurídicos; no obstante, se constata en textos judiciales con el mismo valor que la expresión del Arcipreste, como puede apreciarse en el primer ejemplo que se presente y, en la actualidad, es combinación frecuente en resoluciones, con la salvedad de que el sustantivo aparece siempre en plural, como en la muestra que se ofrece *infra*. Por lo demás, el término de la construcción siempre está determinado.

        «Señor Niculás Pérez, bachiller e juez sobredicho, yo, el dicho Alfonso Sánchez del Tienblo, procurador de los dichos conçejos e pueblos de Avila et de su tierra, so protestaçión de non abrir el proçeso que es contra el dicho Sancho Sánchez, fiio de Juan Velásquez, e la *conclusión* en él fecha»,1414

        «Y en el presente caso el recurrente, Sr. Franco, compareció al plenario sin Letrado a pesar que en la mentada cédula de citación se le hizo saber dicha posibilidad, profesional que es quién tiene la posibilidad de interrogar a las partes, testigos, valorar los medios de prueba aportados y *hacer las conclusiones* finales que considerase oportunas respecto a todo lo actuado». (SAP TF 883/2013)

confesión   Evidentemente, tras esta construcción se halla la latina *confessionem facere*. La combinación castellana se encuentra en numerosísimos textos de temática religiosa, pero también jurídica. Según los datos del CORDE, este último ámbito se encuentra representado en segundo lugar, tras la *prosa religiosa*. Por supuesto, no faltan ejemplos en *Las Partidas* (el primero que se reproduce procede de este corpus jurídico), pero una de las mayores pruebas del uso de esta expresión es su empleo en los textos judiciales actuales. El término *confesión* puede aparecer tanto con determinación como sin ella.

        «Onde el que se bien confesare para *facer la confesión* verdadera desta guisa que habemos dicho», 1389.

        «E otrosí, visto lo que fue razonado por parte de los dichos pecheros en el dicho pleito e la *confesión* por su parte *fecha*, […]», 1389.

        «E vino el joez con muchos e descendieron al fijo del peregrino de la forca, e tractada e vista la causa e fecha la confession e conoscido por el huespede de Tolosa que lo feziera e acusara por cobdicia e por aver la moneda del peregrino, e enforcaronlo en la forca a do estava el peregrino enforcado», 1421.

«Es de resaltar que la propia arrendadora redujo el objeto de su reclamación al *hacer la confesión* judicial, pues admitió haber recibido las llaves de la vivienda arrendada en enero de 1997 (folios 72 y 75, posiciones 5.ª y 6.ª)». (SAP V 520/2001)

«[...] hoy por esta sentencia que pronunciamos, la pretensión de la demandada recurrente, a quien ha de presumirse plenamente capaz de obrar (art. 322 del CC) y, por ende, de *hacer confesión* judicial (art. 1231 del CC)». (SAP M 16970/2000)

proceso   De esta construcción se encuentra abundante documentación en el CORDE. Aunque en el texto del Arcipreste aparece el sustantivo determinado, en los ejemplos encontrados suele hallarse este sin determinante. En el derecho procesal actual no se emplea esta expresión, siendo de preferencia *incoar el/un proceso*.

«[...]e las cartas de enplazamiento que de otra guisa ganaren sean ningunas e non pueda ser *fecho proçeso* alguno por virtud dellas, nin las partes contra quien las ganaren non sean tenudos de seguir los tales enplazamientos dela dicha chançelleria e audiençia e que por ello non incurran en pena alguna», 1436.

«E porque sobre esto yo entiendo *fazer proçeso* contra ellos segund lo quieren e disponen las leyes de mis Reynos conformandome con ellas e condenallos en las penas que meresçieren e exerçitarlas en sus presonas e bienes», 1470.

«[...] fuera de nuestros reynos, lo qual es cosa muy fea e dannosa; por ende, hordenamos e mandamos que el mercader o canbiador que tal cosa feziese, sea auido dende en adelante por robador publico, e incurra por ello en las penas en que cayen e incurren los robadores publicos, e que se pueda *fazer proceso* criminal contra ellos en su absencia», 1480.

CVN + AVER[56]	COMENTARIO Y EJEMPLOS

abenençia   Se recogen estas dos construcciones al mismo tiempo, puesto que los
conpusiçión sustantivos terminológicos que las componen se emplean en la fábula como sinonímicos. De hecho, en muchos ejemplos, aparecen ambos términos coordinados. No faltan ejemplos de estas construcciones donde el objeto del verbo suele aparecer determinado, pero hay que comentar que es menos frecuente en el contexto jurídico que *fazer abenençia* o *conpusiçión*

---

56   Debido al cambio semántico operado en el verbo *haber* y a su sustitución en muchos contextos por el verbo *tener* (cf. Cifuentes Honrubia, 2015: 38–40) y a otras razones de índole extralingüística, como la evolución o el cambio de ciertas prácticas judiciales, no se hará referencia a la situación de estas expresiones en la actualidad.

«Et don Rodrigo Arcobispo de Sant Yago et don Gutierre Arcobispo de Toledo por nombre dessi et de los prelados del regno conssintieron en esta abenençia et confirmaron la et ouieron la por firme […]», 1317.

«[…] porque entre los omes buenos que las dichas majadas y touiesen que ouiesen abenençia e biuiesen cada vno en lo suyo en paz e syn contienda ninguna», 1367.

«Et fasemos e ponemos pato e postura e abenençia e conpusiçión con vos la dicha villa de Segura de aver por firme e válida la dicha abenençia e conpusiçión e postura e pato», 1411.

conssejo   En esta construcción, que forma parte de otra estructura formularia a la que luego se hará referencia, puede aparecer el sustantivo tanto con determinación como sin ella. Los ejemplos anteriores al siglo XIII son muy frecuentes; también en documentos aragoneses como es el caso del primer ejemplo, procedente del *Vidal Mayor*.

«E si alguno mostrare los instrumentes et las poridades de su negotio por *auer conseillo* o paladinare ad algún sauio», c. 1250.

«[…]e si el bocero o el duenno del pleito quisiere *aver consejo*, que lo aya aparte; e los que dieren el consejo non atraviessen en el pleito», 1253.

«E fezieron de auer ssu corte entressy; e quando algund consejo quieren auer sobre algund pleito, sson enel conssejo trezientos e veynte delos mejores del pueblo», 1400.

jurisdiçión   Esta construcción es muy frecuente en el contexto jurídico y el sustantivo aparece tanto determinado como sin determinación.

«Que es pero defendido a privata persona que non a judiçio, mas al alçalle que *a jurisdiçión* non es defendido», 1325.

«[…] e qu'el prior o los priores que después d'él fueren en la dicha eglesia que pongan ì alcaldes e alguaziles e otros oficiales, e que non *aya ì* otro ninguna *jurisdición*», 1363.

«[…] non podía juez seglar alguno entender en sus causas, nin *auían* en él ni en sus cosas *jurisdiçión* alguna e blanco que poder o poderes alguno o algunos el dicho Asistente o Pero López touiesen del Rey nuestro señor […]», 1462.

pena   Esta construcción es un calco de la latina *poenam habere* se encuentra en numerosos ejemplos de textos jurídicos. Los ejemplos que se recogen son de *Las Partidas* y del *Setenario*, donde, como en el ejemplo del Arcipreste, el sustantivo suele aparecer sin determinación.

«Derronpiendo alguno la yglesia o el çementerio por alguna de las maneras que dizen en la segunda ley & en la terçera deste titulo qual quier que lo fiziese caeria en sacrilejo & meresçe *aver pena*».

«[…] o matase a alguno de los clerigos o de los legos que ay estuuiesen oyendo las oras si ante el iuez seglar fuere acusado o vençido o lo conosçiese que lo fiziera deue *aver pena* qual quier que ay matase alguno dellos diziendo las oras […]».

«Otrosí el que lo diese, entendiendo [E 57r] este enganno por alguna manera, *avríe pena* commo adelante se muestra do fabla de las penas que se dan por esta rrazón».

plazo, de   La construcción *aver (de) plazo* es extraordinariamente frecuente en los textos procesales medievales.

«[…] mandamos que en tal caso como este *ayan quatro meses de plazo* para seguir el alçada demas del plazo que finco al finado en que /2/ la deue seguir», 1252.

«Mas, sy non entrare la muger con su marido en la fiadura o en la debda, deve *aver plazo* la muger fasta que venga su marido», 1356.

poder   Esta expresión es muy frecuente en documentación jurídica anterior a 1300. Un buen número de ejemplos proceden del *Fuero Juzgo*. Con posterioridad abundan también los ejemplos, pero puede alternar con el verbo *tener*. El sustantivo aparece siempre sin determinación.

«[…] por atal pleito que io uiua en elo en todos mios dias e que non aia poder de uender nin de enpenar nin de malmeter […]», 1228.

«Onde nós, todos obispos, que *auemos poder* de asoluer o de legar, amonestamos todos los clérigos & todo el pueblo, & rogamos por el nombre de sancta Trinidat […]», c. 1250—1260.

«[…] dezyr e razonar, tratar e procurar, firmar e otorgar, avnque sean tales e de aquellas cosas e de cada vna dellas que segun derecho requieran *aver poder* e mandado espeçial e presençia personal, quiera sean mayores quier yguales de las que de suso son espeçificados e declarados», 1504.

CVN + PROPONER	COMENTARIO Y EJEMPLOS

demanda   Muchísimo más habitual es la construcción *fazer demanda*, aunque también se hallan en el corpus diacrónico de la Academia ejemplos con *proponer,* aunque con ejemplos más tardíos, sobre todo, a partir del siglo XIV. En la actualidad se sigue empleando como puede verse en el ejemplo que se recoge *infra*.

«[…] nos e cada uno de nos *proponemos demanda* contra Ferrand Ruis de Ordonnana morador en la aldea de Vicunna aldea de esta dicha billa […]», 1455.

«E luego, el dicho Ynnigo de Vrieta dixo antel dicho sennor alcalde e *propuso demanda* contra el dicho Tristan Dias, preboste», 1497.

«Cuando se hubiere denegado la inscripción (Reg. H., 83), y el interesado, dentro de los treinta días siguientes al de la fecha del asiento de presentación *propusiera demanda* antes los Tribunales de justicia para que se declare la validez del título ó de la obligación, podrá pedir anotación preventiva de la demanda y la que se verifique se retrotraerá á la fecha del asiento de presentación», 1909.

«[...] celebrado juicio se dictó sentencia en fecha 31 de octubre, por la queprevia desestimación de las excepciones de defecto en el modo de *proponer demanda* y prescripción invocadas por la parte demandada». (STSJ AND 4226/2015)

de(f)fen(s)sión La construcción, sin lugar a dudas, más habitual es *poner de(f)fen(s) sión*, normalmente con el sustantivo en plural y determinado, aunque también pueden encontrarse ejemplos con *proponer*, que, era, por otra parte, la construcción verbonominal habitual en el derecho romano, cuyo verbo puede encontrarse traducido en la obra jurídica alfonsina como *poner ante sí* (v. ejemplo 2, de *Las Partidas*). El término *defensión* con el sentido empleado en el LBA (cf. Tabares Plasencia, 2005: 96–97) ya no se emplea en el derecho procesal español actual.

«Si tuviese escusa legítima porque no pudo venir á los plazos, como si pruebe que no tuvo tiempo, ni pudo enviar á escusarse: puede tambien *proponer todas las defensiones* que tenga, y mostrar Real carta de perdon de la justicia», 1793.

«Ley otaua. delas otras *defensiones* que *puede poner ante si* el varon o la muger que fueren acusados de adulterio contra los que los acusan».

escusa De esta construcción se podría decir lo mismo que de la anterior, dado que las expresiones más habituales son con los verbos *poner* y *alegar*. No obstante, no faltan ejemplos, siquiera tardíos dentro del ámbito jurídico donde el sustantivo puede aparecer con o sin determinación. Y como ocurre con la construcción anterior, *proponere* latino lo encontramos en el corpus jurídico alfonsino como *poner ante sí*.

«Si no *pusiere antessi* alguna *escusa* derecha atal que deua ualer».

«III. Que si estuviere ausente mas lejos de cien millas, se le contará por cada veinte mas un dia, y los treinta, para que venga á *proponer la escusa*», Jordán de Asso y del Río, I. y De Manuel y Rodríguez, M. (1780): *Instituciones del Derecho civil de Castilla*, p. 95.

«Respeto de los profesores y médicos nada espresa la ley, empero, como el tiempo que prefija para *proponer la escusa* es muy corto, y comienza á correr desde que se tiene noticia de haberse diferido la tutela [...]» Martí de Eixala (1838): *Tratado elementar de Derecho Civil romano y español*, I, Barcelona: Joaquín Verdaguer, p. 55.

exeuçión   Con respecto a esta construcción, cabe decir lo mismo que en los casos anteriores. Además, en el derecho procesal español actual es de uso corriente.
«*proponer* deffender et responder *exceptiones* declinatorias, dillatorias, perenptorias et otras quoalesquiere, proponer et alegar, et a las propuestas et alegadas por la aduersa parte responder lit o lites [...]», 1420.

rrespuesta   Como en los casos anteriores, la construcción más habitual no se realiza con el verbo *proponer* sino con los verbos *poner* o *dar*, la construcción. En la actualidad, la construcción habitual es *dar contestación* (a la demanda).
«Mi representada procedió a *dar contestación a la demanda*, reiterándose en su postura extraprocesal de rechazo del pago de la prestación por dolo en la cumplimentación del cuestionario de salud». (SAP C 2365/2015)

rreplicaçión   Como en los casos anteriores, la construcción más habitual es con el verbo *poner* y el sustantivo en plural, pero en latín es una construcción habitual como puede verse debajo con el sustantivo también en singular, aunque se trata de textos posteriores al *Libro*. En la actualidad, la construcción más frecuente es *presentar réplica*.
«E para querellar, pedir e demandar e defender e negar e connosçer pleito o pleitos, contestar exepçiones, e *replicaçiones* et triplicaçiones *poner* e allegar», 1436.
«Para abreviar los pleytos mandaron Sus Altezas, por la dicha Premática, que las demandas, excepciones, replicaciones y duplicaciones se posiessen por artículos e posiciones, desmembrándolas desde el comienço que se ponen», 1540—156.
«Sed excomunicatus agere non potest, cap. inteleximus, de iudic. Ergo nec *replicationem proponere* [...]», González Téllez, E. (1699), *De exceptionibus, Commentaria perpetua in singulos textus quinque librorum decretalium*. 2, Venetiae, p. 471, Tít. XXV.
«En segundo lugar, el hecho de que no se le diera traslado de la oposición a la suspensión formulada por la parte demandada no ocasiona tampoco indefensión alguna, ya que ese traslado sería a los efectos de mero conocimiento, sin posibilidad de *presentar réplica* alguna, al no estar prevista esa posibilidad en el art. 123.1 de la Ley Jurisdiccional». (STS 401/1998)

CVN + ASIGNAR	COMENTARIO Y EJEMPLOS

plazo

En relación con el uso indiferenciado de *plazo* y *término* en el LBA y en algunos de los ejemplos que se aducen, cf. Tabares Plasencia (2005: 91–94). La construcción es muy habitual en los textos jurídicos desde el siglo XIII a juzgar por los testimonios del CORDE. El sustantivo puede aparecer determinado o sin determinación.

«[…] el vicario *asignó plazo* a las partes sobredichas para oyr sentençia e al plazo apparesçieron las partes ante el dicho vicario e el vicario pronunçió en esta manera: […]», 1312.

«Luego el dicho juez en presençia de amas las dichas partes dixo que *asignava* e *asignó plazo* para dar sentençia en este dicho pleito para luego, la qual dicha sentençia el dicho juez dio e rrezó luego por escripto, la qual es ésta que se sigue», 1415.

«Con ello se incumplió por la Inspección el deber de *asignar plazo* expreso máximo para la aportación de la documentación […]». (SAN 4216/2015)

día

En esta construcción, *día* aparece como sinónimo de *término* y de *plazo* (en su variante sinonímica de *término* en algunos textos jurídicos medievales). Por lo demás, cabe aplicar a este caso lo dicho en la construcción antecedente.

«[…] avido consello con los omes bonos, cordos e letrados, *día assignado* para dar sentencia, las partes presentes pidiéndola, allé que la dicha Marina Péliz yera caúda enna dicha pena de cient moravedís de novos contra los dichos abat e convientos, […]», 1313.

«[…] e examinar e conosçer e llamar a las partes e a cada vna de nos a todos los autos del proçeso, e *asignar dia* para dar sentencia», 1453.

«Y en modo alguno procedía en este caso la suspensión de la vista con nuevo señalamiento toda vez que la *asignación del día* para la celebración del juicio oral ha de llevarse a cabo independientemente de la estrategia procesal de las partes […]». (SAP SS 1490/2011)

«Dada al recurso la tramitación debida, se celebró la vista en el *asignado día* catorce de octubre pasado, […]». (SAP SE 3866/1999)

CVN + PONER	COMENTARIO Y EJEMPLOS

exeuçión
(excepción)

Esta construcción es habitual en los textos medievales y suele alternar con *alegar excepción*, donde el sustantivo puede aparecer con o sin determinación. Ambas expresiones tienen uso en el ámbito del derecho procesal español actual.

«Ley .clxxviijª. de los plazos que deue auer la parte para prouar la *exepcion* que *pone*», 1310.

«E non *pueda ser puesta exçepçion* de nulidad dende en adelante contra las sentençias que sobre esta rrazon fueren dadas», 1480.

«[...] ni dexen a sabiendas por causa de dilatar de *poner excepciones* algunas para el fin del processo, [...]», 1495.

«4º.-Por la representación del INSS se puso excepción de inadecuación de procedimiento». (STSJ CAT 9435/2002)

«[...] el ejecutado puso la excepción de falta de las formalidades necesarias de las letras, conforme a art. 1.6 de la Ley Cambiaria y del Cheque». (SAP AL 922/2000)

silençio

La construcción es muy frecuente en textos del CORDE, sobre todo, a partir del siglo XIV, donde empieza a alternar con *imponer silencio*, que es la que se encuentra en uso en el dominio del derecho procesal actual. El sustantivo siempre se halla sin determinación.

«Et pongo sobre esto perpetuo silencio a los dichos clerigos e beneficiados de Sant Juan de Llianno», 1439.

«[...] que Su Sanctidat, por los dichos, respectos, mandasse extinguir el dicho pleyto e *poner silencio* en el [...]», 1498.

«[...] con la qual mandastes a vuestro senescal y juezes de vuestra Corte que cancellassen los processos sobresto fechos, *poniendo silencio* perpetuo a la otra parte [...]», 1501.

CVN + RRESÇEBIR	COMENTARIO Y EJEMPLOS

de(f)fen(s)sión

Esta construcción es habitual en los textos procesales de la Edad Media. En la actualidad, la expresión no se emplea con el sentido que se ofrece en la fábula y en el derecho medieval de 'admitir a trámite', sino como 'tomar algo que se envía', por ejemplo, una demanda.

«Ley .clxxviª. commo se *recibe* & se prueua *defension* de descomunjon & commo non», 1310.

«[...] e los non oya nin *resciba* excepcion nin *defension* nin alegacion alguna que contra este dicho instrumento o contra parte de ello pueda ser, en manera alguna para anular ni mengoar su forma e tenor esfuerzo en cosa alguna», 1430.

«& oyendo & *reçibiendo* las prueuas & las razones & las *defensiones* que ponen cada vna de las partes [...]», 1476.

| *demanda* | En relación con esta construcción cabe decir lo mismo que en el caso anterior. |

«[...] nin auia derecho el otro de demandar le parte en aquella cosa. bien puede ser *resçebida* tal *demanda*. pero deue prouar & mostrar el derecho que dize que ha en aquella cosa: & prouandolo deue mandar el iudgador partir aquella cosa en que demandaua raçion», 1250–1265.

«[...] amigos árbitros componidores *recebidas estas demandas*, e contiendas e defensiones de las partes sobredichas como dessuso se contiene e sabida quanta verdad podiemos saber en omes buenos ancianos diligentement e avido conseyo con omes buenos sabidores de derecho e plena deliberación», 1286.

escusa   En relación con esta construcción cabe decir lo mismo que en el caso anterior.

«E si porauentura el iudgador no le *resçibiese* el *escusa* & lo mandare por iuyzio que tome aquella guarda estonçe bien se puede alçar aquel que se touiere por agrauiado de tal mandamiento».1432.

«[...] e que contra ello non *rreçiban* rrazon nin *escusa* alguna por virtud de preuillejos nin cartas [...]», 1435.

CVN +   COMENTARIO Y EJEMPLOS
DESECHAR

demanda   Esta construcción, como puede verse por los testimonios *infra*, es una expresión que se emplea incluso en la actualidad.

«[...] sin solicitar los beneficios de justicia gratuita, también constituye otro indicio del que la Juez a quo se vale de cara a *desechar la demanda*». (SAP CA 71/2014)

CVN + ALEGAR   COMENTARIO Y EJEMPLOS

exeuçión   Esta es una construcción muy frecuente que sigue empleándose con el mismo sentido en el ámbito del derecho procesal español actual. El sustantivo puede ir determinado o sin determinación.

«[...] contra vos el dicho iohan de sosa e para rresponder a ella fueron guardados e atendidos los terminos asi para contestar commo para poner e *alegar exsençiones* [...]», 1476.

«[...] para oponer y *alegar* todas otras qualesquier *excepciones* y defensiones perentorias y perjudiciales de qualquier calidad [...]», 1499.

«[...] ni si apreia una *excepción alegada* en el escrito de dúplica», 1881.

«[...] ésta última podía mantener diversas posiciones, entre las que se encontraba, conforme con el artículo 405.3 de la ley de enjuiciamiento civil, *alegar excepciones* procesales y demás cuestiones». (SAP CE 148/2015)

CVN + CONTESTAR	COMENTARIO Y EJEMPLOS

pleito

Esta construcción que se corresponde con la actual *contestar la demanda* se halla muy frecuentemente en el CORDE. El sustantivo siempre aparece determinado.

«Et si el judgador non podiere ser auido en su casa o en la abdençia do suele judgar, que pueda ser fecha la contestaçion ante el escriuano que tiene la demanda; o si non fuere dada la demanda en escripto, o la non touiere escripta el escriuano, que pueda contestar el pleito ante qualquier escriuano publico del logar donde es el judgador [...]», 1318.
«[...] non rreçiba la demanda por escripto, e caso que el arrendador por escripto la ponga e el alcallde la rresçibiere, que el demandado sea tenido de *contestar el pleito* dentro enlos nueue dias so pena que sea confieso», 1435.

CVN + ENÇERRAR	COMENTARIO Y EJEMPLOS

rraçones

Esta construcción que presenta un grado de lexicalización y fijación más acusado que el resto de CVN, dado que no hay alternancia con otras expresiones y el sustantivo siempre aparece en plural, es muy frecuente en los textos de resoluciones judiciales, como sinónimo de *concluir* o *presentar conclusiones* en la actualidad.

«La sséptima es determinar, que muestra tanto commo *ençerrar las rrazones* que sson desputadas, quáles sson engannosas o ssin enganno», 1252–1270.
«E luego el dicho mio alcalde fisolos leer e publicar en fas de las dichas partes, los quales leidos e publicados amas las partes dixieron e rasonaron todo lo que desir e rasonar quesieron, fasta que *ençerraron rasones*, e pidieron sentençia avido consejo sobrello con omes bonos sabidores de fuero e de derecho [...]», 1329.
«[...] e para concluyr e *ençerrar rasones* e pedir e oyr e reçibir juyzio o juyzios, sentençia o sentençias, asi ynterlocutoryas como difinitibas, e consentir en las que por nos, el dicho conçejo dela dicha villa de Viluao, e vesinos del fueren dada o dadas, el pedir e requerir execuçion e conplimiento dellas, e apelar e suplicar, [...]», 1514–1515.

| CVN + MANDAR | COMENTARIO Y EJEMPLOS |

derecho

Esta construcción es la única de nuestro texto en la que el sustantivo tiene función de sujeto. Es expresión frecuentísima en los textos jurídicos alfonsinos, donde el verbo suele aparecer en tercera persona del presente de indicativo y el sustantivo tras el verbo siempre determinado con el artículo. No son raros los casos en que esta construcción aparece en oraciones modales con *segund* o *como*. No obstante, tampoco faltan muestras en el *Fuero Juzgo* y en textos posteriores (siglo xv). Los ejemplos propuestos proceden de *Las Partidas*. La expresión sigue empleándose en el derecho procesal actual.

«[...] Y *manda el derecho* que le saquen dende los huesos muy desonrradamente como de onbre que fizo tan grande trayçion contra dios & contra sus xpistianos a quien deuen ayudar & no fazer estoruo & como quier que estos tales no tan solamente por el fecho [...]».

«Ca comunalmente ningnno non puede obligar a otro que non estouiese delante por su prometimiento en la manera que sobre dicha es si non fuere de aquellas personas que *manda el derecho*».

«[...] fueras ende si lo fiziessen *cuemo* manda el derecho».

«...] ni tampoco 21 de tales días serían laborables *como manda el derecho* sectorial de aplicación». (STSJ CL 3351/2008)

«[...] en contra de lo acordado y de lo que manda el derecho [...]». (STSJ M 5395/2003)

| CVN + PAGAR | COMENTARIO Y EJEMPLOS |

costas

Esta construcción es frecuentísima en el ámbito jurídico que nos ocupa desde el siglo XIII según los testimonios que nos proporciona el CORDE. El sustantivo se encuentra siempre en plural y puede aparecer con o sin determinación. La expresión sigue siendo muy habitual en el derecho español actual.

"[...] pero quel obispo non fuesse nin enuiasse al plazo non deuía por esso a *pagar costas*, ca se el pleito era encerrado entre las partes [...]", 1271—1272.

"En el pleito de Alonso de Heredia sobre su salario, que los que no quisieren pagar y * quisieren enbiar procurador, que le enbíen a su costa, y que los que quisieren pagar syn pleyto, que non sean tenudos de *pagar costas* algunas del procurador [...]", 1464–1485.

"-la dicción literal de art 395 LEC [...], no significa que siempre y en todo caso, de forma automática y por este hecho (allanamiento antes de contestar) el demandado esté exento de la obligación de *pagar costas*". (SAP TO 976/2015)

CVN + PEDIR	COMENTARIO Y EJEMPLOS

sentençia

Esta construcción, que suele aparecer en estructuras más amplias, sobre todo, dentro de resoluciones judiciales, es muy habitual hasta finales del siglo XV. El sustantivo no acostumbra a aparecer determinado. Esta expresión no se emplea en el derecho español actual, dados los cambios acaecidos en el sistema de derecho procesal español.

«E luego el dicho mio alcalde fisolos leer e publicar en fas de las dichas partes, los quales leidos e publicados amas las partes dixieron e rasonaron todo lo que desir e rasonar quesieron, fasta que ençerraron rasones, e *pidieron sentençia* avido consejo sobrello con omes bonos sabidores de fuero e de derecho, [...]», 1329.

«[...] e negando todo lo perjudiçial, dixo que concluya e çerrava razones e pedía sentençia e libramiento, e pedió testimonio», 1427.

CVN + PRONUNÇIAR	COMENTARIO Y EJEMPLOS

sentençia

Esta construcción, que suele encontrarse, como en el caso anterior, en resoluciones judiciales medievales como parte de estructuras mayores, sigue empleándose en la actualidad. El sustantivo puede estar o no determinado.

«E el vicario asignó plazo a las partes sobredichas para oyr sentençia e al plazo apparesçieron las partes ante el dicho vicario e el vicario pronunçió en esta manera [...]», 1455.

«Y aviendo mi consejo sobre ello con hombres buenos letrados y savidores en fuero y en derecho, y asignado termino perentorio ambas las dichas partes para dar y *pronunçiar sentençia* en el dicho pleito para este presente dia [...]», 1495.

«[...] cabe pronunciar sentencia de inadmisión por el desinterés evidenciado con la conducta de quien ha incurrido en el aludido defecto». (STSJ GAL 8620/2015)

CVN + REZAR	COMENTARIO Y EJEMPLOS

sentençia

Esta construcción, que puede hallarse, como en los casos anteriores, (*dar, pronunciar sentencia*) en resoluciones judiciales medievales como parte de estructuras mayores, puede encontrarse en textos actuales, pero con un sentido distinto, por el cambio semántico que se ha operado en el verbo *rezar*. En la fábula y en el uso medieval se mantiene el valor del verbo latino *recitare* 'leer en voz alta'. El sustantivo aparece determinado en la construcción.

«Et las partes presentes & sentençia demandantes, el dicho viacrio rezó & dió vna sentençia por escrito en esta manera que se sigue [...]», 1380.

«[...] e, avido el pleito ya por concluso, rezó la sentençia en esta manera [...]», 1435.

«[...] luego los dichos sennores diputados dieron rezaron e pronunçiaron la sentençia seguiente [...]», 1512.

«En este sentido, *rezaba la Sentencia* de esta Sala de 14 de noviembre de 2002 (recurso núm. 2932/2002)». STSJ CAT 6752/2015

CVN + TACHAR	COMENTARIO Y EJEMPLOS

testigo

Esta construcción es frecuente en el ámbito del derecho procesal tanto medieval como actual, donde sigue empleándose con el mismo sentido 'invalidar el testimonio de testigos o peritos contrarios a las partes'. El sustantivo puede aparecer con o sin determinación.

«[...] et rreplicados sus dichos e dada la copia dellos alas partes, ssea asynado termino perentorio de ocho dias a amas las partes acontradezir e *tachar los testigos* sy quisieren [...]», 1387.

«E otros testygos para *tachar otros testygos* de los dichos partes adversas por la misma razon e cabsa [...]», 1483.

«asy en dichos commo en perssonas. y ante ellos, y qualesquier dellos, hazer qualesquier demandas y pedimientos, requerimientos, protestaciones, emplazamientos, y negar las de en contrario puestas, y en prueba presentar testigos, escrituras y probanças y otra qualquier manera de prueba, e contradecir las de en contrario, *tachar testigos*, [...]», 1613.

«[...] el Tribunal debe de valorar según las reglas de la sana crítica (de acoger la tesis del apelante bastaría con *tachar testigos* y peritos propuestos por la parte contraria para que tales pruebas quedasen sin eficacia probatoria)». (SAP M 9139/2015)

| CVN + VER | COMENTARIO Y EJEMPLOS |

juizio

Esta construcción no presenta gran frecuencia en el CORDE, pero se halla en la obra alfonsina (como se muestra en el primer ejemplo). El sustantivo puede aparecer determinado o sin determinación. En la actualidad no se emplea esta expresión.

«[…] el demandado se alco para el rey & el alcalle del alcada confirmo el juyzio & enbio mandar el rey por su carta al alcalle primero quel diera el juyzio que *uiese el juyzio* que diera & que ge lo conpliese», c. 1310.

«E para por Nos e en nuestro nombre puedan presentar testigos e pruevas e cartas e escripturar e *ver juicio* e presentarlo los que contra Nos quisieren presenter de dezir contra ellos […]»,1408.

4.4.4 Cadenas gramaticales y las fórmulas adverbiales

Seguidamente, me ocuparé de las llamadas cadenas gramaticales (CG) y fórmulas adverbiales (FA). Estas se analizarán conjuntamente, dado que su número no es demasiado elevado, y su examen se presentará siguiendo el modelo aplicado a las CVN.

cadenas gramaticales y fórmulas adverbiales

en juizio   COMENTARIO Y EJEMPLOS

Esta es una expresión muy frecuente en textos de carácter procesal, que se emplea con el sentido de 'judicialmente, en sede judicial'. Si atendemos a los resultados del CORDE, restringiendo la búsqueda a los textos jurídicos, encontramos más de mil cuatrocientas ocurrencias (en todas las posibilidades ortográficas en que podría escribirse *juicio*). Ya en el periodo comprendido entre 1200 a 1400 ya se constatan casi trescientas ocurrencias. Esta fórmula sigue empleándose en la actualidad.

«E depós desto compeçó el concejo a pindrar los uasallos e los criados e los escusados de la igrisia por aquesta soldada, pero que nunca los emplaziaran, nen los uenciran *en juizio* sobrello […]», 1270.

«[…] e generalmente renuncio a todas quantas razones yo o otro por mí contra esta carta, por escrito o por palabra, *en juizio*», 1301.

«[…] ni tampoco es obstáculo para que en el proceso de despido deban extraerse las consecuencias inherentes a esa clase de cesión, siempre que ésta quede acreditada *en juicio* […]». (STSJ MU 2881/2015)

por sentençia   De esta expresión se constatan casi seiscientas ocurrencias (en todas las posibilidades ortográficas en que podría escribirse *sentencia*) en textos de temática jurídica solo para España en el CORDE. Esta fórmula mantiene todo su vigor en la actualidad.

«& si dos fueren electos & ouieren pleito sobre la elecçion puedelos oyr & librar *por sentençia* & puede consagrar a los que fallare que son electos como deuen o fallare que son tales como manda el derecho», 12550–1265.

«Peres quel dicho Iohan ante mi traxo e oydas las rasones de anbas las partes et avido consejo… … … jusgando, mando *por sentençia* e do al dicho Iohan por vasallo de Santo Toribio e que le faga fuero e renta el […]», 1334.

«Serán causas legítimas para acordar la remoción de los Registradores, según el art. 308 de la ley: 1.ª Estar impedidos física ó intelectualmente. 2.ª Haber sido condenados *por sentencia* firme á cualquiera pena correccional ó aflictiva […]», 1870.

«Los afectados interpusieron recurso contencioso-administrativo que se resolvió *por sentencia* de 8 de Noviembre de 2.015 […]». (STSJ MU 1077/2022)

al plazo   Esta expresión es muy frecuente en el ámbito jurídico bajomedieval; muestra de ello son sus casi mil ocurrencias en el CORDE en el período comprendido entre 1200 a 1500, que, por lo demás, es la etapa en la que se encuentra el 95 % del total de las ocurrencias. En torno al uso de *plazo* y *término* como sinónimos en la fábula y *Las Partidas*, cf. Tabares Plasencia (2005: 91–95). Por lo demás, una buena parte de ejemplos del corpus académico pertenecen a textos alfonsinos, como *Las Partidas* y las *Leyes de Estilo*. En algunos textos parece que la expresión tiene el sentido del actual 'en el plazo de x (días)' o 'dentro del plazo de x (días)', pero en otros parece tener el sentido de 'al término x'.

«Sy el debdor acotado *al plazo* non pagare, o al plazo non viniere, o casa non ouiere, o pennos non toujere, njn el querelloso sobreleuador / non touiere, prendal el juez & délo / al querelloso por la demanda & por el doblo & por el coto de los plazos, en qual lugar lo fallare», 1251–1285.

«Otrosy prendenle cada dia, quantas vegadas el aplazado *al plazo* non viniere, por vn morauedi de coto fasta que venga *al plazo*», 1251–1285.

«& si la disputaçion [non] fuere el primer viernes, venga *al plazo* al primer viernes siguiente, & el que non viniere, caya del pleito», 1284–1295.

«[…] E si *al plazo* non pagassen, que la sentençia que la fiziesse denunçiar por todos los obispados de los regnos de Castiella e de León sin seer ellos llamados a mostrar si an fecho pago», 1315.

en derecho   Aunque esta fórmula adverbial la encontramos en la fábula en la forma *en fuero y en derecho* como régimen del adjetivo *sabidor* (*sabidores en fuero e en derecho*), lo cierto es que *en derecho*, combinado con *en fuero*, con otros sintagmas (*en justicia e en derecho*) o solo se emplea con bastante frecuencia en los textos jurídicos medievales (doscientas cincuenta ocurrencias en el CORDE en el período comprendido entre 1200 y 1500) y hasta la actualidad (con ciertas matizaciones en el sentido de *derecho*, cf. nota 14 de este trabajo), como se verá en los ejemplos siguientes.

«[...] que juren los mios adelantados et ffagan jurar assos merinos que mantengan la tierra e los omes en justiçia e *en derecho* assi commo deuen, porque la tierra ssea guardada e anden los omes sseguros por ella e uiuan asseruiçio de Dios e mio», 1312.

«E ninguno sea osado de las desfazer nin tirar cosa alguna dello nin de lo vender nin enpeñar por que es defendido en derecho», 1480.

«Expuso *en Derecho* lo que estimó pertinente y terminó suplicando que, en su día se dicte sentencia en la que estimando el recurso interpuesto, revoque la resolución recurrida por no estar ajustada a derecho, con imposición de costas a la parte contraria». (STSJ AS 2605/2015)

en fuero   Con respecto a este sintagma cabe decir, en parte, lo mismo que en el caso de *en derecho*, esto es, puede aparecer como régimen del adjetivo *sabidor* (*sabidores en fuero e en derecho*), combinado con *en derecho*, con otros sintagmas o solo. En la actualidad, la expresión subsiste pero solo con uno de los sentidos atribuidos a *fuero*, esto es, el de 'jurisdicción', sentido que podemos hallar en muchos textos medievales, donde *fuero* también puede aludir a un 'corpus normativo de carácter consuetudinario, fuente del derecho medieval'. Cf. García Valle (2010: 141–142), donde realiza interesantes precisiones en torno al sentido de *fuero* en la expresión, que considera variante también de *por fuero*, que se estudiará más adelante.

«[...] et si en demanda alguna viniessemos contra uos o contra qualesquier que esta vinna touieren por el monesteryo, que non seamos oydos et que nos non uala la demanda que fiziermos ante alcalde ninguno, ni *en fuero* nin en juyzio, ni fuera de juyzio», 1284.

«Por tal pleito vos do la dicha tierra en prestamo, que la ayades para siempre jamas, vos e los que de vos venieren e moraren en el dicho solar, e por que seades buenos e fieles vasallos a mi el dicho prior e priores que seran por tiempo en el dicho monesterio, e que dedes *en fuero* e enfurçion [...]», 1377.

«El sentido esencial del juicio monitorio es que, requerido el deudor de pago de una deuda líquida en virtud de un título documentado y en condiciones de comodidad procesal (*en fuero* propio), sin embargo el deudor aparente no manifieste intención de oponerse». (AAP B 6137/2010) *en fuero e en derecho*

Como se señala al analizar *en derecho* y *en fuero*, la fórmula que nos ocupa ahora suele aparecer en el contexto de sentencias como régimen del adjetivo *sabidor*, aunque también puede hallarse en otros contextos, como puede verse en los ejemplos que siguen.

«Buen gualardon deuen auer los onbres buenos conseieros de dios & de los onbres en este mundo & en el otro & señaladamente quando dan buen conseio a los enperadores & a los reyes que han de mantener la tierra *en fuero & en derecho*», 1250–1265.

«E sobresto, amas las dichas partes concluyeron e pedieron sentençia, e yo, el dicho alcalle, avido mi consejo sobre todo con omes buenos e letrados e savidores *en fuero e en derecho* [...]», 1397.

«[...] sy alguno o algunos fueren o pasaren contra el por esta mi carta mando alos alcalles dela dicha çibdat de Salamanca e atodos los corrigidores, e alcalles, e merinos, e alguasiles, e otras justiçias, e ofiçiales quales quier de todas las çibdades, e villas, e lugares de los mis reynos que proçedan e pasen contra ellos en las penas estableçidas *en fuero e en derecho* [...]», 1409.

en presençia

En el corpus académico se encuentran muchos ejemplos dentro del ámbito jurídico (más de mil ocurrencias) de *en presenç(c)ia de*. No obstante, aunque menos numerosas, se hallan también muestras de la fórmula que nos ocupa hasta el siglo XX muchas veces, en el binomio *en presencia / en ausencia*. Curiosamente, el ejemplo más cercano al que tenemos en el texto del Arcipreste es de 1946, como se verá más abajo.

«[...] et porque su Reparado farémos como por fecho propio Nuestro, de Nos et de qualquier de Nos, et que sienpre en avsencia et *en presencia*, et en todo tienpo et lugar [...]», 1473.

«[O]torgue pediendola dentro de quinze dias despues dela publicacion tanto que no exceda el termino que le dieren para hazer la tal provança por via de restitucion la mitad del termino que se dio primero para hazer la prouança principal agora le fuesse dado *en presencia* agora en rebeldia segun que de suso se hace mencion [...]», 1499.

«[...] y lo mesmo haga cada y cuando que algún familiar contra cualquier colegial de casa, por hecho o por palabra, *en presencia* o en ausencia, se descomidiere y alguna cosa mala hiciere [...]», 1552.

«En la conciliación, ambas partes están *en presencia*, procurando convencerse. En el arbitraje hay un tercero que dirime [...]», 1946.

| *en rreconvençión* | Curiosamente, no se han encontrado muestras textuales de esta expresión en el CORDE, a pesar de que se ha hecho una búsqueda exhaustiva atendiendo a todas las posibilidades ortográficas que podrían darse en *reconvención* (*reconvención, reconvençión, rreconvençion, reconbencion*, etc.). El término en cuestión sí se halla en otros contextos, pero no en la fórmula que nos ocupa. No obstante, no cabe duda de que se trata de una UFED, puesto que en la actualidad es de uso habitual en el ámbito procesal, como se muestra en los más de siete mil resultados recogidos en la base de datos jurisprudencial del CGPJ. Por lo demás era la forma habitual en latín (*in reconventione*).

«Alega que el objeto del procedimiento no es otro que analizar la legitimidad, eficacia y viabilidad del título alegado por la parte demandada, que a su entender constituye el título de la servidumbre de paso de carácter voluntario, negado por la parte actora mediante acción negatoria y esgrimido por los demandados mediante acción confesoria *en reconvención*». (SAP CC 121/2012)

«[…] pretendiendo la estimación de su demanda reconvencional con imposición a la reconvenida de las costas *en reconvención*». (SAP BU 140/2012) |
| *por derecho* | Expresión frecuentísima en el CORDE, con más de mil trescientas ocurrencias en textos jurídicos, entre 1200 y 1500, siendo que el mayor número podemos encontrarlo entre los siglos XIII y XIV, en muchas ocasiones en el binomio *por fuero / por derecho*. Cf. García Valle (2010: 143–144).

«E si alguno non se pagare //4v del juyzio deste alcalde, que el alcalde cate seys ommes bonos que sean sabidores del fuero de la mar que lo acuerde con ellos, e que muestre al querelloso lo que él e aquellos seys ommes bonos tienen *por derecho* […]», 1251.

«[…] pues en la carta les dio el rey poder que uiesen la pesquisa & la librasen commo fallasen *por derecho* […]», c 1310.

"[…] e ffagan justiçia e escarmiento en los quela mereçieren oyendoles ante los mios alcalles que andudieren con ellos, e librandolos por ffuero e *por derecho* assi como deuen.", 1312.

«En el Recurso de Suplicación número 616/2015 formalizado por el letrado DON ÁNGEL TEJERINA GALLARDO, en nombre y representación de PROSEGUR COMPAÑÍA DE SEGURIDAD, S.A. contra la sentencia número 194/2015 de fecha 30 de abril, dictada por el Juzgado de lo Social nº11 de los de Madrid, en sus autos número 220/2015, seguidos a instancia de DON Hermenegildo frente a la recurrente, en reclamación *por derecho* y cantidad […]». (STSJ M 12773/2015) |

por fuero   Esta expresión presenta como la anterior una gran frecuencia en el CORDE, con casi dos mil concordancias en las variantes ortográficas de *fuero, fuero, ffuero* y *foro*. En esta última variante el número es menor (once ocurrencias) y los ejemplos abarcan desde el siglo XII hasta el siglo XIV. De *ffuero* nos encontramos veintisiete casos, siendo que el 97 % se localiza en el siglo XIV. Por último, la variante *fuero* es más general y abarca todas las épocas. Cfr., por lo demás, todo lo dicho en *en fuero*.

«[…] peche XVI, de algaravidade, et martina, et homicidium, et rouso, et de feridas, et de chagas, et de lanzadas, et de espadadas, et porradas et de mesaduras, batalias grandes ó pequennas, iudgadas peitadas *por foro* de Zamora, Merino, et derechos, et de porteros, qui los corrir, ó qui ferir, ó qui los matar, pectelo per foro de Zamora», 1129.

«[…] maguer non los falle y en casa del rey. mas por otra debda non los puede fazer enplazar para casa del rey mas demandel *por su fuero*», 1310.

«[…] et que daqui adelante el arçobispo nin el dean nin el cabildo non prendan a ningunt vezino de Yliescas nin le tomen ninguna cosa delo ssuyo, amenos de sser ante oydos *por ffuero* e demandados por ante nuestro ssennor el Rey», 1322.

so pena de   De esta expresión se hallan en el CORDE más de tres mil quinientas ocurrencias, algo más de tres mil solo para España en textos jurídicos, siendo que el mayor número de ejemplos proviene del siglo XV. Entre el siglo XII y XV encontramos el 15 % de los ejemplos para España. En el siglo XV, el 45 % de los ejemplos totales y del siglo XIV al XX el 40 % restante. En los ejemplos a partir del siglo XIX se empieza a notar un elevado grado de gramaticalización y, precisamente, en el corpus jurisprudencial del CGPJ, donde aparece con mucha frecuencia, la expresión tiene en la mayor parte de los casos el sentido que recoge en su primera acepción *so pena* en el drae (*s.v.* pena[1]): «Con la seguridad de exponerse, en caso contrario, a».y no en su segunda acepción, marcada por el diccionario académico como anticuada (*s.v.* pena[1]), es decir, «ajo la pena o castigo adecuado. Frase conminatoria, hoy anticuada».

«Otrossí es deffendido, non tan ssolamente por castigo de palabras, mas *so pena de* descomunión, que ningún ffísico por enffermedat que el enffermo aya, aunque lo entienda aguaresçer della, nol conseie por que caya en peccado mortal […]», c 1252–1270.

«Otrosí, mandan que ninguna persona sea osada de revolver ruidos ni cuestiones en esta Corte, ni sacar a los tales ruidos armas ni tiros de pólvora, ni llamar apellido de grande ni caballero, *so pena de* muerte», 1585.

«Infiriendo de esto la razon de requerirse más edad en los Inquisidores que en los Obispos, y diciendo, quán prohibidos están por derecho comun y por sus instrucciones de recibir nada de persona alguna por razon de sus oficios, aunque sean de los dones que llaman esculentos y poculentos, esto es, de comer y beber, *so pena de* pagarlo con el doblo, y incurrir en descomunión y quedar privados de ellos», 1648.

4.4.5 Textos formularios

En este apartado se analizarán los textos formularios en su doble vertiente de enunciados fraseológicos (EF) y marcos textuales (MT). Debido a su conformación, esto es, a que se trata de UFED de mayores dimensiones y de estructura compleja, no se presentarán en tablas, aunque también se comentarán y se ofrecerán ejemplos relevantes[57] de las mismas.

Como ya se ha señalado *supra*, el LBA es un texto literario en el que se contienen otros textos que constituyen asimismo diferentes géneros o subgéneros textuales jurídicos. No se va a profundizar en este trabajo en la distinción genérica o tipológica dentro del ámbito del derecho. Se remite para ello a la diferenciación entre géneros jurídicos establecida por Busse (2000), en el convencimiento de que es la más explicativa de la realidad textual en este campo. No obstante, téngase en cuenta también a García Izquierdo (2005: 125–126) por lo que a los textos de interés judicial respecta. La autora considera, de una forma más laxa, el género de los documentos de ámbito procesal, entre los cuales sitúa, por un lado, los documentos de las partes (denuncias, querellas, etc.) y, por otro, los de jueces y magistrados (sentencias, notificaciones, exhortos, etc.).

Entre los géneros jurídicos, Busse (2000: 671–672) ofrece una delimitación entre los textos judiciales (emitidos por los jueces o tribunales, esto es, resoluciones judiciales) y el de los textos procedimentales de aplicación del derecho (demandas, querellas criminales, recursos, etc.). Y, precisamente, en el texto de Juan Ruiz nos hallamos, por un lado, ante un texto judicial, la *sentencia* de don Simio (est. 348–366c); por otro, ante un texto procedimental de aplicación del derecho, la *demanda de acusación* o *querella* del lobo (est. 325–328).

En ambos se emplean unas estructuras preformadas, que, con ciertas variantes, pueden encontrarse en todos los textos del mismo ámbito temporal y normativo y que se pasarán a describir. Se comenzará por la *demanda de acusación* que hace el lobo a la raposa por el hurto del gallo. En Tabares Plasencia (2005: 71–74) se explicaban las formas de incoación de un proceso penal en las Partidas (de oficio, mediante denuncia y mediante acusación), de los cuales, en el texto del LBA, se había elegido el de la acusación. La existencia de la demanda de acusación, que no era necesaria ni en la incoación de oficio ni por denuncia, lo muestra claramente. En la actualidad, en España, puede resultar raro que una acusación se formalice mediante demanda, puesto que la demanda ha quedado asociada al ámbito del derecho privado y no penal. Pero ello se explica

---

57   Los ejemplos, como en el caso de las CVN y de la CG/FA, proceden, salvo que se diga otra cosa, del CORDE.

porque en las Partidas y, prácticamente, en el derecho español hasta el siglo XIX no hay una diferencia clara entre el proceso civil y el penal acusatorio y, por ello, se vehiculaban en parte a través del mismo instrumento, la demanda. De ahí que la demanda de acusación no fuera más que una especialización de la demanda civil.

La Partida III (derecho procesal) en conexión con la Partida VII (derecho penal y procesal penal) nos ofrece el *molde* de la querella del lobo. En concreto, en la Partida III, título II, ley 40.ª se señalan las cinco cosas que deben ser tenidas en cuenta para «ser fecha derechamente» la demanda: la primera, la identificación del juez ante quien se debe hacer la demanda; la segunda, el nombre del que la hace (*demandador*); la tercera, el nombre de aquel contra quien se quiere hacer (*demandado*); la cuarta, la cosa o el hecho que se demanda o que se pide; la quinta, la razón por la que se pide. Con relación al punto cuarto, hay que tener en cuenta que la Partida III es de carácter general y tiene que completarse con lo que se indica en la Partida VII, título I, ley 14.ª: «[E]n la carta de acusación debe ser puesto […] el yerro que fizo el acusado, el lugar do fue fecho el yerro de que lo acusa, e el mes, e el año, e la era en que lo fizo». El "yerro que fizo" se corresponde, por tanto, con el hecho que demanda.

Si nos fijamos, y con la salvedad de los siglos y los cambios legales que separan el texto del Arcipreste y el derecho actual, no hay demasiadas diferencias en el contenido de la querella. Así, en el art. 277 de la Ley de Enjuiciamiento Criminal española puede leerse:

> La querella se presentará siempre por medio de Procurador con poder bastante y suscrita por Letrado. Se extenderá en papel de oficio, y en ella se expresará: 1.º El Juez o Tribunal ante quien se presente. 2.º El nombre, apellidos y vecindad del querellante. 3.º El nombre, apellidos y vecindad del querellado. En el caso de ignorarse estas circunstancias, se deberá hacer la designación del querellado por las señas que mejor pudieran darle a conocer. 4.º La relación circunstanciada del hecho, como expresión del lugar, año, mes, día y hora en que se ejecute, si se supieren. 5.º Expresión de las diligencias que se deberán practicar para la comprobación del hecho. 6.º La petición de que se admita la querella, se practiquen las diligencias indicadas en el número anterior, se proceda a la detención y prisión del presunto culpable o a exigirle la fianza de libertad provisional, y se acuerde el embargo de sus bienes en la cantidad necesaria en los casos en que así proceda. 7.º La firma del querellante o la de otra persona a su ruego si no supiere o no pudiere firmar, cuando el Procurador no tuviere poder especial para formular la querella.

Incluso, en la Partida III, en la misma ley 49.ª, *in fine* mencionada antes, se nos presenta un modelo de formulación lingüística: «Ante vos don Fulan juez de tal logar: yo tal ome me querello de Fulan que me deve tantos maravedís.

Pido que le demandedes por juyzio que me los de. E esta manera misma deven tener todas las demandas que se fazen en juyzio, mudando las razones, segun fuere la natura de las cosas que quieren demandar».

Otros textos legales medievales también muestran ejemplos de *demandas de acusación* cuya semejanza con el texto del Arcipreste es palmaria, sobre todo, en los enunciados: «Ante uos fulan alcalle. &. çetera. yo fulan me querello de fulan que estando conmjgo en tregua & en plazo de conçeio. en que nos metio fulano segunt que el fuero manda. que me ferio fulano de cuchiello en la cabesça. o de piedra en tal logar. o de puño en la cara: porque pido quel condempnedes en la pena de los çient maravedis. de los buenos segunt que el fuero manda. [...] Et sobre las caloñas deue seer fecha la demanda en esta manera». (CORDE, Fuero de Briviesca, 1313)

Si se divide este microtexto del Arcipreste en las partes estructurales identificables en una querella, puede verse:

ENCABEZAMIENTO
Antes vos, (adjetivo(s) de tratamiento de la autoridad judicial) [identificación de la autoridad judicial], *alcalde ordinario de* [jurisdicción], *yo* [identificación del querellante], *me querello de* [identificación del querellado], (en juizio propongo contra) [indicación del hecho punible]. *E digo* [enunciado para introducir el apartado de los *hechos*]

En esta parte se ha marcado con cursiva la matriz, esto es, los elementos formularios que, con mínimas variaciones, se hallan en su *encabezamiento*, donde se identifica a la autoridad judicial competente, su jurisdicción y a los otros intervinientes en el proceso (en este caso, el querellante y el querellado). Asimismo termina con el enunciado puente que da paso a la parte que introducirá los *hechos*. Se han puesto entre paréntesis aquellos elementos que pueden aparecer y, en muchos casos, lo hacen. Me refiero, concretamente a los adjetivos dirigidos a la autoridad judicial que encontramos en la fábula del LBA (*el mucho honrrado e de grand sabidoría*, est. 325a). Por supuesto, aunque estemos ante un (micro)texto jurídico, no puede olvidarse que este se encuentra dentro de un texto literario en verso y que su autor, por esas mismas razones, se ha permitido ciertas licencias lingüísticas que dan lugar a lo que podrían llamarse desviaciones formularias. No obstante, esta formulación del Arcipreste tiene su reflejo en textos de demandas no ficticias, como los ejemplos siguientes:

«Ante vos el honrado Pero Garçia de Alaunga alcalde ordinario en esta villa de Salvatierra [...]», 1455
[...] «*antel honrrado* Diego Martines de Plazençia, alcalde ordinario de la dicha villa [...]», 1483

O el enunciado en *juizio propongo*, que suele ser variante del otro enunciado *me querello* y, que, en el Arcipreste aparece también indicando el hecho punible cometido. En el siguiente ejemplo puede verse cómo se usa *propongo en iuyzio* (con el orden de palabras cambiado): «Ante uos Alffonso Guillémez, abbat de San Guillemo & vicario general del honrrado padre & sennor don García, por la graçia de Dios obispo de León, yo Pero Doménguez clérigo, en nonbre del abbat & del conuento del monesterio Santo Ysidro de León, cuyo procurador soy, demandando *propongo en iuyzio* contra Arries Martínez [...]», 1324.

HECHOS

que en el mes de [indicación del mes], *era de* [indicación de la era], *año* [indicación del año], [relación de los hechos]

(De aquesto) [pronombre átono *le/lo/la*] *acuso* [ante vos/vuestra merced] *e pido* [enunciado para introducir el *petitum*]

En esta parte más libre se narran los hechos acaecidos, comenzando por la fecha y se termina con el enunciado *acuso e pido* que va acompañado de otros elementos que pueden ofrecer ligeras variaciones motivadas por las distintas posibilidades del objeto de acusar (*lo/le/la*) y también de las formas de tratamiento (*vos/vuestra merced*): «Juan Lopes del Retes en el pleito que yo he e trato con Juan de Arratia, anquilero, yo le acuso la primera rebeldia e pido que vuestra merçed mande confirmar la sentençia [...]», 1518.

PETITUM

que [indicación de lo que se pide: petición de condena y cuantía de la pena] [pronombre átono *lo/le/la*] *condenedes*.

[La acusación] *me ofresco* (a) *provar so pena de* [enunciado para introducir la prueba].

En esta última parte de la querella se introduce la petición de condena y la cuantía de la pena. Sobre la petición de condena, ya se ha mostrado en el texto del Fuero de Briviesca *supra* que se ha seguido la misma formulación. El ofrecimiento de prueba era obligatorio, aunque no solo, en las querellas, ya que, frente a la incoación del procedimiento de oficio o mediante denuncia, la carga de la prueba recaía sobre el acusador, esto es, este debía probar la veracidad de la acusación. Y se le imponía un castigo si la prueba resultaba viciada o insuficiente. En los siguientes textos puede verse la similitud entre la formulación de la fábula y la que puede encontrarse en textos no ficcionales: «[...] las quales *me ofresco a provar*, non me artando a prueva superflua, e ansy vos lo pido pronunçiar do juez seades, condepnando la parte adversa en las costas», 1414; «Et mandaron a la parte del dicho Velasco Núñez, en persona de su procurador, e a su procurador en su nonbre, que provase todo aquello que *se ofreçiera a provar* o tanta parte dello que bastase para fundar su yntençión, *so pena de* çinco mill maravedís de la moneda usual», 1485—1488.

En cuanto a la sentencia de don Simio, un texto más largo que el de la demanda de acusación, habría que decir, en primer lugar, que presenta una estructura un tanto distinta a la estructura y contenido que se recogen en la Ley Orgánica del Poder Judicial (LOPJ) española, que destaca en su art. 248.3 lo siguiente: «Las sentencias se formularán expresando, tras un encabezamiento, en párrafos separados y numerados, los antecedentes de hecho, hechos probados, en su caso, los fundamentos de derecho y, por último, el fallo. Serán firmadas por el Juez, Magistrado o Magistrados que las dicten».

Así pues, en la sentencia de Juan Ruiz no encontramos todos esos apartados de los que nos habla la LOPJ, esto es, de la *parte expositiva* (con el encabezamiento y el apartado de *vistos*) se pasaría a la *parte dispositiva* o *fallo*, donde virtualmente se recogerían los pronunciamientos sobre el asunto controvertido y sobre las costas. Por tanto, entre los marcos textuales de la sentencia de Juan Ruiz, no se hallan los de las consideraciones de hecho y de derecho (parte considerativa o *considerandos* de las sentencias modernas), puesto que se recomendaba que las sentencias, en atención a una decretal de Inocencio III de 1199, permanecieran sin motivarse, dado que, por proceder de la autoridad judicial, ya se presumían válidas. En cuanto a la forma, se propone al juez ceñirse de manera estricta a las fórmulas del tipo *visis et auditis rationibus utrisque partis et testibus inspectis, habito sapientum consilio*, [...], «que se limitaban a dar cuenta, antes de la enunciación de la parte dispositiva, que el *ordo iudiciorum* había sido observado» (Accatino Scagliotti, 2003: 14). No obstante, si bien el Arcipreste se ajusta formalmente, como veremos, a ese esquema, lo cierto es que este aprovecha la parte dispositiva para efectuar una exhaustiva argumentación jurídica acerca de todos los puntos del proceso (est. 352–366c) en un alarde de erudición jurídica y de ejercicio "publicitario" del derecho común.

ENCABEZAMIENTO

En el nonbre de Dios [enunciado que introduce la invocación], **yo** [identificación de la autoridad judicial], *ordinario alcalde* [intitulación] *de* [jurisdicción]

En el encabezamiento de la sentencia encontramos el enunciado que introduce la invocación a Dios y también la intitulación, elementos que aparecen siempre en textos de sentencias y otros textos jurídicos medievales. El primer enunciado constituye, como señala García Valle (2004: 614) refiriéndose a esta misma expresión en sus distintas variantes latinas, la *invocatio*. En muchos documentos, aun en castellano, se mantiene la fórmula en latín, normalmente, *in Dei nomine*. Actualmente, en las sentencias podemos encontrar también una invocación, pero no a Dios sino al rey y en otros entornos jurídicos al pueblo, como en el caso de Alemania, *Im Namen des Volkes*; de Italia, *In nome del popolo italiano*; de Francia *Au nom du peuple français*, etc.

> *En el nombre de Dios* amen sepan quantos esta sentençia arbytraria vieren commo nos Ferrand Martines de Urdunna vycario en el arçiprestadgo de Heguilas e Juan Sanches de Axpileta bachiller en leys jueses arbytros e arbytradores e amygables componedores que somos tomados e escogidos por el bachiller Juan Dias de Alvenis procurador de los sennores del cabildo de las iglesias parrochiales de Santa Maria e de Sant Juan de la villa de Salvatierra por sy e en nombre del dicho cabildo de la una parte, e por los dichos benefiçiados de la iglesia de Luçuriaga conbyene a saber don Juan Lopes de Luçuriaga cura e clerigo benefiçiado otrosy en la dicha iglesia de Luçuriaga e don Juan de Harriola clerigo benefiçiado que fue en la dicha iglesia [...], 1462

VISTOS

> *Vistos...vistos* [enunciado para introducir los asuntos objeto del proceso examinados en la sentencia y que sirve de nexo entre el encabezamiento y el fallo]

> (examinado (todo) el proçeso/pleyto (fecho)) *avido (mi/nuestro) conssejo* (sobre todo) *con omnes sabidores en fuero e en derecho*, (Dios ante (mis/nuestros) ojos), *fallo* [enunciado para introducir el fallo]

En este marco, donde indican que se han tomado en consideración todos los trámites y formalidades llevadas a cabo en el proceso, tenemos contenidos más o menos variados dependiendo del desarrollo del procedimiento y de las pretensiones de las partes; estos aparecen vinculados mediante el enunciado de *visto/a(s)* y, aunque estos elementos pueden ser diferentes, es muy habitual las menciones a la *demanda*, a las *defensiones*, a las *excepciones*, etc., realizadas de una manera muy similar a como se hacen en el texto del Arcipreste, como puede verse en los ejemplos siguientes: «[...] *vista la demanda* del dicho prior & la negatiua del dicho Pero Rodríguez, & visto los dichos de llos testigos, & vistas las razones que anbas las partes quessieron dezir & razonar [...]», 1332; «E yo *vista la demanda* e la proua, e los contradichos, e las defensiones, e las raçones, e los escriptos de cada una de las partes [...]», 1357–1375.

Para cerrar este marco, se inserta el enunciado aludiendo al consejo *de hombres buenos y sabios*, que en las *Partidas* (Partida III, título XXI, ley 1.ª) se denominan *consejeros* y cuya mención consideran prescriptiva en las sentencias definitivas, según puede leerse en el siguiente fragmento del texto alfonsino: «Sentencia diffinitiva tanto quiere dezir como juyzio acabado, e la carta de tal sentencia deve ser fecha en esta guisa [...] E despues desto deve dezir [...] e sobre todo aviendo tomado consejo con *omes buenos, e sabidores de derecho*» (Partida III, título XVIII, ley 109.ª).

El papel de estos asesores ya se describe en el *Digesto* (Libro 1, título 22, *De officio assessorum*) y en el *Código* (Libro 1, título 51, *De assessoribus, et domesticus et cancellarius iudicum*), pues era normal que en Roma los jurisconsultos asistieran a los magistrados, que no solían tener conocimientos técnicos de derecho.[58] El enunciado en cuestión puede verse en los textos de sentencias medievales con cambios mínimos en relación con la formulación del Arcipreste: «E visto todo quanto anbas las dichas partes ante el quisieron desir e rasonar fasta que encerraron rasones, e le pidieron que librase aquello que fallase por derecho, *avido e requerido su consejo con omes letrados sabedores de fuero e de derecho, fallo* [...]», 1337; «[...] e bisto e examinado todo el pleito bien e deligentemente e *avydo consejo e acuerdo con ommes buenos sabidores de fuero e de derecho, fallo* [...]», 1379; «E sobresto, amas las dichas partes concluyeron e pedieron sentençia, e yo, el dicho alcalle, *avido mi consejo sobre todo con omes buenos e letrados e savidores en fuero e en derecho fallo* [...]», 1397.

En este marco de los *vistos* puede aparecer como resumen de todo el proceso el *visto y examinado todo el proceso* (o *pleito* como sinónimo): «[E] bisto e examinado todo el pleito bien e deligentemente e avydo consejo e acuerdo con *ommes buenos sabidores de fuero e de derecho,* fallo [...]», 1379; «[V]isto e esaminado el dicho proçeso de pleito [...]», 1485–1488.

Lo mismo cabe decir de la invocación *Dios ante mis/nuestros ojos*: «[A]vido e requerido sobre todo ello mi acuerdo en consejo con ommes buenos letrados sabidores en fuero e en derecho e aviendo a *Dios ante mis ojos,* fallo [...]», 1405; «E nos los sobre dichos jueces, amigos, arbitros, avido consejo con honbres buenos sabidores de derecho, juzgando por sentençia e *avido a Dios ante nuestros ojos* e por bien de paz fallamos [...]», 1462.

FALLO

que e (pronunçio) e *mando* [enunciado con pronunciamiento sobre el objeto litigioso y sobre las costas]

En el último marco se halla el *fallo* con los pronunciamientos de condena o absolución y otras cuestiones que se hayan planteado en el juicio amén de las costas. Como se muestra en los ejemplos *infra*, en la sentencia de Juan Ruiz, se presentan los mismos verbos *mandar* y eventualmente *pronunciar*, aparte de *fallar* que se encuentra en el enunciado de tránsito de los *vistos* a la parte dispositiva:

---

58 Cf. sobre la asesoría letrada a lo largo de la historia del derecho español, la interesantísima aportación de Ortego Gil (2011).

[...] et mando que lo puedan cotear e lo coteen por el tiempo e termino que se suelen cotear los otros terminos de entremieses en toda Lievana, et mando al dicho Domingo Martines que non use nin pasca con sus ganados en el dicho termino de Fues de Lon en los quel dicho conçejo toviere coteado de sus entremieses en tanto que ellos non pasçieren nin usaren en el dicho termino, salvando ende quando ellos pasçieren e usaren e non en otra manera, et sy quisiere faser, quel dicho conçejo o el su mesclero e guardador de sus terminos que le puedan prendar sus ganados por las pennas quel dicho conçejo poniere a cada cabesça syn penna e syn calonna alguna, 1401.

[...] dixo que fallava e fallo que devia madar e mandava e pronunçiava e pronunçio por su sentençia definitiva... ... ... agua limpia e non susia so pena de seysçientos... ... ... echasen la meytad para la... ... ... cuya era la dicha bodega... ... ... /1v toda la susia que estava en el dicho corral de aguabierte fasta ocho dias primeros seguientes e que el asi lo pronunçiaba e pronunçio e mandava e mando por su sentençia definitiva, e mandava a mi el dicho escrivano que lo noteficase a los dichos herederos de las dichas casas de criba para que lo compliese e guardasen asy e segund como dicho es [...], 1471.

E por esta mi sentençia asy lo *pronunçio e mando* en estos escritos e por ellos, pro tribunali sedendo [...], 1490.

5 Conclusiones

Del análisis llevado a cabo se extraen dos conclusiones generales, susceptibles de una mayor concreción ulterior, a saber:

a) Desde el punto de vista de las relaciones entre la literatura y el derecho, y más concretamente de la historia del derecho, el LBA es un texto fundamental para el conocimiento de la recepción del derecho común en Castilla porque refleja el cambio de rumbo del pensamiento jurídico y político en la época de Juan Ruiz. Además, constituye un elemento muy importante para seguir perfilando la biografía del autor. En este sentido, la pista de su formación jurídica, amén de otros datos que proporciona la obra, podría ayudarnos a dilucidar la persona de su autor, no en el sentido de saber quién (personaje histórico) fue, sino cómo fue y cuál pudo haber sido su recorrido vital; realmente me interesa menos saber si fue o no Juan Ruiz de Cisneros que cómo adquirió los conocimientos que demuestra en la obra.

b) Desde el punto de vista de la terminología y fraseología jurídicas diacrónicas, el texto supone una muestra única para conocer la terminología, la combinatoria terminológica y las convenciones discursivas en el ámbito jurídico de la Edad Media. Asimismo, estimo importante incardinar la obra del Arcipreste no solo en los estudios de derecho y literatura o de fraseología diacrónica, sino de terminología y fraseología terminológica. En este sentido, considero que debe ampliarse el espectro de fenómenos fraseológicos analizables dentro de los estudios fraseológicos de corte diacrónico; salvo algunas excepciones (cf. García Valle, 2006, 2021), estos se han centrado en las llamadas locuciones, manteniendo una concepción estrecha de la fraseología también en el plano de los textos especializados. Asimismo, desde el punto de vista terminológico, se ha empleado una denominación propia de la fraseología de la lengua general y, desde el punto de vista nocional, se ha asumido una serie de propiedades (como la fijación o la idiomaticidad) de estas unidades fraseológicas que no se dan o no se dan de la misma manera en los textos especializados, ya sean actuales o históricos. Por ello, con este trabajo se ha querido ofrecer un modelo de análisis desde los presupuestos de la terminología y de la lingüística de los textos especializados —en la medida en que podrían aplicarse, pues estamos ante obras literarias—. Esto ha permitido explotar otro tipo de unidades como las construcciones verbonominales, que constituyen el núcleo de los textos especializados, los elementos que permiten hilar su contenido textual. Y este texto del Arcipreste,

como creo que se ha mostrado, es muy importante en este sentido si tomamos en consideración la relevancia y frecuencia de las UTED. El ejemplo
paradigmático es la fábula del lobo y la raposa, un fragmento, como se ha
visto, con un alto grado de especialización.

Por lo demás, las UTED y UFED constituyen una pieza fundamental para
rastrear cómo ha evolucionado la lengua del derecho español. Se han podido
presentar con detalle bastantes de ellas (se ha ampliado el número de CVN analizadas en Tabares, 2018). He querido, además, que, entre estas, tuvieran representación tanto las que se siguen usando como las que ya no se usan, pero puedo
asegurar, tras mi análisis pormenorizado de todas estas unidades que, en casi
un 80 %, se siguen empleando. En el caso de las cadenas gramaticales y las fórmulas adverbiales se puede reducir a la mitad el número de las que se mantienen
hasta hoy. También el examen de otras unidades mayores, como los textos formularios, lleva a la constatación de que algunas convenciones textuales se han
mantenido y otras se han desarrollado de manera diferente, como en el caso de
la sentencia. Después de este trabajo, debería realizarse un estudio sintáctico
y semántico diacrónico más exhaustivo para desentrañar, en los supuestos en
que se han producido cambios, el momento y sus causas lingüísticas o extra-
lingüísticas.

Por último, considero que el Corpus de Literatura Española (CORLITES)
puede ser una herramienta muy útil para seguir explotando lingüísticamente
(desde la vertiente de la terminología y la fraseología especializada) el LBA y
otros textos literarios españoles. Extrapolando las palabras de Echenique Elizondo (2003) con respecto a la fraseología histórica, es necesario trabajar con
corpus que nos permitan analizar el uso y la evolución de las UTED y UFED.
Los análisis y descripción efectuados hasta ahora ponen de manifiesto que el
componente jurídico en la literatura española queda fuera de discusión. No
obstante, los resultados que he presentado en esta obra, por su relación con
el LBA, no son más que una parte pequeña de toda la investigación que estoy
llevando a cabo. Es necesario profundizar más en la sintaxis y semántica de
las UTED y UFED, realizar un examen detallado e integral de la formación de
palabras y de la variación terminológica (establecer un modelo que dé cuenta
de la terminología y fraseología, señalar sus causas, fijar el papel del eje temporal en la variación, etc.). En definitiva, todavía queda bastante trabajo por
delante.

Índice de tablas

Índice de figuras

Referencias

Ediciones del *Libro de buen amor*

Blecua, A. (Ed.) (1995). *Libro de buen amor*. Cátedra (Letras Hispánicas).

Cejador y Frauca, J. (Ed.) (1913). *Libro de buen amor*. Lectura (2 vols.)

Chiarini, G. (Ed.). (1964). *Libro de buen amor*. Riciardi.

Corominas, J. (Ed.). (1967). *Libro de buen amor*. Gredos.

Criado del Val, E. y Naylor, E. W. (Eds.). (1972). *Libro de buen amor*, edición sinóptica y paleográfica. CSIC (2.ª edición).

Ducamin, J. (Ed.) (1901). *Libro de buen amor*. Privat

Gybbon-Monypenny, G. B. (Ed.). (1990[1988]). *Libro de buen amor*. Castalia.

Joset, J. (Ed.). (1990). *Libro de buen amor*. Taurus.

Zahareas, A. N. y Pereira Zazo, Ó. (Eds.) (2009). *Libro del Arcipreste (Libro de buen amor)*. Akal.

Bibliografía secundaria

Accatino Scagliotti, D. (2003). La fundamentación de las sentencias: ¿un rasgo distintivo de la judicatura moderna? *Rev. derecho (Valdivia)*, 15, 9–35.

Accorsi, F. (2012). A vueltas con san Agustín y el Libro de buen amor: estado de la cuestión. En F. Toro Ceballos y L. Godinas, *Juan Ruiz, Arcipreste de Hita, y el "Libro de buen amor". III Congreso Internacional del Ayuntamiento de Alcalá la Real, el Centro para la Edición de los Clásicos Españoles y el Instituto de Estudios Giennenses, celebrado en Alcalá la Real del 7 al 29 de mayo del año 2011. Congreso homenaje a Jacques Joset.* Centro Virtual Cervantes. https://cvc.cervantes.es/literatura/arcipreste_hita/03/accorsi.htm. [15.10.2022].

Acedo Castilla, J. F. (1979). El rey, la justicia y el derecho en nuestra literatura. *Boletín de la Real Academia Sevillana de las Buenas Letras: Minervae*, 7, 5–49.

Aguilar Gómez, J. y García Lizana, A. (2017). Trotaconventos, doña Garosa y la trampa del bienestar. Una relectura en clave actual. En F. Toro Ceballos (Coord.), *Dueñas, cortesanas y alcahuetas. "Libro de buen amor", "La Celestina" y "La lozana andaluza". Juan Ruiz, Arcipreste de Hita, y el "Libro de buen amor". Congreso homenaje a Joseph T. Snow* (pp. 17–24). Ayuntamiento de Alcalá la Real (Jaén).

Aguilar Ruiz, M. J. (2010). Fuentes bibliográficas para el estudio de las locuciones desde una perspectiva histórica: elaboración de un corpus e inserción en diccionarios. *Res Diachronicae*, 8, 123–135.

Aguilera Berchet, B. (2006). El derecho en el *Quijote*: notas para una inmersión jurídica en la España del Siglo de Oro, *Anuario de historia del derecho español*, 76, 173–204.

Ahmad, K. (1995). Pragmatics of Specialist Terms: The Acquisition and Representation of Terminology. En P. Steffens, Petra (Ed.), *Machine Translation and the Lexicon: Proceedings of the 3rd International EAMT Workshop, Heidelberg, Germany, April 1993*. (pp. 51–76). Springer

Alborg, J. L. (1975). *Historia de la literatura española. Edad Media y Renacimiento*, I, Gredos.

Alfonso X, el Sabio (1974). *Libro de las Siete Partidas*. BOE [Facsímil de la ed. con glosas de Gregorio López (1555). Andrea Portonariis].

Alfonso X, el Sabio (1979). *Fuero Real*. Lex Nova [Facsímil de la ed. de la Real Academia de la Historia (1836)].

Almela Pérez, R. (1999). *Procedimientos de formación de palabras en español*. Ariel Practicum.

Alvar Ezquerra, M. (1993). *La formación de palabras en español*. Arco/Libros.

Álvarez Vives, V. (2016). Lexicografía y fraseología histórica: la necesidad de un diccionario histórico fraseológico. En M. T. Echenique Elizondo et al. (Coords.), *Fraseología española: diacronía y codificación* (pp. 173–184). CSIC.

Amat, C. (1985). Songes et visions. L'au-delà dans la littérature latine tardive. Études augustiniènnes.

Andrades, A. (2016). Propuesta de equivalencias de binomios en la traducción jurídica inglés-español. *Estudios de Traducción*, 6, 129–145. http://dx.doi.org/10.5209/ESTR.53008.

Añoveros Trías de Bes, X. (2015). El derecho público en el Quijote. Derecho de gentes y derecho político. *Tribuna plural: la revista científica*,7, 529–556.

Aquino, T. de (1982). *Opera Omnia: Quaestiones disputatae de Malo*. Comisión Leonina [tomo XIII].

Arroyo Martínez, I. (2006). Don Quijote y el derecho marítimo. *Anuario de Derecho marítimo*, 23, 189–205.

Arsuaga, T. (2009). "Derecho y Literatura". Origen, tesis principales y recepción en España. *Working Paper IE Law School AJ8-157 (01.06.2009)*. IE Publishing, 1–20, http://globalcampus.ie.edu/webes/servicios/descarga_sgd_intranet/envia_doc.asp?id=8812&nombre=AccesoDatosDocumentIE.Documento.pdf&clave=WPLS09-05.

Auerbach, E. (1998). *Figura*. Trotta.

Brambilla, F. (Ed.) (1995). Dante Alighieri, *Il convivio*. Case Editrice Le Lettere.

Barreiro González, G. (2005). *Ius quijotescum*: el derecho como recurso literario en el Quijote: Cervantes y el ingenioso caballero jurisperitos. *Anuario da Facultade de Dereito da Universidade da Coruña*, 9, 49–74.

Batista Rodríguez, J. J. y García Padrón, D. (2017). Características y dificultades de la fraseología en Góngora. En M. T. Echenique Elizondo, M. J. Martínez Alcalde y F. P. Pla Colomer (Eds.), *La fraseología a través de la historia de la lengua española y su historiografía* (pp. 301–340). Tirant Humanidades.

Batista Rodríguez, J. J. y García Padrón, D. (2018). Nombres propios en fraseologismos de Góngora y Quevedo: función semántica e idiomaticidad. En M. T. Echenique Elizondo, A. Schrott y F. P. Pla Colomer (Eds.), *Cómo se hacen las unidades fraseológicas: continuidad y renovación en la diacronía del espacio castellano* (pp. 71–109). Peter Lang.

Batista Rodríguez, J. J. y García Padrón, D. (2020). Para un estudio semántico y formal de las unidades fraseológicas en las Fábulas de Iriarte. *RILEX. Revista sobre investigaciones léxicas*, 1 Extra, 37–72.

Batista Rodríguez, J. J. y Pérez Vigaray, J. M. (2005). Composición nominal y fraseología. En R. Almela Pérez, G. Wotjak y E. Trives (Coords.), *Fraseología contrastiva: con ejemplos tomados del alemán, español, francés e italiano* (pp.-81–90). Universidad de Murcia.

Batlle Vázquez, M. (1977). Reflejos del derecho español en nuestra literatura. En *Homenaje al profesor Muñoz Cortés* vol. I (pp. 97–102). Universidad de Murcia.

Beahr, R. (1984). *Manual de versificación española*. Gredos.

Benson, M. (1985). Collocations and Idioms. En R. Ilson (Ed.), *Dictionaries, Lexicography and Language Learning* (pp. 61–68).Pergamon y British Council.

Berger, A. (1991). *Encyclopedic Dictionary of Roman Law*. The American Philosophical Society.

Bermejo Cabrero, J. L. (1973). El saber jurídico del Arcipreste. En M. Criado de Val (Dir.), *El libro, el autor, la tierra, la época. Actas del I Congreso Internacional sobre el Arcipreste de Hita* (pp. 409–415). S.E.R.E.S.A.

Bermejo Cabrero, J. L. (1980). *Derecho y pensamiento político en la literatura española*. Gráficas Feijóo.

Bermejo Cabrero, J. L. (2015). Abogados en la literatura española (siglos XIII-XVII). En S. Muñoz Machado (Dir.), *Historia de la abogacía española*, vol. 1 (pp. 555–589). Thomson Reuters Aranzadi.

Bertolucci, V., Alvar, C., Asperti, S. (1999). *Storie delle letterature medievali romanze. L'area iberica.* Laterza.

Biber, D. y Jones, J. K. (2009). Quantitative Methods in Corpus Linguistics. En A. Lüdeling y A. Kytö Merja (Eds.), *Corpus Linguistics: An International Handbook*, vol. 2 (pp. 1286–1304). De Gruyter.

Blecua, A. (1983). *Manual de crítica textual.* Castalia.

Bonadonna, M. F. (2020). Using lexical functions to describe adjectives in terminography. *Terminology*, 26(1), 7–33.

Botterill, S. (Ed.) (1996[1305]). Dante Alighieri, *De vulgari eloquentia.* Cambridge University Press.

Botero Bernal, A. (2008). Derecho y Literatura: un nuevo modelo para armar. Instrucciones de uso. En J. Calvo González (Coord.), *Implicación Derecho Literatura: contribuciones a una teoría literaria del derecho* (pp. 29–40). Comares.

Botero Bernal, A. (2009). El Quijote y el Derecho: las relaciones entre la disciplina jurídica y la obra literaria. *RJUAM*, 20(II), 37–65.

Bowker, L. y Pearson, J. (2002). *Working with Specialized Language: A Practical Guide to Using Corpora.* Routledge.

Brenot, A. (Ed.) (1969). *Phèdre. Fables.* Les Belles Lettres.

Brook, T. (1987). *Cross-Examinations of Law and Literature: Cooper, Hawthome, Stowe and Melville.* Cambridge University Press.

Bruner, J. (2003). *Las fábrica de historias. Derecho, literatura, vida.* FCE.

Bubnova, T. (2017). Libro-personaje y personaje como libro. En F. Toro Ceballos (Coord.), *Dueñas, cortesanas y alcahuetas. "Libro de buen amor", "La Celestina" y "La lozana andaluza". Juan Ruiz, Arcipreste de Hita, y el "Libro de buen amor". Congreso homenaje a Joseph T. Snow* (pp. 43–54). Ayuntamiento de Alcalá la Real (Jaén).

Burger, H. et al. (Eds.) (2007). *Phraseologie/Phraseology. Ein internationales Handbuch zeitgenössicher Forschung/An international Handbook of Contemporary Research*, vol. 2. De Gruyter.

Busse, D. (2000). Textsorten des Bereichs Rechtswesen und Justiz. En G. Antos et al. K. (Eds.), *Text- und Gesprächslinguistik. Ein internationales Handbuch zeitgenössischer Forschung. 1. Halbband* (pp. 658–675). De Gruyter.

Bussi, E. (1935). *Intorno al concetto di diritto comune.* Società editrice "Vita e pensiero".

Bustos Gisbert, E. (1986). *La composición nominal en español.* Universidad de Salamanca.

Cabré, M. T (1999). *La terminología: representación y comunicación. Elementos para una teoría de base comunicativa y otros artículos.* Universitat Pompeu Fabra, Institut Universitari de Lingüística Aplicada.

Cabré, M. T. (2002). Textos especializados y unidades de conocimiento: metodología y tipologización. En J. García Palacios y M. T. Fuentes (Eds.), *Texto, terminología y traducción* (pp. 15–36). Ediciones Almar.

Cabré, M. T, Estopà, R. y Lorente, M. (1996). Terminología y fraseología. En *Actas del V Simposio Iberoamericano de Terminología, Ciencia y Tecnología,* México. http://www.riterm.net/actes/5simposio/cabre5.htm.

Calvo González, J. (1996). *derecho y narración. Materiales para una teoría y crítica narrativista del Derecho.* Ariel.

Calvo González, J. (2007). "Derecho y Literatura. Intersecciones instrumental, estructural e institucional. *Anuario de filosofía del derecho*, 24, 307–332.

Calvo González, J. (Coord.) (2008). *Implicación Derecho Literatura: contribuciones a una teoría literaria del derecho.* Comares.

Calvo González, J. (2013). Derecho y Literatura, *ad Usum Scholaris Juventutis* (con relato implícito). *Seqüência*, 66, 15–45.

Cardozo, B. N. (1931). *Law and Literature.* Harcourt Brace & Co.

Carnap, R. (1992). Biografía intelectual. Paidós.

Caro Cedillo, A. (2004). *Fachsprachliche Kollokationen: ein übersetzungsorientiertes Datenbankmodell Deutsch-Spanisch.* Narr.

Carreras, M. (1996). Derecho y Literatura. *Persona y derecho: Revista de fundamentación de las Instituciones Jurídicas y los Derechos Humanos*, 34, 33–62.

Casado Arboniés, M. (2018). Un contexto temprano de política educativa regia: El "estudio general" de Alcalá de Henares (1293). *CIAN-Revista de Historia de las Universidades*, 21(1), 151–189. https://doi.org/10.20318/cian.2018.4195.

Cáseda Teresa, J. F. (2020). Autobiografía poética en el Libro de Buen Amor: Juan Ruiz de Cisneros y la «Cruz cruzada, panadera». De la trova caçurra a la cantica de escarnio, *Archivum*, 70(2), 83–116.

Cáseda Teresa, J. F. (2021a). Don Furón o ben Furón: El mundo mozárabe toledano en el Libro de Buen Amor de Juan Ruiz de Cisneros. *Lemir*, 25, 141–154.

Cáseda Teresa, J. F. (2021b), El episodio de Doña Garoza (Doña Urraca Artal de Luna) en el Libro de Buen Amor: Juan Ruiz de Cisneros y la familia aragonesa de los arzobispos de Toledo Jimeno de Luna y Gil de Albornoz, *eHumanista*, 47, 230–244.

Cáseda Teresa, J. F. (2021c). Pedro I «el Cruel» y su amante María de Padilla —cuñada de Juan Ruiz de Cisneros— en el Libro de Buen Amor: Del Pintor Pitas Pajas al «Elogio de las dueñas chicas». *Lemir*, 25, 283–304.

Cáseda Teresa, J.F. (2021d). La historia de D. Melón Ortiz y Dª. Endrina: Del guarda mayor Íñigo Ortiz de Estúñiga a Dª. Juana de Orozco y Meneses, miembro de la familia de los señores de Hita. Y algunas referencias navarras en el Libro de Buen Amor de Juan Ruiz de Cisneros. *eHumanista*, 49, 136–148.

Cáseda Teresa, J. F. (2022). Las razones de la escritura del Libro de Buen Amor por Juan Ruiz de Cisneros: Entre el "juego y la burla" y la venganza poética. Y de "Cómo dice el arcipreste que se ha de entender su libro". En F. Toro Ceballos (Ed.), *Mujer, saber y heterodoxia. "Libro de Buen Amor", "La Celestina" y "La Lozana Andaluza", VI Congreso Internacional sobre el "Libro de Buen Amor". 28 y 29 de mayo de 2021. Homenaje a Folke Gernert* (pp. 69–86). Ayuntamiento de Alcalá la Real (Jaén). https://cvc.cervantes.es/literatura/arcipreste_hita/06/caseda.htm.

Castán Vázquez, J. M. (1993). El Derecho Matrimonial en la Literatura. *Themis*, 25, 125–138.

Castillo Carballo, M. A. (1998). ¿Compuestos o locuciones? En M. Alvar Ezquerra, y G. Corpas Pastor (Coords.), *Diccionarios, frases, palabras* (pp. 147–155). Universidad de Málaga.

Cejador y Frauca, J. (Ed.) (1931). *Juan Ruiz Arcipreste de Hita, Libro de buen amor*, I, Madrid, Espasa-Calpe.

Celemín Santos, V. (1996). *El Derecho en la Literatura medieval española*. Bosch.

Cherchi, P. (1993). Il prologo di Juan Ruiz e il *Decretum Gratiani*, Medievo Romanzo, XVIII, 257–260.

Cherchi, P. (1998). «Coita non ha ley»: 'Libro de Buen Amor', 928a, Medievo Romanzo XXII(1), 112–15.

Cifuentes Honrubia, J. L. (2015). *Construcciones posesivas en español*. Brill.

Clarus, Ludwig (1846). *Darstellung der spanischen Literatur im Mittelalter. Mit einer Vorrede von Joseph von Görres*. Verlag von Kirchheim, Schott und Thielmann.

Codita, V. (2011). Estudio comparativo de las locuciones prepositivas en Calila e Dimna y El Conde Lucanor. En torno a las unidades con en y por. En E. Carmona Yanes y S. del Rey Quesada (Coords.), *Id est, loquendi peritia. Aportaciones a la Lingüística Diacrónica de los Jóvenes Investigadores de Historiografía e Historia de la Lengua Española* (pp. 203–214). Universidad de Sevilla.

Codita, V. (2012a). Observaciones acerca de las locuciones prepositivas en la Primera Partida. En E. Montero Cartelle (Ed.), *Actas del VIII Congreso Internacional de Historia de la Lengua Española* (Santiago de Compostela, 14-18 de septiembre 2009) (pp. 735-747). Meubook.

Codita V. (2012b). Locuciones prepositivas en la obra jurídica de Alfonso X. En A. García Valle, Á. Ricós Vidal y J. P. Sánchez Méndez (Eds.), *Fablar bien e tan mesurado. Veinticinco años de investigación diacrónica en Valencia. Estudios ofrecidos a María Teresa Echenique Elizondo en conmemoración de su cátedra*, (pp. 39-62). Tirant lo Blanch.

Codita, V. (2013-2014). *Locuciones prepositivas en español medieval: siglos XIII-XV*. Universidad de Tübingen y Universidad de Valencia.

Contreras Guala, C. (2013): Literatura y Derecho en Jacques Derrida. *Ideas y Valores*, LXII(152), 95-110.

Contreras, S. y Miranda Montecinos, A. (2018). Don Quijote y su visión de la justicia y el derecho. A propósito de los consejos para el gobierno de la ínsula Barataria. *Revista CES Derecho*, 9(1), 3-12.

Corpas Pastor, G. (1996). *Manual de fraseología española*. Gredos.

Cortés Martínez, I. M. (2020). *Mundo jurídico en la literatura medieval* [Tesis doctoral, UNED]http://e-spacio.uned.es/fez/eserv/tesisuned:ED-Pg-Filologia-Imcortes/CORTES_MARTINEZ__Isabel_Maria_Tesis.pdf

Corveddu, M. S. (2018). La productividad neológica de la derivación en un léxico técnico: una mirada diacrónica. *RILEX Revista sobre investigaciones léxicas* 1 (2), 5-30.

Costa, Joaquín (1884): *Estudios jurídicos y políticos*. Imprenta de la Revista de Legislación.

Criado de Val, M. (1972). E1 Cardenal Albornoz y el Arcipreste de Hita, *Studia Albornotiana*, 11, 91-97.

Criado deVal, M. (Ed.) (1973). *El Arcipreste de Hita: el libro, el autor, la tierra, la época. Actas del I Congreso Internacional sobre el Arcipreste de Hita*. S.E.R.E.S.A.

Criado de Val, M. (1998). *Historia de Hita y su Arcipreste: vida y muerte de una villa mozárabe*. Minaya.

Criado de Val, M. (2008). Sobre el arcipreste, cuestionario actual sobre el libro y el autor (año 2007). En L. Haywood y F. Toro Ceballos (Eds.), *Juan Ruiz, Arcipreste de Hita, y el "Libro de Buen Amor". Congreso homenaje a Alan Deyermond* (pp. 115-128). Ayuntamiento de Alcalá la Real (Jaén). https://cvc.cervantes.es/literatura/arcipreste_hita/02/criado.htm.

Cuartero Sancho, M. P. (2004). La paremiología en el Libro de buen amor. En F. Toro Ceballos y B. Morros Mestre (Coords.), *Juan Ruiz, Arcipreste de Hita, y* el *"Libro de buen amor"*. *Congreso Internacional del Centro para la Edición de los Clásicos Españoles, patrocinado por el área del cultura del Ayuntamiento de Alcalá la Real, del 9 al 11 de mayo de 2003* (pp. 215–234). Área de Cultura del Ayuntamiento de Alcalá la Real (Jaén) y Centro para la Edición de los Clásicos Españoles.

Cuesta Torre, M. L. (2008). El "ensiemplo del león y del caballo" y la crítica a la caballería en el "Libro de buen amor". *Boletín de la Biblioteca de Menéndez Pelayo*, 84, 109–133.

Cuesta Torre, M. L. (2011). Tradición y originalidad en una de Las fábulas esópicas del "Libro de buen amor": el lobo, la cabra y la grulla. En Toro Ceballos, F. y Godinas, L. (Coords.), *Congreso Internacional Juan Ruiz, Arcipreste de Hita, y el "Libro de Buen Amor". Homenaje a Jacques Joset*. Centro para la Edición de los Clásicos Españoles, Diputación Provincial de Jaén, Instituto de Estudios Giennenses y Ayuntamiento de Alcalá la Real (Jaén). https://cvc.cervantes.es/literatura/arcipreste_hita/03/cuesta.htm.

Cuesta Torre, M. L. (2012). Las fábulas de leones en el *Libro de buen amor*. En N. Fernández Rodríguez y M. Fernández Ferreiro (Eds.), *Literatura medieval y renacentista en España. Líneas y pautas* (pp. 477–487). Universidad de Salamanca y Sociedad de Estudios Medievales y Renacentistas (SEMYR).

Cuesta Torre, M. L. (2015). La inserción de la fábula esópica del león y el ratón en el *Libro de buen amor*. En F. Toro Ceballos (Coord.), *Congreso Internacional Juan Ruiz, Arcipreste de Hita, y el "Libro de Buen Amor". Homenaje a Alberto Blecua*. Centro Virtual Cervantes. https://cvc.cervantes.es/literatura/arcipreste_hita/04/cuesta.htm.

Curtius, E. R. (1989). *literatura europea y Edad Media latina*. FCE.

Darrell, J. (2014). "Contaré un caso": la justicia y el poder en el "Lazarillo de Tormes". Studi Spanici, 39, 51-67.

DEJ = Real Academia Española y Consejo General de Poder Judicial (2020), *Diccionario del Español Jurídico*, https://dej.rae.es.

De Looze, L. (2008). El *Libro de buen amor* y la crítica textual. En L. Haywood y F. Toro Ceballos (Eds.), *Juan Ruiz, Arcipreste de Hita, y el "Libro de Buen Amor". Congreso homenaje a Alan Deyermond* (pp. 141–146). Ayuntamiento de Alcalá la Real (Jaén).

Delgado Cintrón, Carmelo (2010): El mundo jurídico de Don Quijote. *Revista Puerorriqueña de Jurisprudencia y Legislación*. VIII,131–247.

DLE = Real Academia Española y Asociación de Academias de la Lengua Española (2014). *Diccionario de la Lengua Española*, 23.ª. http://www.rae.es.

Deyermond, A. (1970). Some Aspects of Parody in the *Libro de buen amor*. En G. B. Gybbon-Monypenny (Ed.), *«Libro de buen amor» Studies* (pp. 53-77). Tamesis.

Deyermond, A. (1991). *Historia y crítica de la literatura española*. Edad Media. Primer suplemento (pp. 177–208). Crítica.

Deyermond, A. (2004). La difusión y recepción del Libro de buen amor desde Juan Ruiz hasta Tomás Antonio Sánchez: cronología provisional. En B. Morros y F. Toro Ceballos (Eds.), *Juan Ruiz, Arcipreste de Hita, y el Libro de Buen Amor: Actas del Congreso Internacional del Centro para la Edición de los Clásicos Españoles (Alcalá la Real, 9–11 mayo 2002)* (pp. 129–142). Ayuntamiento de Alcalá la Real.

Durando, G. (1474). *Repertorium sive Breviarium aureum super corpus iuris canonici*. T. Schencbecher.

Durando, G. (1975). *Speculum iudiciale*. Scientia (Facsímil de la ed. con glosas de Juan Andrés y Baldo degli Ubaldi. 1574).

Dworkin, Ronald (2001[1985]). How Law is like Literature. En R. Dworkin, *A Matter of Principle* (pp. 146–166). Oxford University Press.

Echenique Elizondo, M. T. (2003). Pautas para el estudio histórico de las unidades fraseológicas. En J. L. Girón Alconchel et al. (Coords.), *Estudios ofrecidos al profesor José Jesús de Bustos Tovar*, I (pp. 545–560). Servicio de Publicaciones de la Universidad Complutense de Madrid.

Echenique Elizondo, M. T. (2008a). Algunas notas sobre latín y romance en la fraseología hispánica medieval. En R. Wright (Ed.), *Actes du VIIIe colloque international sur le latin vulgaire et tardif* (pp. 540–547). Olms-Weidmann.

Echenique Elizondo, M. T. (2008b). Notas de sintaxis histórica en el marco del corpus de Diacronía Fraseológica del Español (*DIAFRAES*). En E. Stark, R. Schmidt-Riese y E. Stoll (Eds.), *Romanische Syntax im Wandel* (pp. 387–398). Narr.

Echenique Elizondo, M. T. y Martínez Alcalde, M. J. (2005). Fraseología y fraseografía históricas. *Diacronía y Gramática Histórica de la Lengua Española* (pp. 233–251).Tirant lo Blanch.

Echenique Elizondo, M. T. et al. (Coords.) (2016). *Fraseología española: diacronía y codificación*. CSIC.

Echenique Elizondo, M. T., Schrott, Angela y Pla Colomer, F. P. (Eds.) (2018). *Cómo se hacen las unidades fraseológicas continuidad y renovación en la diacronía del espacio castellano*. Peter Lang.

Eizaga y Gondra, M. (1942). *Un proceso en el Libro de buen amor*. Junta de Cultura de Vizcaya.

Eugenio y Díaz, F. (1973). El lenguaje jurídico del *Libro de buen amor*. En M. Criado de Val (Dir.), *El libro, el autor, la tierra, la época. Actas del I Congreso Internacional sobre el Arcipreste de Hita* (pp. 422–433). S.E.R.E.S.A.

Esteve Ramos, M. J. (2003). *El cambio progresivo en la terminología del inglés médico en oftalmología: una perspectiva diacrónica (s. XI–XX)* [Tesis doctoral, Universitat Jaume I].

Estopà, R. (2000). Los adjetivos en las unidades terminológicas poliléxicas: un análisis morfosemántico. *Organon. Revista do Instituto de Letras da UFGRS*, 14(28–29), 233–246. https://doi.org/10.22456/2238-8915.30208.

Faral, E. (1962[1924]). *Les arts poétiques du XIIᵉ et du XIIIᵉ siècle*. Honoré Champion.

Faulstich, E. (1995). *Base metodológica para pesquisa em socioterminologia. Termo e variação*. Universidade de Brasília.

Faulstich, E. (1998). Entre a sincronia e a diacronia: variação terminológica no código e na língua. En *Actas del VI Simposio Iberoamericano de Terminología: Terminología, desarrollo e identidad nacional (La Habana, 16–19 de noviembre de 1998)*. http://www.ufrgs.br/riterm/esp/simposios_anteriores_1998.html.

Faulstich, E. (2002). Variação em terminologia. Aspectos de socioterminologia. En G. Guerrero Ramos y M. F. Pérez Lagos (Coords.), *Panorama actual de la terminología* (pp. 65–91). Comares.

Ferguson, R. A. (1984). *Law and Letters in American Culture*. Harvard University Press.

Filaktina, N. et al. (Eds.) (2012). *Aspekte der historischen Phraseologie und Phraseographie*. Winter Verlag.

Forment Fernández, M. (1999). *Fijación y uso de algunas expresiones fraseológicas del español* [Tesis doctoral, Universitat de Barcelona]. http://www.tdx.cat/handle/10803/1701.

Gacto Fernández, E. (1982), La administración de justicia en la obra satírica de Quevedo. En V. García de la Concha (Dir.), *Homenaje a Quevedo* (pp. 132–162). Universidad de Salamanca.

Gadamer, H.-G. (2010). *Wahrheit und Methode. Grundzüge einer philosophischen Hermeneutik*. Mohr Siebeck.

Gámez Montalvo, M. F. (1997). El procedimiento judicial en el *Libro de buen Amor*. En F. Toro Ceballos y J. Rodríguez Molina (Coords.), *Estudios de frontera: Alcalá la Real y el Arcipreste de Hita: congreso internacional celebrado en Alcalá la Real, del 22 al 25 de noviembre de 1995* (pp. 203–210). Diputación Provincial de Jaén, Área de Cultura.

García Costa, F. (2005). El derecho constitucional en el Quijote. *Anales de derecho*, 25, 187–202.

García-Gallo de Diego, A. (1941). Nacionalidad y territorialidad del Derecho en la época visigoda. *Anuario de Historia del Derecho español*, 13, 168–264

García-Gallo de Diego, A. (1951–1952). El Libro de las Leyes de Alfonso X el Sabio: Del *Espéculo* a las *Partidas*. *Anuario de Historia del Derecho español*, 21–22, 345–451.

García-Gallo de Diego, A. (1955). El carácter germánico de la épica y del derecho en la Edad Media española. *Anuario de historia del derecho español*, 25, 583–680.

García-Gallo de Diego, A. (1974). Consideración crítica de los estudios sobre la costumbre visigoda, *Anuario de Historia del Derecho español*, 44, 343–364.

García-Gallo de Diego, A. (1976). Nuevas observaciones sobre la obra legislativa de Alfonso X. *Anuario de Historia del Derecho español*, 46, 609–670.

García-Gallo de Diego, A. (2000). Una aproximación jurídica a la literatura popular: amor y derecho en el cancionero español. En J. Alvarado Planas (Ed.), *Historia de la literatura jurídica en la España del Antiguo Régimen* (pp. 11–34). Marcial Pons.

García Izquierdo, I. (2005). El género y la lengua propia: el español de especialidad. En I. García Izquierdo (Ed.), *El género textual y la traducción. Reflexiones teóricas y aplicaciones pedagógicas* (pp. 117–134). Peter Lang.

García Lizana, A. (2004). La economía en el *Libro de buen amor*. En F. Toro Ceballos, y B. Morros Mestres (Coords.), *Juan Ruiz, Arcipreste de Hita, y el "Libro de buen amor". Congreso Internacional del Centro para la Edición de los Clásicos Españoles, patrocinado por el área del cultura del Ayuntamiento de Alcalá la Real, del 9 al 11 de mayo de 2003* (pp. 395–408). Área de Cultura del Ayuntamiento de Alcalá la Real (Jaén) y Centro para la Edición de los Clásicos Españoles.

García Lizana, A. y Aguilar Gómez, J. (2008). La Economía en el Libro de Buen Amor: sobre avaricia y pobreza. En F. Toro Ceballos (Coord.), *Dueñas, cortesanas y alcahuetas. "Libro de buen amor", "La Celestina" y "La lozana andaluza". Juan Ruiz, Arcipreste de Hita, y el "Libro de buen amor". Congreso homenaje a Joseph T. Snow* (pp. 195–204). Ayuntamiento de Alcalá la Real (Jaén).

García Lizana, A. y Aguilar Gómez, J. (2011). El tema de la riqueza en las tradiciones de occidente y oriente: algunas reflexiones sobre el "Libro de buen amor", el "Dhammapada" y el "Código del Samuray". En F. Toro Ceballos y L. Godinas. (Coords.), *Congreso Internacional Juan Ruiz, Arcipreste de Hita, y el "Libro de Buen Amor". Homenaje a Jacques Joset* (pp. 115–122). Centro para la Edición de los Clásicos Españoles, Diputación Provincial de Jaén, Instituto de Estudios Giennenses y Ayuntamiento de Alcalá la Real (Jaén).

García Lizana, A. y Aguilar Gómez, J. (2015). El tratamiento de la codicia en el Libro de buen amor: (estrofas 217-229 y 1586-1587). En F. Toro Ceballos (Coord.), *Congreso Internacional Juan Ruiz, Arcipreste de Hita, y el "Libro de Buen Amor"*. Homenaje a Alberto Blecua. Centro Virtual Cervantes. https://cvc.cervantes.es/literatura/arcipreste_hita/05/aguilar_lizana.htm.

García Lizana, A. y Aguilar Gómez, J. (2022). En F. Toro Ceballos (Coord.), *Mujer, saber y heterodoxia. "Libro de Buen Amor", "La Celestina" y "La Lozana Andaluza", VI Congreso Internacional sobre el "Libro de Buen Amor". 28 y 29 de mayo de 2021. Homenaje a Folke Gernert* (pp. 127-130). Área de Cultura del Ayuntamiento de Alcalá la Real (Jaén).

García Padrón, D. y Batista Rodríguez, J. J. (2010a). Reflexiones sobre aspectos semánticos y sintácticos de las colocaciones nominales. En D. García Padrón y M. C. Fumero Pérez (Eds.), *Tendencias en lingüística general y aplicada* (pp. 127-135). Peter Lang.

García Padrón, D. y Batista Rodríguez, J. J. (2010b). Las combinaciones nominales en español: aspectos sintácticos, semántico-denotativos y terminológicos. *LEA*, XXXII (2), 197-222.

García Padrón, D. y Batista Rodríguez, J. J. (2016). Compilación, desautomatización y desarticulación fraseológica en Quevedo. En M. T. Echenique Elizondo et al. (Eds.), *Fraseología española. Diacronía y codificación* (pp. 111-131). CSIC.

García-Page Sánchez, M. (2008). *Introducción a la fraseología española. Estudio de las locuciones*. Anthropos.

García-Page Sánchez, M. (2013). La fraseología de *Cuento de cuentos* de Francisco de Quevedo. *Anuario de estudios filológicos*, 36, 55-67.

García Única, J. (2011). Inventario de títulos dados al libro que hizo el Arcipreste de Hita. En F. Toro Ceballos, F. y L. Godinas (Coords.), *Congreso Internacional Juan Ruiz, Arcipreste de Hita, y el "Libro de Buen Amor". Homenaje a Jacques Joset* (pp. 123-134). Centro para la Edición de los Clásicos Españoles, Diputación Provincial de Jaén, Instituto de Estudios Giennenses y Ayuntamiento de Alcalá la Real (Jaén).

García Valle, A. (2004). Las fórmulas jurídicas medievales. Un acercamiento preliminar desde la documentación notarial de Navarra. *Anuario de historia del derecho español*, 74, 613-640.

García Valle, A. (2006). Una primera aproximación al estudio de la formulación jurídica notarial de la Edad Media desde la perspectiva de la fraseología. En

J. L. Girón Alconchel et al. (Coords.), *Estudios ofrecidos al profesor José Jesús de Bustos Tovar, II* (pp. 1385–1400). Arco/Libros.

García Valle, A. (2008). A propósito de la importancia de las locuciones adverbiales en el análisis de los textos medievales: algunas notas para la edición de textos jurídicos antiguos. En I. Olza Moreno, M. Casado Velarde y R. González Ruiz (Coords.), *Actas del XXXVII Simposio Internacional de la Sociedad Española de Lingüística* (pp. 195–206). Universidad de Navarra.

García Valle, A. (2010). Locuciones adverbiales de ámbito jurídico: de los fueros medievales a su consolidación en la lengua. *Revista de Filología Española*, XC(1), 99–134.

García Valle, A. (2021). Fraseología jurídica medieval: las fórmulas romances. En Á. Moreno Moreno y M. Torres Martínez (Coords.), *Investigaciones léxicas. Estados, temas y rudimentos* (pp. 199–211). Octaedro.

García Valle, A. y Ricós Vidal, A. (2007). Estudio filológico comparativo de documentación peninsular medieval. Las fórmulas jurídicas desde la fraseología. En D. Trotter (Ed.), *Actes du XXIVe Congrès International de Linguistique et de Philologie Romanes* (pp. 173–186). Niemeyer.

Gariano, C. (1974). *El mundo poético de Juan Ruiz*. Gredos.

Garrido Arredondo, J. (2004). El derecho mercantil en el Libro de buen amor. En B. Morros Mestres y F. Toro Ceballos (Coords.), *Juan Ruiz, Arcipreste de Hita, y el "Libro de buen amor". Congreso Internacional del Centro para la Edición de los Clásicos Españoles* (pp. 409–419).Ayuntamiento de Alcalá la Real (Jaén).

Gaudin, F. (1993). *Pour une socioterminologie. Des problèmes sémantiques aux pratiques institutionnelles*. Université de Rouen.

Gella Iturriaga, J. (1973). El refranero del Arcipreste de Hita. En M. Criado de Val (Dir.), *El libro, el autor, la tierra, la época. Actas del I Congreso Internacional sobre el Arcipreste de Hita*, Barcelona (pp. 251–269). S.E.R.E.S.A.

Gerli, M. (1981–19822). Recta voluntas est bonus amor: St. Augustine and the Didactic Structure of the Libro de buen amor. *Romance Philology*, 35(3), 500–508.

Gerli, M. (2002). The Greeks, the Romans, and the Ambiguity of Signs: De doctrina christiana, the Fall, and the Hermeneutics of the Libro de buen amor. *Bulletin of Spanish Studies*, 79, 411–428.

Gerli, M. (2005). Vías de la interpretación: sendas, pasadizos, y callejones sin salida en la lectura del Libro del Arcipreste. En C. Heusch (Ed.), *El Libro de buen amor de Juan Ruiz, Archiprête de Hita* (pp. 67–80). Ellipses.

Godinas, L. (1996). Exempla y cultura jurídica en el 'Libro de buen amor'. *Medievalia*, 23, 12–21.

Godman, P. (1995). Il periodo carolingio. En G. Cavallo, C. Leonardi y E. Menestò (Eds.), *Lo spazio letterario del Medioevo latino* (pp. 339–373). Salerno.

Gómez González-Jover, A. (2006). *Terminografía, lenguajes profesionales y mediación interlingüística. Aplicación metodológica al léxico especializado del sector industrial del calzado y de las industrias afines.* Universitat de Alicante.

Gómez Iglesias, J. (2004). *Arcipreste de Hita, el conocimiento jurídico en el* Libro de buen amor. Llanura.

González Echevarría (2008). *Amor y ley en Cervantes.* Gredos.

Gonzálvez Ruiz, R. (2004). La persona de Juan Ruiz. En F. Toro Ceballos y B. Morros Mestre (Coords.*), Juan Ruiz, Arcipreste de Hita, y el "Libro de buen amor". Congreso Internacional del Centro para la Edición de los Clásicos Españoles, patrocinado por el área del cultura del Ayuntamiento de Alcalá la Real, del 9 al 11 de mayo de 2003* (pp. 36–67). Área de Cultura del Ayuntamiento de Alcalá la Real (Jaén) y Centro para la Edición de los Clásicos Españoles.

Gouadec, D. (1994). Nature et traitement des entités phraséologiques. Terminologie et phraséologie. Acteurs et amenageurs. En *Actes du deuxième Université d'Automne en Terminologie* (pp. 164–193). La Maison du Dictionnaire.

Gregorio Magno, S. (1979). *Moralia in Iob.* Brepols.

Green, O. H. (1969). *España y la tradición occidental.* Gredos.

Grimm, J. y Grimm, W. (1816). Von der Poesie im Recht. *Zeitschrift für Geschichtliche Rechtswissenschaft*, II, 25–99.

Gülich, E. y Krafft, U. (1998). Zur Rolle des Vorgeformten in Textproduktionsprozessen. En J. Wirrer (Ed.), *Phraseologismen. Text und Kontext* (pp. 11–32). Aisthesis.

Habermas, J. (1992). *Faktizität und Geltung: Beiträge zur Diskurstheorie des Rechts und des demokratischen Rechtsstaats.* Suhrkamp.

ten Hacken, P. (2010). Creating legal terms: A linguistic perspective. *International Journal for the Semiotics of Law*, 23, 407–425.

ten Hacken, P. (2019). Relational adjectives between syntax and morphology. *SKASE Journal of Theoretical Linguistics*, 16(1), 77–92.

Hamilton, M. (2006). The Libro de buen amor: Work of Mudejarismo or Augustinian Autobiography? *eHumanista*, 6,19–33.

Haywood, L. y Toro Ceballos, F. (Eds.) (2008). *Juan Ruiz, Arcipreste de Hita, y el "Libro de Buen Amor". Congreso homenaje a Alan Deyermond.* Ayuntamiento de Alcalá la Real (Jaén).

Henríquez Salido, M. C. (2005). Para una historia de la lengua de la ciencia: el vocabulario jurídico en el "Tesoro" de Covarrubias. *Revista portuguesa de humanidades*, 9(1), 79–115.

Henríquez Salido, M. C. (2015). Los derivados del sufijo latino «-tor» en el *Fuero Juzgo*. En C. Galán Rodríguez et al. (Coords.), *El discurso de la gramática: Estudios ofrecidos a José Manuel González Calvo* (pp. 195–204). Servicio de Publicaciones de la Universidad de Extremadura.

Henríquez Salido M. C. y De No Alonso-Misol, E. (2005). *Pautas para el análisis del léxico de la jurisprudencia del Tribunal Supremo*. Aranzadi.

Henríquez Salido M. C. y De No Alonso-Misol, E. (2010). *Historia del léxico jurídico*, Civitas.

Henríquez Salido, M. C. y De Paula Pombar, M. N. (1999). *La sufijación en el léxico de la jurisprudencia y de la legislación*. Universidade de Vigo.

Henríquez Salido, M. C. y De Paula Pombar, M. N. (2000). *Prefijación, composición y parasíntesis en el léxico de la jurisprudencia y de la legislación*. Universidade de Vigo.

Hernández, F. J. (1984). The Venerable Juan Ruiz, Archpriest of Hita. *La Corónica*, 13, 10–22.

Hernández, F. J. (1987–1988). Juan Ruiz y otros arciprestes de Hita y aledaños. *La Corónica*, 16, 1–31.

Hernández, F. J. (1995). La Fundación del Estudio de Alcalá de Henares. *En la España Medieval*, 18, 61–84.

Hervieux, L. (1970[1894]): *Les fabulistes latins depuis le siècle d'Auguste jusqu'à la fin du Moyen Âge. Phèdre et ses anciens imitateurs directs et indirects*, vol. II. Olms.

Hidalgo Brinquis, M. C. (2017). Los manuscritos del "Libro de buen amor". Características materiales. En F. Toro Ceballos (Coord.), *Dueñas, cortesanas y alcahuetas. "Libro de buen amor", "La Celestina" y "La lozana andaluza". Juan Ruiz, Arcipreste de Hita, y el "Libro de buen amor". Congreso homenaje a Joseph T. Snow* (pp. 163–176). Ayuntamiento de Alcalá la Real (Jaén).

Holtz, L. (1995). Glosse e commenti. En G. Cavallo, C. Leonardi y E. Menestò (dirs.), *Lo spazio letterario del Medioevo. 1. Il Medioevo latino. Vol. III. La Ricezione del Testo* (pp. 59–111). Salerno Editrice.

Hourani Martín, D. y Tabares Plasencia, E. (2016, diciembre 1–3). Diseño de un corpus especializado para el estudio de la variación terminológica y fraseológica en el ámbito jurídico: corpus CRIMO [Comunicación] *Parallel Corpora: Creation and Applications*, Santiago de Compostela, Universidade de Santiago de Compostela.

Iglesias Gómez, J. (2004). *Arcipreste de Hita, el conocimiento jurídico en el* Libro de buen amor. Llanura.

Illades Aguiar, G. (2013). El carácter delictivo de los personajes celestinescos a la luz de *Las siete Partidas. Celestinesca*, 37, 87–100.

Ivanova, V. y González de León, M. (2014). Phraseologie und Fachlexik in deutschen und spanischen Arbeitsverträgen. Ergebnisse einer computergestützten kontrastiven Korpusanalyse. En E. Tabares Plasencia (Ed.), *Fraseología jurídica contrastiva español–alemán/Kontrastive Fachphraseologie der spanischen und deutschen Rechtssprache* (pp. 35–78). Frank &Timme.

Jacob, D. y Kabatek, J. (Eds.) (2001). *Lengua medieval y tradiciones discursivas en la Península Ibérica. Descripción gramatical; gramática histórica; metodología*. Vervuert e Iberoamericana.

Joset, J. (Ed.) (1988). *Nuevas investigaciones sobre el* Libro de buen amor. Cátedra.

Juan Lovera, C. (2004). Datos biográficos de Juan Ruiz de Cisneros y acontecimientos históricos reflejados en el Libro de buen amor. En F. Toro Ceballos y B. Morros Mestre (Coords.), *Juan Ruiz, Arcipreste de Hita, y el "Libro de buen amor". Congreso Internacional del Centro para la Edición de los Clásicos Españoles, patrocinado por el área del cultura del Ayuntamiento de Alcalá la Real, del 9 al 11 de mayo de 2003* (pp. 309–316). Ayuntamiento de Alcalá la Real (Jaén), Área de Cultura y Centro para la Edición de los Clásicos Españoles.

Juan Lovera, C. (2008). Juan Ruiz de Cisneros, autor del Libro de buen amor. En L. Haywood y F. Toro Ceballos (Eds.), *Juan Ruiz, Arcipreste de Hita y el Libro de buen amor. Congreso homenaje a Alan Deyermond* (pp. 231–239). Área de Cultura del Ayuntamiento de Alcalá la Real (Jaén).

Juan Lovera, C. y Murcia Cano, M. T. (2017). Cruz cruzada panadera. Y el andalucismo del Arcipreste de Hita. En F. Toro Ceballos (Coord.), *Dueñas, cortesanas y alcahuetas. "Libro de buen amor", "La Celestina" y "La lozana andaluza". Juan Ruiz, Arcipreste de Hita, y el "Libro de buen amor". Congreso homenaje a Joseph T. Snow* (pp. 181–186). Ayuntamiento de Alcalá la Real (Jaén).

Juan Lovera, C. y Toro Ceballos, F. (1995). *Origen andaluz de Juan Ruiz, Arcipreste de Hita*. Alcalá la Real [folleto].

Juan Lovera, C. y Toro Ceballos, F. (2004). Copia manuscrita del Libro de Buen Amor en Alcalá la Real. En F. Toro Ceballos y B. Morros Mestre (Coords.), *Juan Ruiz, Arcipreste de Hita, y el "Libro de buen amor". Congreso Internacional del Centro para la Edición de los Clásicos Españoles, patrocinado por el área del cultura del Ayuntamiento de Alcalá la Real, del 9 al 11 de mayo de*

2003 (pp. 451–455). Ayuntamiento de Alcalá la Real (Jaén), Área de Cultura y Centro para la Edición de los Clásicos Españoles.

Kabatek, J. (2001). ¿Cómo investigar las tradiciones discursivas medievales? El ejemplo de los textos jurídicos castellanos. En D. Jacob y J. Kabatek (Eds.), *Lengua medieval y tradiciones discursivas en la Península Ibérica. Descripción gramatical; gramática histórica; metodología* (pp. 97–132). Vervuert, Iberoamericana.

Kelly, H. A. (1984). *Canon Law and the Archpriest of Hita*. Binghamton.

Kirby, S. D. (1978). Juan Ruiz and don Ximio: The Archpriest's art of declamation. *Bulletin of Hispanic Studies*, LV, 283–287.

Kirby, S. D. (2011). Historia crítica y comentario de los títulos propuestos para la obra literaria del Arcipreste. En F. Toro Ceballos, F. y L. Godinas (Coords.), *Congreso Internacional Juan Ruiz, Arcipreste de Hita, y el "Libro de Buen Amor". Homenaje a Jacques Joset* (pp. 235–243). Centro para la Edición de los Clásicos Españoles, Diputación Provincial de Jaén, Instituto de Estudios Giennenses y Ayuntamiento de Alcalá la Real (Jaén).

Kjaer, A. L. (1991). Phraseologische Wortverbindungen in der Rechtssprache? En C. Palm (Ed.), *EUROPHRAS 90. Akten der internationalen Tagung zur germanistischen Phraseologieforschung* (pp. 115–122). Deutsches Institut der Universität Uppsala.

Kjaer, A. L. (1994). Zur kontrastiven Analyse von Nominationsstereotypen der Rechtssprache deutsch-dänisch. En B. Sandig (Ed.), *EUROPHRAS 92. Tendenzen der Phraseologieforschung* (pp. 317–348). Brockmeyer.

Kjaer, A. L. (2007). Phrasemes in legal texts. En H. Burger (Ed.). *Phraseologie: ein internationales Handbuch zeitgenössischer Forschung/Phraseology: a international Handbook of contemporary research* (pp. 506–516). De Gruyter.

Knappe, G. (2004). *Idioms and Fixed Expressions in English Language Study before 1800. A Contribution to English Historical Phraseology*. Peter Lang.

Laca, B. (1993). Las nominalizaciones orientadas y los derivados españoles en *-dor y en -nte*. En Varela, S. (Ed.). *La formación de palabras* (pp. 180–204). Taurus Universitaria.

Lacarra, M. J. (1998). El *Libro de buen amor*, ejemplario de fábulas a lo profano. En J. Paredes y P. Gracia (Eds.) *Tipología de las formas narrativas breves románicas medievales* (pp. 237–252). Universidad de Granada.

Lacarra Lanz, E. (1980). *El Poema del Mío Cid: realidad histórica e ideología*. José Porrúas Turranzas.

Lacarra Lanz, E. (2002). *Marriage and sexuality in medieval and early modern Iberia*. Routledge.

Lacarra Lanz, E. (2018). Legal Aspects of the *Poema de Mío Cid*. En I. Zedenko (Ed.), *A Companion to the* Poema de Mío Cid (pp. 347–377). Brill.

Lang, M. F. (1992). *Formación de palabras en español. Morfología derivativa productiva en el léxico moderno*. Cátedra.

Lecoy, F. (1974[1938]). *Recherches sur le* Libro de buen amor. Gregg Farnborough [Reimpresión fotográfica de la 1ª. ed. de 1938. Droz].

Lengert, J. (1999). *Romanische Phraseologie und Parämiologie. Eine Teilkommentierte Bibliographie (Katalanisch, Portugiesisch, Provenzalisch, Rumänisch, Sardisch, Spanisch)*. Narr.

Ley Orgánica 6/1985, de 1 de julio, del Poder Judicial, BOE, núm. 157, de 2 de julio de 1985. https://www.boe.es/buscar/pdf/1985/BOE-A-1985-12666-cons olidado.pdf.

Linage Conde, A. (2008): El Legado de Carlos Sáez al Archivo Municipal alcalaíno. Documentación sobre el Arcipreste de Hita. En L. Haywood y F. Toro Ceballos (Eds.), *Juan Ruiz, Arcipreste de Hita, y el "Libro de Buen Amor". Congreso homenaje a Alan Deyermond* (pp. 241–248). Ayuntamiento de Alcalá la Real (Jaén).

Linage Conde, A. (2011). El Arcipreste en dos siglos de historia de la literatura. En F. Toro Ceballos, F. y L. Godinas (Coords.), *Congreso Internacional Juan Ruiz, Arcipreste de Hita, y el "Libro de Buen Amor". Homenaje a Jacques Joset* (pp. 245–256). Centro para la Edición de los Clásicos Españoles, Diputación Provincial de Jaén, Instituto de Estudios Giennenses y Ayuntamiento de Alcalá la Real (Jaén).

López Estrada, F. (1991). El poema del Cid considerado desde la perspectiva literaria de las Partidas de Alfonso el Sabio. En J. L. Corral Fuente (Ed.), *Simposio Internacional: El Cid en el Valle del Jalón* (pp. 164–179). Institución Fernando el Católico.

Lorente Casafont, M. (2002). Verbos y discurso especializado. *Estudios de Lingüística del Español*, 16. http://elies.rediris.es/elies16/Lorente.html.

Marí, E. (1998). Derecho y Literatura. Algo de lo que sí se puede hablar pero en voz baja. *Doxa*, 21(2), 251–288.

Martinet, A. (1955). *Économie des changement phonétiques*. Francke.

Martínez Martínez, F. (2005a). Derecho común y literatura: dos ejemplos de los siglos XVI y XVII. *Anuario Mexicano de Historia del Derecho*, 17, 113–210.

Martínez Martínez, F. (2005b). El Derecho común en la obra de Lope de Vega: unos breves apuntamientos. *Opinión Jurídica: Publicación de la Facultad de Derecho de la Universidad de Medellín*, 4(8), 381–396.

Martínez Martínez, F. (2010a). La crítica al sistema jurídico del derecho común en el Cancionero de Juan Alfonso de Baena. Siglo XV. En F. Martínez

Martínez, *Literatura y Derecho* (pp. 1–66). Universidad Nacional Autónoma de México, Instituto de Investigaciones Jurídicas.

Martínez Martínez, F. (2010b). *Literatura y Derecho*. Universidad Nacional Autónoma de México, Instituto de Investigaciones Jurídicas.

Martínez Martínez, F. (2010c). Ecos cronísticos del Rey-Juez medieval. *Cuadernos de Historia del Derecho*, vol. extraordinario, 303–356.

Martínez Martínez, F. (2016). *Ius commune, Utrumque* ius: Tiempos de Derecho único, tiempos de juristas. *GLOSSAE. European Journal of Legal History*, 13, 371–423. http://www.glossae.eu.

Martínez Mata, E. (1989). La sátira de la justicia en la obra de Diego de Torres Villarroel (1694-1766). *Anuario de historia del derecho español*, 59, 751–762.

Menéndez Pelayo, M. (1892). *Antología de poetas líricos castellanos*. Viuda de Hernando.

Menéndez Pidal, R. (1991). *Poesía juglaresca y juglares*. Espasa-Calpe [9.ª ed.].

Meyer, I. y Mackintosh, K. (1996). The Corpus from a Terminographer's Viewpoint. *International Journal of Corpus Linguistics*, 1(2), 257–285.

Miaja de la Peña, M. T. (2022). Los avatares de la *fabla* en el Libro de buen amor. En F. Toro Ceballos, F. (Coord.), *Mujer, saber y heterodoxia. "Libro de Buen Amor", "La Celestina" y "La Lozana Andaluza", VI Congreso Internacional sobre el "Libro de Buen Amor". 28 y 29 de mayo de 2021. Homenaje a Folke Gernert* (pp. 301–305). Área de Cultura del Ayuntamiento de Alcalá la Real (Jaén).https://cvc.cervantes.es/literatura/arcipreste_hita/06/miaja.htm.

Miranda Boto, J. M. (2009). La lectura de clásicos como refuerzo de la enseñanza del derecho: a propósito de "Marianela" de Benito Pérez Galdós. *Direito: Revista xuridica da Universidade de Santiago de Compostela*, 18(2), 313–324.

Molho, M. (1986). Yo libro (Libro del Buen Amor 70ª). En A. D. Kossoff et al. (Eds.), *Actas del VIII Congreso de la AIH* (pp. 317–322). Istmo.

Montoro del Arco, E. T. (2002). La fraseología en la tradición gramatical española. En M. Á. Esparza Torres, B. Fernández Salgado y H.-J. Niederehe (Eds.), *SEHL 2001. Estudios de Historiografía Lingüística*, vol. II (pp. 925–942). Buske.

Montoro del Arco, E. T. (2004). La fraseología en la gramática española del siglo XX: antes de Casares. En C. Corrales Zumbado et al. (Eds.), *Nuevas aportaciones sobre Historiografía lingüística*, vol. II (pp. 1135–1148). Arco/Libros.

Montoro del Arco, E. T. (2006). *Teoría fraseológica de las locuciones particulares. Las locuciones prepositivas, conjuntivas y marcadoras en español*. Peter Lang.

Montoro del Arco, E. T. (2008). Relaciones entre Morfología y Fraseología: las formaciones nominales pluriverbales. En R. Almela Pérez y E. T. Montoro del Arco (Eds.), *Neologismo y morfología* (pp. 121–146). Universidad de Murcia.

Montoro del Arco, Esteban T. (2012a). Luis Montoto y Rautenstrauch (1851–1929), fraseólogo. *Cadernos de Fraseoloxía Galega*, 14, 175–201.

Montoro del Arco, E. T. (2012b). Fraseología y paremiología. En A. Zamorano Aguilar (Coord. y Ed.), *Reflexión lingüística y lengua en la España del XIX: marcos, panoramas y nuevas aportaciones* (pp. 173–196). Lincom.

Montoro del Arco, E. T. y Zamorano Aguilar, A. (2010). Notas sobre teoría sintáctica y fraseológica en manuales uruguayos de gramática escolar. En M. T. Encinas Manterola et al. (Eds.), *Ars longa. Diez años de AJIHLE* (pp. 256–273). Librería Aires del Sur.

Moretti, G. (1982). Lessico giuridico e modelo giudiziario nella favola fedriana. *Maia*, XXXIV, 227–240.

Morreale, M. (2002). La fábula en la Edad Media: El Libro de Juan Ruiz como representante castellano del Isopete. En A. Pérez Jiménez y G. Cruz Andreotti (Eds.), *Y así dijo la zorra. La tradición fabulística en los pueblos del Mediterráneo* (pp. 209–238). Ediciones Clásicas.

Morros Mestres, B. (2002). Dos fábulas esópicas del Libro de buen amor: la del león doliente y la del viejo león. *Boletín de la Real Academia Española*, 82, 113–129.

Morros Mestres, B. (2004). Las fuentes del Libro de buen amor. En F. Toro Ceballos y B. Morros Mestres (Coords.) (2004). *Juan Ruiz, Arcipreste de Hita, y el "Libro de buen amor". Congreso Internacional del Centro para la Edición de los Clásicos Españoles, patrocinado por el área del cultura del Ayuntamiento de Alcalá la Real, del 9 al 11 de mayo de 2003* (pp. 69–104). Área de Cultura del Ayuntamiento de Alcalá la Real (Jaén) y Centro para la Edición de los Clásicos Españoles.

Morros Mestres, B. (2015). Alcalá la Real y el *Libro de buen amor*. En F. Toro Ceballos (Coord.): *Congreso Internacional Juan Ruiz, Arcipreste de Hita, y el "Libro de Buen Amor". Homenaje a Alberto Blecua.* Centro Virtual Cervantes. https://cvc.cervantes.es/literatura/arcipreste_hita/04/morros.htm.

Murillo Rubiera, F. (1973). Jueces, escribanos y letrados en el *Libro de buen amor*. En M. Criado de Val (Ed.), *Actas del I Congreso Internacional sobre el Arcipreste de Hita* (pp.-416–421). S.E.R.E.S.A.

Nussbaum, M. (1995). *Poetic Justice: The Literary Imagination and Public Life.* Beacon Press

Olza Moreno, I. (2012). *En un abrir y cerrar de ojos* y *en un visto y no visto*: tiempo y espacio en el significado de dos locuciones del español. En C. Sinner, E. Tabares Plasencia y E. T. Montoro del Arco (Eds.), *Tiempo, espacio y relaciones espacio-temporales en la fraseología y paremiología españolas* (pp. 124–141). Peniope.

Ordenamiento de Alcalá (1983[1774]). Lex Nova [Facsímil de la edición de I. Jordán y M. de Manuela].

Ortega Ojeda, G. y González Aguiar, M. I. (2016). Relación entre la fraseología histórica y la fraseología regional del español. En M. T. Echenique Elizondo et al. (Eds.), *Fraseología española. Diacronía y codificación* (pp. 33–55). CSIC.

Ortega Ojeda, G. y González Aguiar, M. I. (2017). Fraseología histórica y dialectología: la perspectiva del español de Canarias. En M. T. Echenique Elizondo, M. J. Martínez Alcalde y F. P. Pla Colomer (Eds.), *La fraseología a través de la historia de la lengua española y su historiografía* (pp. 15–47).Tirant Humanidades.

Ortego Gil, P. (2011). La justicia letrada mediata: los asesores letrados, *Anuario Mexicano de Historia del Derecho*, XII. http://www.juridicas.unam.mx/publ ica/rev/hisder/cont/22/otr/otr25.htm.

Ost, F. (2006). El reflejo del derecho en la literatura. *Revista Peruana de Derecho y Literatura*, 1, 27–42.

Padilla Herrera, J. C. (2013). Definir al autor. Desde la propiedad intelectual hasta el movimiento derecho y literatura. *Estudios Socio-Jurídicos*,15(2), 159–180.

Pattinson, D. G. (1975). Early Spanish suffixes. A functional study of the principal nominal suffixes of Spanish up to 1300. Blackwell.

Plath da Costa, M. I. y Bevilacqua, C. R. (2014). A variacão na terminologia jurídico-policial aplicada à pessoa que comete o crime. En C. Vargas Sierra (Coord.), *TIC, trabajo colaborativo e interacción en Terminología Traducción*, vol. 2 (pp. 705–714). Dykinson.

Peláez Fernández, P. (2015). El Derecho matrimonial en el *Quijote*. *Revista de la CECEL*, 15, 99–121.

Pérez, C. (2006). Derecho y Literatura. *Isonomía*, 24, 135–153.

Pérez Hernández, C. (2002). Terminografía basada en corpus: principios teóricos y metodológicos. En P. Faber y C. Jiménez Hurtado (Eds.), Investigar en terminología (pp. 127–166). Comares.

Pérez Martín, A. (1987). El tratado "de restitutione fructuum" de "Fernandus Zamorensis" y sus fuentes. en *Homenaje a Juan Torres Fontes*, vol. 2 (pp. 1273–1289). Universidad de Murcia y Academia Alfonso x el Sabio.

Pérez Martín, A. (1997). El derecho común en el Libro del buen amor. *Anuario de historia del derecho español*, 67(1), 273–293.

Pérez Martín, A. (1999). *El derecho procesal del "ius commune" en España*. Servicio de Publicaciones de la Universidad de Murcia.

Pérez-Salazar Resano, C. (2007). Unidades fraseológicas y diacronía: sobre las fórmulas negativas de ninguna manera y en absoluto. *Estudios humanísticos. Filología*, 29, 253–281.

Pérez-Salazar Resano, C. (2009). *Ni hablar, ni pensar, ni soñar*: análisis histórico de su transformación en unidades fraseológicas. *Nueva revista de filología hispánica*, 57(1), 37–64.

Pérez-Salazar Resano, C. (2013). Fraseología del maldecir en el Vocabulario de refranes y frases proverbiales de Gonzalo Correas. *Revista de Filología de la Universidad de La Laguna*, 31, 141–158.

Pérez Vigaray, J. M. (1996). Locuciones y compuestos nominales: aportaciones de Julio Casares al estudio de la formación de palabras, *Philologica canariensia*, 2(3), 305–319.

Pharies, D. (2002). *Diccionario etimológico de los sufijos españoles*. Gredos.

Pla Colomer, F. P. (2015). Métrica y pronunciación en el *Libro de buen amor*: ¿camino al isosilabismo? En F. Toro Ceballos (Coord.), *Congreso Internacional Juan Ruiz, Arcipreste de Hita, y el "Libro de Buen Amor"*. *Homenaje a Alberto Blecua*. Centro Virtual Cervantes. https://cvc.cervantes.es/literatura/arcipreste_hita/04/pla.htm.

Pla Colomer, F. P. (2017). Algunos aspectos sobre fraseología y métrica en el "Libro de buen amor". En F. Toro Ceballos (Ed.), *Dueñas, cortesanas y alcahuetas. "Libro de buen amor", "La Celestina" y "La lozana andaluza". Juan Ruiz, Arcipreste de Hita, y el "Libro de buen amor". Congreso homenaje a Joseph T. Snow* (pp. 327–334). Ayuntamiento de Alcalá la Real (Jaén).

Pla Colomer, F. P. (2018). Descripción fraseológica del Libro de Buen Amor desde una teoría fraseométrica. *RILEX. Revista sobre investigaciones léxicas*, 1(1), 94–112.

Pla Colomer, F. P. (2019). Quién te ha visto y quién te ve. De locuciones, formaciones paremiológicas y juicios de valor en la Crónica troiana gallega. *RILEX Revista sobre investigaciones léxicas*, N°. Extra(1), 111–125.

Pla Colomer, F. P. (2020a). Refranes y proverbios en romance, de Hernán Núñez. *RILEX. Revista sobre investigaciones léxicas*, 3(3), 115–143.

Pla Colomer, F. P. (2020b). Cuando no se da gato por liebre sino veneno por miel: estudio de las formas parémicas del *Libro de Buen Amor*. *Paremia*, 30, 205–214.

Pla Colomer, F. P. (2021a). Fraseología iberorrománica de materia troyana: la historia de Pedro I. En Á. Moreno Moreno y M. Torres Martínez (Coords.), *Investigaciones léxicas. Estados, temas y rudimentos* (pp. 435–444). Octaedro.

Pla Colomer, F. P. (2021b). "Refranes o proverbios en romance" de Hernán Núñez (II): traducción, equivalencia y fraseometría de los refranes gallegos y catalanes. *Rhytmica: revista española de métrica comparada*, 19, 129–166.

Pla Colomer, F. P. (2022). Entre nueces y promesas: Aproximación fraseométrica a las fórmulas cuasiparémicas del Libro de Buen Amor. En F. Toro Ceballos (Ed.), *Mujer, saber y heterodoxia. "Libro de Buen Amor", "La Celestina" y "La Lozana Andaluza": VI Congreso Internacional sobre el "Libro de Buen Amor". 28 y 29 de mayo de 2021. Homenaje a Folke Gernert* / Francisco Toro Ceballos (pp. 363–371). Área de Cultura del Ayuntamiento de Alcalá la Real.

Pla Colomer, F. P. y Vicente Llavata, S. (2017). Aproximación a una fraseología contrastiva en los textos peninsulares de materia troyana: el *Libro de Alexandre*, la *Historia troyana* polimétrica y la *Crónica troyana* de Juan Fernández de Heredia. En F. P. Pla Colomer, M. T. Echenique Elizondo y M. J. Martínez Alcalde (Eds.), *La fraseología a través de la historia de la lengua española y su historiografía* (pp. 113–153). Tirant Humanidades.

Pla Colomer, F. P. y Vicente Llavata, S. (2018). Sobre fraseología y fraseometría históricas: la materia troyana en las tradiciones textuales medievales iberorromances. En M. T. Echenique Elizondo, A. Schrott y F. P. Pla Colomer (Eds.), *Cómo se hacen las unidades fraseológicas: continuidad y renovación en la diacronía del espacio castellano* (pp. 29–54). Peter Lang.

Pla Colomer, F. P. y Vicente Llavata, S. (2019). Estudio fraseológico-contrastivo de textos castellanos y gallego-portugueses de materia troyana. M. J. Lacarra Ducay et al. (Eds.), *Literatura medieval hispánica: «Libros, lecturas y reescrituras»* (pp. 953–970). Cilengua: Centro Internacional de Investigación de la Lengua Española.

Pla Colomer, F. P. y Vicente Llavata, S. (2020). *La materia de Troya en la Edad Media hispánica: historia textual y codificación fraseológica*. Iberoamericana Vervuert.

Polaino Ortega, L. (1948). *El Derecho procesal en el* Libro de buen amor. Universidad de Madrid.

Porcel Bueno, D. (2020). A vueltas con la fraseología histórica iberorrománica (locuciones adverbiales y prepositivas en español y portugués). *RILEX. Revista sobre investigaciones léxicas*, 3(3), 95–114.

Porcel Bueno, D. (2021). Esquemas adverbiales con preposición y base adjetiva (P+ADJ) en español y portugués. Una breve aproximación desde la lexicografía histórica. En Á. Moreno Moreno y M. Torres Martínez (Coords.),

Investigaciones léxicas. Estados, temas y rudimentos (pp. 445–457). Octaedro

Posner, R. (1988). *Law and Literature. A Misunderstood Relation*. Harvard University Press.

Posner, R. (2000). *Law and Literature*. Harvard University Press.

Ptashnyk, S. (2012). Formulierungstraditionen im Rechtsleben: Historische Phraseologie und ihre Erfassung im Deutschen Rechtswörterbuch. En N. Filaktina et al. (Ed.), *Aspekte der historischen Phraseologie und Phraseographie* (pp. 227–244). Winter Verlag.

Quintana Jiménez, G. (2000). *Aspectos jurídico procesales del Teatro del Siglo de Oro en Calderón de la Barca: El Alcalde de Zalamea* [Tesis doctoral, UNED].

Rainer, F. (1993). *Spanische Wortbildungslehre*. Niemeyer.

Ramos Núñez, C. (2008). *La pluma y la ley: abogados y jueces en la narrativa peruana*. Universidad de Lima.

Real Decreto de 14 de septiembre de 1882 por el que se aprueba la Ley de Enjuiciamiento Criminal, Gaceta de Madrid núm. 270, de 3 de septiembre de 1882. https://boe.es/buscar/pdf/1882/BOE-A-1882-6036-consolidado.pdf.

Rico, F. (1980). *Historia y crítica de la literatura española. Edad Media*. Crítica.

Rico, F. (2004). La función del Arcipreste. En F. Toro Ceballos y B. Morros Mestre (Coords.), *Juan Ruiz, Arcipreste de Hita, y el "Libro de buen amor". Congreso Internacional del Centro para la Edición de los Clásicos Españoles, patrocinado por el área del cultura del Ayuntamiento de Alcalá la Real, del 9 al 11 de mayo de 2003* (pp. 13–14). Área de Cultura del Ayuntamiento de Alcalá la Real (Jaén) y Centro para la Edición de los Clásicos Españoles.

Ricós Vidal, A. (2008). De locuciones coordinadas a sintagmas complejos. A propósito de *a diestro y siniestro, a tuerto o a derecho* y *a tontas y a locas*. En I. Olza Moreno, M. Casado Velarde y R. González Ruiz (Eds.), *Actas del XXXVII Simposio Internacional de la Sociedad Española de Lingüística (SEL)* (pp. 707–717). Servicio de Publicaciones de la Universidad de Navarra.

Riquelme Jiménez, C. J. (1995). Quevedo y su visión de la justicia. *Anuario jurídico y económico escurialense*, 28, 271–303.

Riquelme Jiménez C. J. (2003). *La administración de justicia en el Siglo de Oro: la obra de Francisco de Quevedo*. Instituto de Estudios Manchegos.

Roberts, R. P. (1994–1995). Identifying the Phraseology of LSPs. *ALFA*, 7–8, 61–73.

Roca Roca, E. (2007). *Sociedad y derecho en Pérez Galdós*. Servicio de Publicaciones de la Real Academia de Jurisprudencia y Legislación de Granada.

Rodríguez Adrados, F. (1985). *Historia de la fábula grecolatina*. Universidad Complutense de Madrid [Tomos I y II].

Rodríguez Adrados, F. (1986). Aportaciones al estudio de las fuentes de las fábulas del Arcipreste. En AA.VV. *Philologica Hispaniensia in honorem M. Alvar. Tomo III* (pp. 459–474).

Rodríguez Caballer, J. A. (2014). *Evolución del derecho penal a través de la obra de Benito Pérez Galdós*. Universidad Pontificia de Comillas.

Rodríguez Muñoz, F. J. y Ridao Rodrigo, S. (2012). La terminología en diacronía: los campos léxico-semánticos de "conflicto" i "judici". *Revista de llengua i dret*, 58, 1–14.

Ruiz Gurillo, L. (1997). *Aspectos de fraseología teórica española*. Universitat de València.

Ruiz Gurillo, L. (2002). Compuestos, colocaciones, locuciones: intento de delimitación. En A. Veiga, M. González Pereira y M. Souto Gómez (Eds.), *Léxico y Gramática* (pp. 327–339). Tris Tram.

Russell, P. (1982). *La Celestina* y los estudios jurídicos de Fernando de Rojas. En E. Bustos Tovar (Coord.), *Actas del IV Congreso Internacional de Hispanistas* (pp. 533–542). Universidad de Salamanca.

Sáez, E. y Trenchs, J. (1973). Juan Ruiz de Cisneros (1295/1296–1351/1352). *I Congreso Internacional sobre el Arcipreste de Hita*. En M. Criado del Val (Ed.), *El Arcipreste de Hita: El libro, el autor, la tierra, la época. Actas del I Congreso Internacional sobre el Arcipreste de Hita* (pp. 365–368). S.E.R.E.S.A.

Sager, J. C. (1997). Term Formation. En S. E. Wright y G. Budin (Eds.), *Handbook of Terminology Management: Basic Aspects of Terminology Management* (pp. 25–41). John Benjamins.

Salazar Burgos, H. R. (2011). *Descripción y representación de los adjetivos deverbales de participio en el discurso especializado* [Tesis doctoral, Universitat Pompeu Fabra]. http://hdl.handle.net/10803/4172.

Salvador, V. (2000). Idiomaticitat i discurs prefabricat. En V. Salvador y A. Piquer (Eds.), *El discurs prefabricat. Estudis de fraseologia teòrica i aplicada* (pp. 19–32). Universitat Jaume.

Salvador Miguel, N. (s. f.). Juan Ruiz. En Real Academia de la Historia, *Diccionario Biográfico electrónico*. http://dbe.rah.es/.

Sansone, A. (2001). *Diritto e letteratura. Un'introduzione generale*. Giuffrè.

Santiago-Otero, H. (1997). El derecho canónico en el contexto del «Libro de buen amor». En F. Toro Ceballos y J. Rodríguez Molina (1997). *Estudios de frontera: Alcalá la Real y el Arcipreste de Hita. Congreso Internacional de Alcalá la Real (22-25 de noviembre de 1995)* (pp. 615–631). Diputación Provincial de Jaén.

Santiago Otero, H. y Soto Rábanos, J. M. (1995). Los saberes y su transmisión en península Ibérica (1200–1470), *Medievalismo: Boletín de la Sociedad Española de Estudios Medievales*, 5, 231–256.

Schwartz Lerner, L. (1986). El letrado en la sátira de Quevedo. *Hispanic Review*, 54(1), 27–46.

Seaton, J. (1999). Law and Literature. Criticism an Theory. *Yale Journal of Law and Humanities*, 11, 479–529.

Serrano Dolader, D. (1995). *Las formaciones parasintéticas en español*. Arco/Libros.

Serrano Dolader, D. (1999). La derivación verbal y la parasíntesis. En I. Bosque y V. Demonte (Dir.), *Nueva Gramática Descriptiva de la Lengua Española. Entre la oración y el discurso. Morfología*, vol. 3 (pp. 4683–4756). Espasa Calpe.

Simonatti, S. (2008). La parodia de las Horas Canónicas o el ejercicio retórico de la reticentia. En L. Haywood y F. Toro Ceballos, F. (Eds.), *Juan Ruiz, Arcipreste de Hita, y el "Libro de Buen Amor". Congreso homenaje a Alan Deyermond.* (pp. 363–370). Ayuntamiento de Alcalá la Real (Jaén).

Spitzer, L. (1968). *Lingüística e historia literaria*. Gredos.

Suárez Llanos, L. (2017). Literatura y Derecho. *Anamorphosis*. Revista Internacional de Derecho y Literatura, 3, 349–386.

Tabares Plasencia, E. (2002). La tradición fabulística grecolatina en la literatura española medieval: Fedro y el Arcipreste. Estudio comparativo de la fábula del lobo, la zorra y el juez mono. *Fortunatae*, 13, 295–319.

Tabares Plasencia, E. (2004a): La fábula del lobo y la raposa: un ejemplo de la precisión terminológica y del saber jurídico del Arcipreste. *Revista de filología de la Universidad de La Laguna*, 22, 299–312.

Tabares Plasencia, E. (2004b). Estudio de la formación de palabras en el ámbito del Derecho civil español. En P. Faber, C. Jiménez Hurtado y G. Wotjak (Eds.), *Léxico especializado y comunicación interlingüística* (pp. 159–175). Granada Lingvistica.

Tabares Plasencia, E. (2005). *Literatura y Derecho en el* Libro de buen amor. Editorial Doble J.

Tabares Plasencia, E. (2012). Analyse und Abgrenzung rechtssprachlicher phraseologischer Einheiten im Spanischen und Deutschen und ihre Bedeutung für die Übersetzung. *Lebende Sprachen*, 57(2), 314–328.

Tabares Plasencia, E. (Ed.) (2014): *Fraseología jurídica contrastiva español–alemán/Kontrastive Fachphraseologie der spanischen und deutschen Rechtssprache*. Frank &Timme.

Tabares Plasencia, E. (2018). Fraseología jurídica en el *Libro de buen amor*. *Estudis romànics*, 40, 59–88.

Tabares Plasencia, E. (2020). Fraseología jurídica en un corpus diacrónico de textos literarios españoles y su representación fraseográfica. *Círculo de Lingüística Aplicada a la Comunicación* 82, 69–92. https://dx.doi.org/10.5209/clac.68964.

Tabares Plasencia, E. y Batista Rodríguez, J. J. (2014). Unidades fraseológicas especializadas en los contratos de compraventa de inmuebles españoles y alemanes. E. Tabares Plasencia (Ed.), *Fraseología jurídica contrastiva español–alemán/Kontrastive Fachphraseologie der spanischen und deutschen Rechtssprache* (pp. 97–142). Frank &Timme.

Tabares Plasencia, E., González Suárez, L. y Batista Rodríguez, J. J. (2012). Lengua literaria y jurídica en los relatos de Ferdinand von Schirach. En G. Wotjak, D. García Padrón y M. C. Fumero Pérez (Eds.), *Estudios sobre lengua, cultura y cognición* (pp. 249–257). Peter Lang.

Tabares Plasencia, E. y Pérez Vigaray, J. M. (2007). Fraseología terminológica: estado de la cuestión y ejemplo de análisis contrastivo. *Revista de Filología de la Universidad de La Laguna*, 25, 567–577.

Tebé Soriano, C. (2005). La representació conceptual en terminologia: l'atribució temàtica en els bancs de dades terminològiques [Tesis doctoral, Universitat Pompeu Fabra]. http://www.tdr.cesca.es/TESIS_UPF/AVAILABLE/TDX-0329106-105835//tct1de2.pdf.

Tomás y Valiente, F. (1990). *Manual de Historia del derecho español*. Tecnos [4ª ed.].

Toro Ceballos, F. (Coord.). (2015). *Congreso Internacional Juan Ruiz, Arcipreste de Hita, y el "Libro de Buen Amor". Homenaje a Alberto Blecua*. Centro Virtual Cervantes.

Toro Ceballos, F. (Coord.). (2017). *Dueñas, cortesanas y alcahuetas. "Libro de buen amor", "La Celestina" y "La lozana andaluza"*. Juan Ruiz, Arcipreste de Hita, y el "Libro de buen amor". *Congreso homenaje a Joseph T. Snow*. Ayuntamiento de Alcalá la Real (Jaén).

Toro Ceballos, F. (Coord.). (2022). *Mujer, saber y heterodoxia. "Libro de Buen Amor", "La Celestina" y "La Lozana Andaluza", VI Congreso Internacional sobre el "Libro de Buen Amor". 28 y 29 de mayo de 2021. Homenaje a Folke Gernert*. Área de Cultura del Ayuntamiento de Alcalá la Real (Jaén).

Toro Ceballos, F. y Godinas, L. (Coords.). (2011). *Congreso Internacional Juan Ruiz, Arcipreste de Hita, y el "Libro de Buen Amor". Homenaje a Jacques Joset*. Centro para la Edición de los Clásicos Españoles, Diputación Provincial de

Jaén, Instituto de Estudios Giennenses y Ayuntamiento de Alcalá la Real (Jaén).

Toro Ceballos, F. y Morros Mestre B. (Coords.) (2004). *Juan Ruiz, Arcipreste de Hita, y el "Libro de buen amor". Congreso Internacional del Centro para la Edición de los Clásicos Españoles, patrocinado por el área del cultura del Ayuntamiento de Alcalá la Real, del 9 al 11 de mayo de 2003.* Área de Cultura del Ayuntamiento de Alcalá la Real (Jaén) y Centro para la Edición de los Clásicos Españoles.

Toro Ceballos, F. y Rodríguez Molina, J. (Coords.) (1997). *Estudios de frontera: Alcalá la Real y el Arcipreste de Hita. Congreso Internacional de Alcalá la Real (22-25 de noviembre de 1995).* Diputación Provincial de Jaén.

Torremocha Hernández, M. (2015). De la Celestina al alcahuete: del modelo literario a la realidad procesal. *Tiempos modernos: Revista Electrónica de Historia Moderna*, 8(30). http://www.tiemposmodernos.org/tm3/index.php/tm/article/view/375/453.

Torrico, B. (2006). Retorno al "paraíso panal": derecho civil y canónico como claves eucarísticas en el Tratado segundo de *Lazarillo de Tormes. Hispanic Review*, 74(4), 419–435.

Torruella Casañas, J. (2009). Los ejes principales en el diseño de un corpus diacrónico: el caso del CICA. En P. Cantos Gómez y A. Sánchez Pérez (Eds.), *A survey of corpus-based research* (pp. 21–36). Asociación Española de Lingüística del Corpus.

Torruella Casañas, J. (2017). *Lingüística de corpus: génesis y bases metodológicas de los corpus (históricos) para la investigación científica.* Peter Lang.

Trindade, A. K. y Magalhães Gubert, R. (2009). Derecho y literatura. Acercamientos y perspectivas para repensar el derecho. *Revista Electrónica del Instituto de Investigaciones "Ambrosio L. Gioja"*, III(4),166–213.

Valdés Pozueco, C. (2016). *El mundo jurídico de Calderón y su sentido de la justicia humana* [Tesis doctoral, UNED].

Vandelli, G. (1991). Dante Alighieri, *La Divina Commedia.* Ulrico Hoepli [21ª ed. Texto crítico de la Sociedad dantesta italiana]

Vargas Sierra, C. (2006). Diseño de un corpus especializado con. fines terminográficos: el Corpus de la Piedra Natural. *Debate Terminológico*, 2(7). https://seer.ufrgs.br/riterm/article/view/21551/12422.

Vázquez y del Árbol, E. I. (2014). Binomios, trinomios y tetranomios cuasi sinónimos en los poderes notariales digitales británicos y norteamericanos: análisis y propuesta de traducción. *Revista de llengua i dret*, 61, 26–46.

Vetterling, M.-A. (2022): "Medio siglo con el Libro de buen amor y su bibliografía". En F. Toros Ceballos (Coord.), *Mujer, saber y heterodoxia. "Libro de*

Buen Amor", "La Celestina" y "La Lozana Andaluza", VI Congreso Interna-cional sobre el "Libro de Buen Amor". 28 y 29 de mayo de 2021. Homenaje a Folke Gernert (pp. 467–477). Área de Cultura del Ayuntamiento de Alcalá la Real (Jaén).

Vicente Llavata, S. (2008). La locución adverbial *a temps / a tiempo* en el marco del Humanismo peninsular. *Paremia*, 17, 121–131.

Vicente Llavata, S. (2011). *Estudio de las locuciones en la obra literaria de don Íñigo López de Mendoza (Marqués de Santillana). Hacia una Fraseología his-tórica del español.* Universitat de València.

Vicente Llavata, S. (2013a). Notas de Fraseología hispánica medieval. A pro-pósito de la impronta catalano-aragonesa en la obra literaria de don Íñigo López de Mendoza. En E. Casanova Herrero y C. Calvo Rigual (Eds.) *Actas del XXVI Congreso Internacional de Lingüística y de Filología Románicas* (pp. 431–444). De Gruyter.

Vicente Llavata, S. (2013b). Sobre el aprovechamiento de corpus diacrónicos en el ámbito de estudio de la Fraseología histórica. *Scriptum Digital. Revista sobre Corpus diacrónicos en lenguas iberorrománicas*, 2, 59–75.

Vicente Llavata, S. (2020). Estudio de la fraseología en Los doze trabajos de Hércules de don Enrique de Villena. *Nueva revista de filología hispánica*, 68(2), 2020, 641–693.

Vicente Llavata, S. (2021). Lexicalización (y desfraseologización) en la familia fraseológica conformada en torno a la voz nuclear *querer*. Círculo de lingüís-tica aplicada a la comunicación, 85, 153–179.

Vicente Llavata, S. (2022). Caracterización lingüística de la clase locucional pre-positiva a la luz de la obra literaria de don Íñigo López de Mendoza (marqués de Santillana), *Anuario de estudios filológicos*, 45, 335–356.

Viehweg, T. (1953). *Topik und Jurisprudenz*. Beck.

Walsh, J. (1979–1980). Juan Ruiz and the Mester of Clerezía: Lost Context and Lost Parody in the *Libro de buen amor*. Romance Philology, 33, 62–86.

Weisberg, Richard, H. (1984). *The Failure of the Word: The Protagonist as Law-yer in Modern Fiction*. Yale University Press.

White, J. B. (1984). *When Words Lose Their Meaning: Constitutions and Reconstitutions of Language, Character and Community*. University of Chi-cago Press.

White, J. B. (1985). *Heracles' Bow: Essays on the Rhetorie and Poetics of the Law*. University of Wisconsin Press.

Wolf, F. (1859). *Studien zur Geschichte der spanischen und portugiesischen Nationalliteratur*. A. Asher & Co.

Zahareas, A. (1965). *The Art of Juan Ruiz, Archpriest of Hita*. Estudios de Literatura Española.

Zuluaga, A. (1998). Sobre fraseoloxismos e fenómenos colindantes. En X. Ferro Ruibal (Coord. y Ed.), *I Coloquio Galego de Fraseoloxía* (pp. 15–30). Xunta de Galicia.

Zumthor, P. (1972). *Essai de poétique médiévale*. Seuil.

Studien zur romanischen Sprachwissenschaft und interkulturellen Kommunikation

Herausgegeben von Gerd Wotjak, José Juan Batista Rodríguez und Dolores García-Padrón

Die vollständige Liste der in der Reihe erschienenen Bände finden Sie auf unserer Website

https://www.peterlang.com/view/serial/SRSIK

Band 110   Joaquín García Palacios / Goedele De Sterck / Daniel Linder / Nava Maroto / Miguel Sánchez Ibáñez / Jesús Torres del Rey (eds): La neología en las lenguas románicas. Recursos, estrategias y nuevas orientaciones. 2016.

Band 111   André Horak: Le langage fleuri. Histoire et analyse linguistique de l'euphémisme. 2017.

Band 112   María José Domínguez Vázquez / Ulrich Engel / Gemma Paredes Suárez: Neue Wege zur Verbvalenz I. Theoretische und methodologische Grundlagen. 2017.

Band 113   María José Domínguez Vázquez / Ulrich Engel / Gemma Paredes Suárez: Neue Wege zur Verbvalenz II. Deutsch-spanisches Valenzlexikon. 2017.

Band 114   Ana Díaz Galán / Marcial Morera (eds.): Estudios en Memoria de Franz Bopp y Ferdinand de Saussure. 2017.

Band 115   Mª José Domínguez Vázquez / Mª Teresa Sanmarco Bande (ed.): Lexicografía y didáctica. Diccionarios y otros recursos lexicográficos en el aula. 2017.

Band 116   Joan Torruella Casañas: Lingüística de corpus: génesis y bases metodológicas de los corpus (históricos) para la investigación en lingüística. 2017.

Band 117   Pedro Pablo Devís Márquez: Comparativas de desigualdad con la preposición de en español. Comparación y pseudocomparación. 2017.

Band 118   María Cecilia Ainciburu (ed.): La adquisición del sistema verbal del español. Datos empíricos del proceso de aprendizaje del español como lengua extranjera. 2017.

Band 132   José Juan Batista Rodríguez / Carsten Sinner / Gerd Wotjak (Hrsg.): La Escuela traductológica de Leipzig. Continuación y recepción. 2019.

Band 133   Carlos Alberto Crida Álvarez / Arianna Alessandro (eds.): Innovación en fraseodidáctica. tendencias, enfoques y perspectivas. 2019.

Band 134   Eleni Leontaridi: Plurifuncionalidad modotemporal en español y griego moderno. 2019.

Band 135   Ana Díaz-Galán / Marcial Morera (eds.): Nuevos estudios de lingüística moderna. 2019.

Band 136   Jorge Soto Almela: La traducción de la cultura en el sector turístico. Una cuestión de aceptabilidad. 2019.

Band 137   Xoán Montero Domínguez (ed.): Intérpretes de cine. Análisis del papel mediador en la ficción audiovisual. 2019.

Band 138   María Teresa Ortego Antón: La terminología del sector agroalimentario (español-inglés) en los estudios contrastivos y de traducción especializada basados en corpus: los embutidos. 2019.

Band 139   Sara Quintero Ramírez: Lenguaje creativo en el discurso periodístico deportivo. Estudio contrastivo en español, francés e inglés. 2019.

Band 140   Laura Parrilla Gómez: La interpretación en el contexto sanitario: aspectos metodológicos y análisis de interacción del intérprete con el usuario. 2019.

Band 141   Yeray González Plasencia: Comunicación intercultural en la enseñanza de lenguas extranjeras. 2019.

Band 142   José Yuste Frías / Xoán Manuel Garrido Vilariño (Hrsg.): Traducción y Paratraducción. Líneas de investigación. 2020.

Band 143   María del Mar Sánchez Ramos: Documentación digital y léxico en la traducción e interpre-tación en los servicios públicos (TISP): fundamentos teóricos y prácticos. 2020.

Band 144   Florentina Mena Martínez / Carola Strohschen (eds.): Challenges of Teaching Phraseology in the 21st Century. 2020.

Band 145   Yuko Morimoto / Rafael García Pérez (eds.): De la oración al discurso: estudios en español y estudios contrastivos. 2020.

Band 146   Miguel Ibáñez Rodríguez (ed.): Enotradulengua: Vino, lengua y traducción. 2020.

www.peterlang.com

Milton Keynes UK
Ingram Content Group UK Ltd.
UKHW021333070823
426452UK00009B/30